权威·前沿·原创

皮书系列为
“十二五”“十三五”国家重点图书出版规划项目

深圳文化发展报告（2019）

ANNUAL REPORT ON CULTURAL DEVELOPMENT OF SHENZHEN (2019)

主　编／王为理
副主编／陈长治

社会科学文献出版社
SOCIAL SCIENCES ACADEMIC PRESS (CHINA)

图书在版编目(CIP)数据

深圳文化发展报告. 2019 / 王为理主编. -- 北京 : 社会科学文献出版社, 2019.6

（深圳蓝皮书）

ISBN 978-7-5201-4917-4

Ⅰ.①深… Ⅱ.①王… Ⅲ.①地方文化-文化事业-发展-研究报告-深圳-2019 Ⅳ.①G127.653

中国版本图书馆 CIP 数据核字（2019）第 102146 号

深圳蓝皮书

深圳文化发展报告（2019）

主　　编 / 王为理
副 主 编 / 陈长治

出 版 人 / 谢寿光
责任编辑 / 杜文婕
文稿编辑 / 韩欣楠

出　　版 / 社会科学文献出版社 · 城市和绿色发展分社（010）59367143
地址：北京市北三环中路甲 29 号院华龙大厦　邮编：100029
网址：www.ssap.com.cn
发　　行 / 市场营销中心（010）59367081　59367083
印　　装 / 三河市东方印刷有限公司

规　　格 / 开 本：787mm × 1092mm　1/16
印 张：22.5　字 数：335 千字
版　　次 / 2019 年 6 月第 1 版　2019 年 6 月第 1 次印刷
书　　号 / ISBN 978-7-5201-4917-4
定　　价 / 98.00 元

本书如有印装质量问题，请与读者服务中心（010-59367028）联系

《深圳文化发展报告（2019）》
编　委　会

主编简介

王为理 深圳市社会科学院党组成员、副院长、研究员。复旦大学哲学博士、香港中文大学历史学课程哲学博士，美国哥伦比亚大学访问学者(2010年)。深圳市决策咨询委员会委员，深圳市第六届人大代表。享受深圳市政府特殊津贴专家，深圳市地方级领军人才。主要从事现代化、城市发展和文化产业研究。出版学术专著《人之间——思与禅的一种诠释与对话》(上海三联书店，2001年)、《从边缘走向中心——深圳文化产业发展研究》(人民出版社，2007年)，译著《多元现代性的反思欧洲、中国及其他的阐释》(香港中文大学出版社，2009年；商务印书馆，2017年)，合著《城市文化论》《文化立市论》等。在《复旦学报》《香港中文大学人文学刊》《学术月刊》《社会科学战线》《江海学刊》《学术研究》《哲学动态》《马克思主义研究》等刊物上发表学术论文三十余篇，其中十余篇被《中国社会科学文摘》、《新华文摘》、中国人民大学《复印报刊资料》等刊物转载。在《人民日报》《深圳特区报》等报刊发表文化评论数十篇。所编辑图书《邓小平经济发展论》获第十二届中国图书奖。主持或作为核心成员参与国家社科基金艺术学重大项目“新兴城市文化流动与文化创新研究”，以及国家社会科学基金重大项目“农民工文化需求与城市公共文化服务体系建设研究”“中国深圳第26届世界大学生夏季运动会申办报告”“全球创业观察：深圳和香港研究”“国际化城市文化产业比较研究”等国际、国家和深圳市课题研究三十余项。主持“深圳市文化创意产业创新发展规划（2016～2020)”“中国（深圳）国际文化产业博览交易会发展规划（2009～2020)”“深圳市文化旅游产业发展规划（2009～2020)”等文化产业相关规划十余项。

摘　要

《深圳文化发展报告（2019）》由深圳市社会科学院编撰。包括特稿、总报告、粤港澳大湾区与全球区域文化中心建设、文化产业发展、文化设施与公共服务、文化体制机制创新、城市文学与文化空间、文化案例与借鉴，较为全面系统地回顾、总结了2018年深圳文化发展的基本状况与主要成果，简要分析了深圳文化发展存在的问题，并对2019年深圳文化发展进行了展望。

2018年是中国改革开放40周年，习近平总书记到深圳视察并做出重要批示，要求深圳当好新时代改革开放尖兵，朝着建设中国特色社会主义先行示范区的方向前行，努力创建社会主义现代化强国的城市范例。在这一年里，深圳文化改革发展工作围绕建设全球区域文化中心城市和国际文化创新创意先锋城市的目标，全面完成年度发展任务，主要包括：建设全球区域文化中心，城市文化发展定位更加清晰，掀起第三次文化设施建设新高潮，公共文化服务体系取得新突破，文化产业作为深圳支柱产业的地位进一步巩固，全民阅读氛围更加浓厚，积极开展国际文化交流等。

报告还基于谋划全球区域文化中心城市发展蓝图、加强对外文化交流与合作、全面落实新一轮文化设施建设规划等角度展望了深圳文化2019年的发展前景。

关键词： 深圳　文化　文化产业　区域文化中心

Abstract

The Annual Report on Cultural Development of Shenzhen (2019) is compiled by the Shenzhen Academy of Social Sciences. It contains a featured article, a general overview, and a number of articles each under topics such as the Guangdong-Hongkong-Macao Greater Bay Area and the engineering of a regional cultural center, the development of the cultural industries, cultural facilities and public services, urban literature and cultural space, and case studies. This report reviews the general developments and major achievements of the city's cultural industries in 2018, examines some of the existing problems, and offers an outlook on its cultural developments in 2019.

The year of 2018 marks the 40th anniversary of the Reform and Opening-up in China. In October, General Secretary Xi Jinping made an inspection tour in Shenzhen and delivered some important instructions. He called on Shenzhen to keep up the good work of being the trailblazer of the reform and opening-up in the new era, to stride towards establishing a pilot zone for socialism with Chinese characteristics, and to make conscientious efforts in creating a model city that reflects a powerful modern socialist country. The city's cultural reform and development work this year has been oriented towards building Shenzhen as a regional cultural center and an international vanguard city in cultural innovation and creativity. It has accomplished its annual tasks and major achievements include the engineering of a regional cultural center, further clarifying the city's positioning in cultural development; the initiation of a third wave of cultural facilities construction, making new breakthroughs in the public cultural services system; the consolidation of the status of cultural industries as a pillar industry; the encouragement of a love for reading among people of all ages and from all walks of life; and the active engagement in international cultural exchange.

The report also envisions Shenzhen's cultural developments in 2019 along the lines of its blueprint to develop into a regional cultural center in the world, deepening international cultural exchange and cooperation, and fully implementing the plans for a new round of cultural facilities construction, etc.

Keywords: Shenzhen; Culture; Cultural Industry; Regional Cultural Center

目录

Ⅰ 特稿

Ⅱ 总报告

Ⅲ 粤港澳大湾区与全球区域文化中心建设

Ⅳ 文化产业发展

Ⅴ 文化设施与公共服务

Ⅵ 文化体制机制创新

Ⅶ 城市文学与文化空间

Ⅷ 文化案例与借鉴

皮书数据库阅读使用指南

CONTENTS

Ⅰ Featured Article

Ⅱ Overview

Ⅲ Guangdong–Hongkong–Macao Greater Bay Area and the Building of a Regional Cultural Center

Ⅵ Innovations in Cultural System and Mechanism

Ⅶ Urban Literature and Cultural Space

Ⅷ Case Studies

特　　稿

Featured Article

自觉承担使命任务
推动新时代深圳文化创新发展

李小甘*

摘　要： 2018 年 8 月，习近平总书记在全国宣传思想工作会议上强调，做好新形势下宣传思想工作，必须自觉承担起举旗帜、聚民心、育新人、兴文化、展形象的使命任务。立足新时代，深圳将坚持以习近平新时代中国特色社会主义思想和党的十九大精神为指导，围绕五大使命任务，积极推动文化创新发展，推动文化强市建设再上新水平，努力打造全球区域文化中心城市和国际文化创新创意先锋城市，为建设中国特色社会主义先行示范区、创建社会主义现代化强国的城市范例提供坚强思想保证和强大精神力量。

关键词： 使命任务　新时代　深圳文化

* 李小甘，中共深圳市委常委、宣传部部长。

党的十八大以来，习近平总书记先后就宣传思想文化工作发表一系列重要讲话、做出一系列重要指示，特别是继2013年发表“8·19”重要讲话之后，在2018年8月21日召开的全国宣传思想工作会议上，明确新形势下宣传思想工作举旗帜、聚民心、育新人、兴文化、展形象的使命任务，为当前和今后一个时期宣传思想工作指方向、定思路、明要求。深圳宣传思想文化工作、文化创新发展肩负着特殊使命。2018年，在改革开放40周年之际，习近平总书记亲临广东、深圳视察并发表重要讲话，对深圳工作做出重要批示，赋予深圳“朝着建设中国特色社会主义先行示范区的方向前行，努力创建社会主义现代化强国的城市范例”的新的历史使命。深圳市委六届十一次全会做出一个使命任务、十个先行示范、十项重点工作的“1+10+10”部署安排，把“扎实做好新形势下宣传思想文化工作，推动文化强市建设再上新水平”列为十项重点工作之一；2018年的全市宣传思想工作会议提出深圳要“建设全球区域文化中心城市和国际文化创新创意先锋城市”。《粤港澳大湾区发展规划纲要》要求深圳“努力成为具有世界影响力的创新创意之都”。深圳宣传思想文化战线将坚持以习近平新时代中国特色社会主义思想和党的十九大精神为指导，围绕五大使命任务，落实党中央、省委和市委部署，狠抓文化强市建设，在更高起点、更高层次、更高目标上推动文化创新发展，打造全球区域文化中心城市和国际文化创新创意先锋城市，为深圳建设中国特色社会主义先行示范区、创建社会主义现代化强国的城市范例提供坚强思想保证和强大精神力量。

一　新时代深圳文化创新发展的基本情况

习近平总书记强调：“一个国家、一个民族不能没有灵魂。文化文艺工作、哲学社会科学工作就属于培根铸魂的工作，在党和国家全局工作中居于十分重要的地位。”对于城市发展而言，文化建设发挥着基础性、战略性作用，城市之间的竞争归根到底不仅是经济总量、增长速度的竞争，在更深层次上是文化的较量。深圳早在2003年就确定了“文化立市”战略。2015年

12 月，出台《深圳文化创新发展 2020（实施方案）》。近年来，在市委市政府的正确领导下，全市宣传思想文化战线以“文化创新发展 2020”为总抓手，按照“认准一个目标，实施一套方案，构建五大体系，一年干几件实事，坚持数年，必见成效”的总思路，扎实做好宣传思想文化工作，推进文化强市建设。“认准一个目标”就是打造与城市定位相匹配的文化强市。“实施一套方案”就是按照“文化创新发展 2020”这个“规划图”“施工表”，全面推进 153 项重点任务。“构建五大体系”，就是按照文化核心层、中间层、外围层的结构，构建以社会主义核心价值观为引领的城市精神体系、以国际先进城市为标杆的文化品牌体系、以媒体融合发展为标志的现代文化传播体系、以市民精神文化需求为导向的公共文化服务体系、以质量型内涵式发展为特征的现代文化产业体系。“一年干几件实事，坚持数年，必见成效”，强调每年抓几件打基础、补短板、强弱项、谋长远的实事，一件一件抓落实、一项一项出成效，久久为功、积小胜为大胜。

“文化创新发展 2020”完全符合党的十九大关于“坚定文化自信，推动社会主义文化繁荣兴盛”的决策部署，“五大体系”的内容举措与举旗帜、聚民心、育新人、兴文化、展形象五大使命任务的要求也是一致的。截至 2018 年底，方案中 153 项重点任务有 123 项已基本完成，完成率为 80.4%，全市宣传思想文化工作成绩斐然，文化强市建设不断迈上新台阶。一是理论武装持续强化。把学习宣传贯彻习近平新时代中国特色社会主义思想和党的十九大精神作为头等大事和首要政治任务，坚持理论学习中心组和党委（党组）“第一议题”制度，实施“首页首屏头版头条工程”，举办 400 多场基层宣讲，创刊《深圳社会科学》，推动习近平新时代中国特色社会主义思想落地生根、结出丰硕成果。二是意识形态工作平稳有序进行。将意识形态工作责任制落实情况纳入市委巡察，成立市舆情监测中心、舆情应对综合协调中心、网络文化研究中心，在全国率先成立市互联网行业联合会及互联网行业党委，阵地建设管理不断加强，网络空间日益清朗。三是新闻舆论积极向上。媒体融合发展步伐不断加快，本市新闻媒体围绕中心工作生动讲好“深圳故事”，《人民日报》、新华社、中央广播电视总台等中央媒体聚焦深

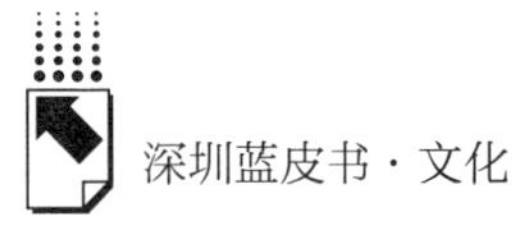

圳改革开放和创新发展经验，解说中国改革开放的成功之路。四是文化品牌活动亮点纷呈。“大潮起珠江——广东改革开放40周年展览”向世界展示改革开放的辉煌历程，习近平总书记亲临展厅视察并给予肯定；歌曲《向往》等17部文艺精品分获中宣部、广东省“五个一工程”奖，庆祝改革开放40周年大型综艺晚会《追梦——改革开放再出发》和2019年央视春晚深圳分会场成功举办；发布“城市文化菜单”，规划建设“新十大文化设施”，打造“十大特色文化街区”；过去五年全市文化创意产业增加值年增长率高于同期GDP增长水平。五是精神文明建设成绩显著。实施市民文明素养提升行动纲要，开展新入户市民文明培训计划，成功实现“全国文明城市”五连冠。六是文化体制改革取得新突破。文艺院团改革破冰前行，成立深圳歌剧舞剧院、市交响乐发展基金会理事会，深圳粤剧团焕发新的活力，深圳报业、广电、出版三大集团改革稳步推进。七是对外影响力持续提升。创办英文门户网站EYESHENZHEN并获评“2018年最具影响力外文版政府网站”，文博会、读书月、“一带一路”国际音乐季、深圳设计周暨深圳环球设计大奖等活动的国际影响力日增，深圳足球队时隔7年重返中超；在全球知名旅行指南《孤独星球》发布的2019年世界十大最佳旅行城市榜单中，深圳位列第二。

深圳的文化建设虽然取得了长足进步，让深圳从过去的“文化沙漠”蝶变成为新兴的“文化绿洲”，但仍然滞后于经济建设，存在人口素质结构与城市发展不相称、哲学社会科学与城市定位不匹配、原特区内外文化设施分布不均衡、文化事业发展不充分、文化产业结构不合理、城市文化的国际影响力不够强等一系列问题。2018年底中国社科院与联合国人居署联合发布的《全球城市竞争力报告》中，深圳经济竞争力高居第5位，但文化、教育等可持续竞争力只列第48位。对于作为“鹏城”的深圳而言，物质文明和精神文明是大鹏的双翼；只有双翼齐飞，才能鹏程万里。

2018年12月26日，习近平总书记对深圳工作做出重要批示，要求深圳“始终牢记党中央创办经济特区的战略意图，认真总结改革开放40年成功经验，坚持和加强党的全面领导，坚持全面深化改革，坚持全面扩大开放，坚持以人民为中心，践行高质量发展要求，深入实施创新驱动发展战略，抓住粤港澳大湾区建设重大机遇，增强核心引擎功能，朝着建设中国特色社会主义先行示范区的方向前行，努力创建社会主义现代化强国的城市范例”。建设中国特色社会主义先行示范区、创建社会主义现代化强国的城市范例，意味着深圳要多领域全方位走在前列，不仅经济科技要高度发达，文化艺术也要繁荣兴盛；意味着要进一步推动物质文明和精神文明协调发展，促进实现人的全面发展、社会的全面进步。深圳宣传思想文化战线必须以更强的责任感和使命感，牢记总书记嘱托，落实市委六届十一次全会的决策部署，用文化创新发展的生动实践和丰硕成果向全世界表明，在中国共产党的领导下，在建设中国特色社会主义的伟大实践中，物质文明和精神文明协调发展是题中应有之义，也是历史的必然。

二　新时代深圳文化创新发展的目标定位

《深圳文化创新发展2020（实施方案）》提出，深圳要打造与城市定位相匹配的文化强市，建设国际文化创新创意先锋城市，突出深圳现代文化、创意文化的特质。2018 年 6 月，广东省委十二届四次全会提出，要抓住粤港澳大湾区建设重大历史机遇，面向国际，建设广州、深圳“全球区域文化中心城市”。2018 年 9 月，全省宣传思想工作会议提出，要推动广州、深圳成为“全国文化创意创新中心城市”。按照省委要求，结合深圳实际，深圳市委在 2018 年 12 月 8 日全市宣传思想工作会议上明确提出要建设“全球区域文化中心城市和国际文化创新创意先锋城市”。这是当前和未来一段时期，深圳做好宣传思想文化工作、推动文化创新发展的目标定位。

建设全球区域文化中心城市和国际文化创新创意先锋城市，要树立世界眼光。“全球”和“国际”，强调的是全球格局、国际视野。新时代深圳文化创新发展，不能仅仅局限于“谋一域”，要以国际上先进城市的文化发展作为参照系。当前深圳可以对标的城市分为三个层次：第一层次是全球文化中心城市，包括纽约、伦敦、巴黎、东京等国际文化大都市；第二层次是全球区域文化中心城市，包括洛杉矶、旧金山、新加坡、首尔、大阪、香港等具有较强国际文化影响力的区域中心城市；第三层次是国内文化中心城市，包括北京、上海、广州、杭州等文化名城。深圳要在这个参照系中找准自己的方位，以世界眼光、开放胸怀来“谋全局”，立足中华文化之根脉，成就城市文化建设的花繁叶茂；汲取世界文化之精华，成就城市文化建设的流光溢彩，积极推动深圳文化在世界文化格局中占有一席之地、享有一方之名，不断提升国际影响力和辐射力。

建设全球区域文化中心城市和国际文化创新创意先锋城市，要追求引领地位。“中心”和“先锋”，强调的是中心地位、先锋角色。新时代深圳文化创新发展，是深圳朝着建设中国特色社会主义先行示范区的方向前行，努力创建社会主义现代化强国的城市范例的文化实践，是深圳在新时代走在前列、在新征程中勇当尖兵的文化篇章；要体现引领性、先导性、示范性，要对标世界一流，高起点谋划、高标准推进、高质量打造，在世界文化方阵中努力跻身“第一梯队”，发挥示范带动作用，为其他城市文化发展提供经验和方案，以深圳的创新实践，向世界充分展示中国道路的发展成就，展示中国特色社会主义文化的优越性、先进性，让世界通过深圳更好地了解中国。

建设全球区域文化中心城市和国际文化创新创意先锋城市，要突出深圳特色。新时代深圳文化创新发展，离不开城市自身的基因和土壤；要基于自身的文化条件和文化生态，确定最适合的路径，扬长避短、错位发展。《粤港澳大湾区发展规划纲要》明确深圳要“努力成为具有世界影响力的创新创意之都”，“支持深圳引进世界高端创意设计资源，大力发展时尚文化产业”。作为一座年轻的、新兴的移民城市，深圳传统文化积淀相对较少，现代文化元素活跃，中外文化交流频繁。这使得深圳文化有着鲜明的移民文化、窗口文化、青春文化、现代文化的个性。而“创新创意”，又是深圳最鲜明的城市精神气质。推动新时代深圳文化创新发展，要着力发展现代文化、创意文化、时尚文化，推进文化与科技深度融合，努力打造文化气质鲜明突出、文化形象现代时尚、文化创新创造活力迸发、引领世界文化潮流的文化创新创意之都。

三　推动新时代深圳文化创新发展的路径和举措

推动新时代深圳文化创新发展，要坚持以习近平新时代中国特色社会主义思想和党的十九大精神为指导，围绕举旗帜、聚民心、育新人、兴文化、展形象五大使命任务，全力推动理论武装、舆论引导、文明创建、文艺创作、文化事业、文化产业、对外宣传等各项工作再上新台阶，推动文化强市建设再上新水平，加快打造全球区域文化中心城市和国际文化创新创意先锋城市。

（一）坚定不移“举旗帜”，推动习近平新时代中国特色社会主义思想落地生根、结出丰硕成果

举什么样的旗帜决定了文化建设朝着什么方向前进。推动新时代深圳文化创新发展，要切实提高政治站位，增强“四个意识”，坚定“四个自信”，坚决做到“两个维护”，坚持不懈用习近平新时代中国特色社会主义思想武装全党、教育人民、推动工作。

一是持续有效强化理论学习。坚持把习近平新时代中国特色社会主义思想和党的十九大精神、习近平总书记对广东重要讲话和对深圳的重要批示指示精神作为各级党委（党组）理论学习中心组学习的重要内容和第一议题，持续深入推进“大学习、深调研、真落实”工作。开展“不忘初心、牢记使命”主题教育活动，学好用好《习近平新时代中国特色社会主义思想学习纲要》，综合发挥好“学习强国”学习平台以及“新时代大讲堂”、“新时代文明实践中心”等阵地作用，打造“深圳学习讲坛”高端学习品牌，提升“百课下基层”覆盖面和实效性，持之以恒抓好经常性学习教育，推动习近平新时代中国特色社会主义思想进企业、进机关、进校园、进社区、进军营、进网站。

二是加强理论宣传阐释。强化报刊网络理论宣传阵地建设，将“深思网”打造成网上理论学习宣传的深圳品牌，重点扶持党报党刊理论版

建设，打造一批全媒体理论宣传品牌栏目，加快形成有影响力的全媒体理论宣传阵地。持续打造社科品牌，围绕新思想学习宣传，加强“市民文化大讲堂”、“滔客”（Talker）、“社科普及周”等理论社科普及活动的内容策划与宣传推广。推进传播手段和话语方式创新，依托深圳新闻网、深圳发布厅等“一网一厅七端”，采取个性化制作、可视化呈现、互动化体验、大众化表达方式，提升理论宣传的到达率、阅读率、点赞率，让党的创新理论“飞入寻常百姓家”。

三是繁荣发展哲学社会科学。加强顶层设计，系统谋划和推动构建具有深圳特点和优势的社科体系。壮大科研力量，支持市属高校设立完备的人文社会科学院系或研究机构。完善“深圳市哲学社会科学学术名家计划”，加大社科人才培养和引进力度。加强新型智库建设，支持社会智库发展，加强与粤港澳大湾区智库合作，推动国内外高端智库落户深圳，探索建设“全市智库公共服务平台”，提升智库研究水平和学术质量。加强学术平台建设，提高《深圳社会科学》《特区实践与理论》等办刊质量和学术水准，增强“深圳学术年会”品牌影响，加强国内外学术交流。围绕习近平新时代中国特色社会主义思想和粤港澳大湾区建设、经济特区建设等，扶持发展一批特色优长学科，推出一批学术精品，为思想理论研究贡献更多“深圳智慧”。

（二）强化导向“聚民心”，做大做强主流思想舆论，凝聚起推动新时代改革发展的强大正能量

民心是最大的政治。推动新时代深圳文化创新发展，要聚焦强信心、聚民心、暖人心、筑同心，唱响主旋律，壮大正能量，把全市人民的士气鼓舞起来、精神振奋起来，朝着习近平总书记指引的方向团结一心向前进。

一是积极做好正面宣传。坚持团结稳定鼓劲、正面宣传为主，扎实开展好主题、形势、政策、成就、典型等正面宣传。持续开设“在习近平新时代中国特色社会主义思想指引下”等专题专栏，及时全面准确宣传党中

央精神，积极稳妥做好经济宣传，做好社会热点问题的舆论引导，努力营造团结奋斗、追梦逐梦的浓厚氛围。严格落实意识形态工作责任制和新闻媒体导向把关责任制，加强改进重大突发事件和敏感舆情的引导处置工作，牢牢把握正确舆论导向，确保政治安全、文化安全和意识形态安全，维护社会稳定。

二是大力推动媒体融合发展和全媒体建设。直面全媒体时代的挑战和机遇，加快推动深圳报业集团、广电集团创新发展、融合发展、转型发展。坚持一体化发展方向，坚持移动优先策略，充分发挥深圳信息技术发达的优势，抓住体制机制、人才技术等关键环节，努力将报业集团、广电集团打造成“全程媒体、全息媒体、全员媒体、全效媒体”，推进“读特”“读创”“壹深圳”等新型传播平台建设，切实提高主流新媒体的覆盖面和影响力。发挥市委市政府专项扶持资金的“造血”功能，加大对媒体融合发展和全媒体建设的保障支持力度。结合深圳实际，加快推进区级融媒体中心建设，建立媒体融合发展联席会议制度，完善相关配套措施，推动媒体融合向纵深发展。

三是创新宣传工作方法及手段。完善重大主题宣传策划机制，把握好宣传引导的时、度、效，充分运用网络直播、短视频、H5、快闪、AR/VR 等分众化、精准化、社交化新兴传播手段，运用讲故事等群众喜闻乐见的话语方式做宣传，不断提高新闻舆论传播力、引导力、影响力、公信力。依托各类主题教育实践以及重大会议、展览、赛事等活动，开展嵌入式宣传，切实增强宣传的针对性、有效性。

四是依法加强新兴媒体管理。在统筹处理传统媒体和新兴媒体关系的基础上，促进、规范新媒体发展。完善网络综合治理体系，健全市委网络安全和信息化委员会成员单位联席会议等制度，落实部门管理责任和属地管理责任，强化网络执法，提高依法管网治网水平。深化互联网行业党建工作，推进互联网企业和互联网类社会组织逐步实现党的组织和工作全覆盖。持续开展网络乱象专项整治，规范网上传播秩序，使网络空间更加清朗，让正能量更强劲、主旋律更高昂。

（三）铸魂立德"育新人"，提高全市人民思想觉悟、道德水准、文明素养，继续争创"全国文明城市"

习近平总书记强调要"以文化人、以文育人"。推动新时代深圳文化创新发展，在培养担当民族复兴大任的时代新人上大有可为、尽力而为。

一是大力开展理想信念教育。实施革命文物保护利用工程，出台《深圳经济特区文物和历史遗存保护条例》及相关制度文件；加强对中国文化名人大营救纪念馆、东江纵队纪念馆等一批红色革命遗址的保护、提升和利用，充分发挥爱国主义教育基地、国防教育基地作用，强化对市民群众特别是青少年的理想信念教育，以坚定的理想信念筑牢精神之基。坚持立德树人根本任务，加强高校思想政治工作，进一步加强高校特别是合作办学高校与民办高校党的领导和党的建设，研发思想政治理论精品课程，培育推广高校思想政治工作创新项目，不断提升工作针对性和实效性。

二是积极弘扬和践行社会主义核心价值观。深入实施铸魂立德工程、核心价值观"1+X"工程，强化教育引导、实践养成、制度保障，建成一批社会主义核心价值观示范学校、医院、企业、社区、公园。实施社会主义核心价值观社会宣传工程，推动公益广告立法，建设公益广告信息管理系统，完善公益广告制作、发布、监管等机制，办好"设计之都（中国深圳）公益广告大赛"，持续推出弘扬社会主义核心价值观的公益广告、宣传品和出版物。广泛开展先进模范学习宣传，建设深圳"好人库"，落实《深圳市道德模范礼遇和帮扶制度》，引导市民见贤思齐、崇德向善。深化"关爱之城""志愿者之城"建设，深入开展关爱行动、"我的价值我的城"等主题实践活动，推动社会主义核心价值观落细落小落实，融入市民生活。

三是深化精神文明创建活动。不断完善文明创建长效机制，坚持以法治促进文明，修订《深圳市民文明行为促进条例》，完善文明领域法规规章；以机制保障文明，持续开展文明指数监测，强化文明创建绩效考核，探索城市文明蓝皮书发布制度；以科技助推文明，利用互联网、人工智能等新技术手段提升城市管理精细化水平；以文化滋养文明，加强优质公共文化服务供给，持续开展市民文明素养提升行动，全面普及新入户市民文明素养培训；以共建共享文明，深入开展家风教育、诚信教育、志愿服务，以及文明单位、文明家庭、文明校园等主题创建活动，推行文明旅游、文明过节、文明餐桌等生活方式；以传播弘扬文明，依托地铁公交、地标建筑幕墙、建筑工地围挡等社会宣传阵地，加强文明主题公益宣传。通过完善长效机制，推动文明创建活动常态化开展，全力争创“全国文明城市”。

（四）守正创新“兴文化”，激发文化创新创造活力，更好满足全市人民精神文化生活新期待

推动新时代深圳文化创新发展，要积极致力于繁荣文艺创作，推动文化事业和文化产业发展，以高质量文化供给增强市民群众的文化获得感、幸福感。

一是高品质打造文艺精品力作。围绕新中国成立 70 周年、建党 100 周年、深圳建市 40 周年、深圳经济特区建立 40 周年等重大时间节点，聚焦改革开放、全面建成小康社会、粤港澳大湾区建设等现实题材，在影视、音乐、美术、戏剧等领域创作推出一批能流传久远的精品力作，打造特区“文艺高峰”。继续深化文艺院团改革，进一步优化资源配置、推进融合发展、完善工作机制，推动深圳交响乐团、深圳歌剧舞剧院、深圳粤剧团建设新型文艺院团，实施重大题材“一团一精品”计划，打造一个以标志性深圳原创舞台剧为龙头，诸多精品剧目为支撑的新文艺业态。扶持网络电视、电影、音乐、动漫等新型文艺类型，推动精品化发展，建设互联网文化基地。实施“深圳文艺名家推广计划”，完善文艺人才引进、人才认定、职称评定等配套政策，壮大文艺人才队伍，夯实文艺事业发展基础。

二是高标准构建公共文化服务体系。丰富优化“城市文化菜单”，提升

“一带一路”国际音乐季、国际科技影视周、国际摄影大展、中国图片大赛、读书月、创意十二月等重大文化品牌活动的水平和影响，增进城市文化福祉，提升城市文化品位。加快规划建设一批重大文化设施，更好地推动高质量发展和原特区内外均衡发展，增强公共文化服务能力，满足人民群众对美好生活的向往。高水平规划建设深圳歌剧院、深圳改革开放展览馆等“新十大文化设施”，打造世纪精品工程和国际一流水准的城市文化地标。按照“都市风情、文化内涵、产业特色、市场需求”的要求，改造提升大鹏所城、南头古城等“十大特色文化街区”，形成错落有致、相互呼应的城市文化群落。加快“一区一书城、一街道一书吧”和基层综合文化服务中心建设，提升公共文化服务社会化、数字化、智能化水平，构建公共文化信息资源共享系统和网络服务平台，为不同市民群体提供分众化、精准化、个性化的文化服务。

三是高质量推进文化产业发展。出台实施《关于加快文化产业创新发展的意见》及配套政策，凸显科技和创意特色，推动文化业态创新和产业结构优化升级，加快发展数字文化产业和时尚文化产业，提高文化核心层在文化产业中的比重。推动文化和旅游融合发展，逐步放宽文化市场准入，完善过境免签制度，促进国际化文化旅游消费。大力培育文化领军企业，优化产业空间布局，吸引国内外龙头文化创意企业把总部设在深圳，打造区域文化创意产业总部基地。推进文博会、国家文化和科技融合示范基地、深圳文交所、深圳国际版权交易中心、深圳国家对外文化贸易基地等国家级产业服务平台建设，增强深圳文化产业的发展优势和国际竞争力。

（五）全面立体“展形象”，提高深圳文化的国际影响力和辐射力，推动中华文化“走出去”

深圳要用文化创新发展的实践，讲好社会主义文化繁荣兴盛的中国故事，为提高国家文化软实力和中华文化影响力做出积极贡献。

一是突出展示深圳改革开放成果。持续办好“大潮起珠江——广东改革开放40周年展览”，将其打造成为展示改革开放成果和城市文化的亮丽名片。系统梳理、总结和宣传改革开放以来深圳的丰富实践和巨大成就，提炼宣传新时代“深圳精神”，通过讲好深圳改革开放故事，向世界全面展示“改革开放的中国”“改革开放的深圳”。

二是擦亮“深圳设计”城市品牌。出台实施《关于推动深圳创意设计高质量发展的若干意见》及相关政策，实施设计提升行动，办好深圳设计周暨深圳环球设计大奖、联合国教科文组织深圳创意设计新锐奖、中国设计大展等重大品牌设计活动，加快筹办深圳创新创意设计学院，规划建设深圳创意设计馆，打造设计人才荟萃的高地。借助粤港澳大湾区建设契机，积极引进世界高端创意设计资源。推动在国外知名设计城市建立“深圳设计海外推广中心”，提高“深圳设计”的国际知名度和美誉度。

三是深化粤港澳大湾区文化交流合作。积极参与共建“人文湾区”，发挥粤港澳地域相近、文脉相亲的优势，联合开展跨界重大文化遗产保护、宣传和利用，共同推进中华优秀传统文化传承发展；发挥大湾区中西文化长期交汇共存等综合优势，促进中华文化与其他文化的交流合作。加强大湾区创意设计产业合作，推动建立深港澳文化创意联盟，办好“深港城市 \ 建筑双城双年展”、深港设计双城展、文博会澳门精品展、深澳创意周等文化交流活动。加强大湾区文艺院团、文博机构、学校与社会组织交流，合作开展文艺演出、展览和赛事活动。探索与港澳地区共同举办亚洲文化合作论坛等重大国际会议，策划举办世界湾区主题论坛，推动打造粤港澳大湾区对外文化交流圈。

四是推进城市外宣内容、渠道与机制建设。以“互联网 + ”创新外宣工作的理念思路、形式载体、方法手段，着力在网上提高深圳的知名度和影响力。优化城市形象宣传片、深圳画册、深圳概览、宣传折页和英文地图等“五个一”外宣品，推进外宣视频库、图片库、文字库等基础资料库建设。进一步拓宽外宣渠道，提升深圳英文门户网站 EYESHENZHEN 的影响，在国际航班、星级酒店等投放城市形象宣传片，加强与央视国际等国际传播平台合作，传播深圳声音。积极构建大外宣格局，推动深圳企业、行业协会、民间机构等参与“民间外宣”。加强与联合国教科文组织等国际组织以及国际友好城市、创意城市网络、世界文化名城、“一带一路”沿线国家城市之间的文化交流合作，扩大“深圳国际文化周”活动覆盖面，积极参与和承办一批国际文化节庆活动、国际多边会议和国际体育赛事，全力塑造和推广深圳国际化城市的形象与魅力。

总报告

Overview

B.1

2018年深圳文化发展回顾与2019年展望

王为理　陈长治　熊德昌　杨立青*

摘　要： 本文从重大文化设施建设、公共文化服务、系列主题文化活动、文化产业创新发展、全民阅读、国际文化交流以及文化遗产保护等方面，全面回顾和总结了2018年深圳文化的发展状况，并从谋划全球区域文化中心城市发展蓝图、粤港澳大湾区建设背景下加强对外文化交流与合作、提高公共文化服务水平和文化产业发展质量等角度对2019年深圳文化发展进行了展望。

关键词： 深圳　文化　城市建设

* 王为理，深圳市社会科学院党组成员、副院长、研究员；陈长治，深圳市社会科学院文化研究所所长；熊德昌，深圳市文化广电旅游体育局文化产业发展处处长；杨立青，深圳市社会科学院文化研究所研究员。

一　2018年深圳文化发展回顾

2018 年是中国改革开放 40 周年，作为中国改革开放的窗口和试验田，深圳在经济发展和城市建设方面的成就举世瞩目。在这一年里，习近平总书记专门到深圳视察，并向世界宣示中国改革不停顿、开放不止步；12 月底又专门对深圳工作做出重要批示，要求深圳当好新时代改革开放尖兵，朝着建设中国特色社会主义先行示范区的方向前行，努力创建社会主义现代化强国的城市范例。这为深圳新时代发展明确了新目标、赋予了新定位。作为“五位一体”重要组成部分的文化建设，在这一年里，面对城市发展新定位、新要求，进一步明确发展目标，全面发力，加快创新发展步伐，不断夯实文化发展的基础，在公共文化服务体系建设、文化产业发展、文物保护等方面均实现了新突破，迈上了新台阶。

（一）建设全球区域文化中心，城市文化发展定位更加清晰

城市文化发展目标或文化定位是城市文化发展的先导。从 2003 年“文化立市”战略确定到明确建设“文化强市”的目标，再到建设与现代化国际化创新型城市相匹配的文化强市，文化建设的目标日益清晰，对推动深圳文化快速发展发挥了重要作用。进入新时代，深圳立足城市未来发展需要，进一步提出推动文化创新发展的新目标。2018 年，为贯彻落实习近平总书记对广东提出的“四个走在全国前列”的重要批示要求，省委十二届四次全会提出要抓住粤港澳大湾区建设重大历史机遇，面向国际建设广州、深圳全球区域文化中心城市。深圳市委六届十次、十一次全会提出深入推进文化创新发展，加快构建先进的城市精神体系、文化品牌体系、现代文化传播体系、公共文化服务体系、现代文化产业体系，打造全球区域文化中心城市和国际文化创新创意先锋城市。这一发展目标的确立，使深圳文化发展的定位更加清晰、目标更加远大，那就是放眼世界打

造全球区域文化中心城市，高标准推进文化建设，使深圳成为在国际上有重要影响的文化创新创意先锋城市。这对深圳文化发展提出了更高要求，也必将推进深圳文化高质量发展。

（二）掀起第三次文化设施建设新高潮，重大文化设施建设取得突出进展

重大文化设施是城市形象的重要标志，也是城市文化建设的重要载体。2018年，深圳根据城市未来发展需要，瞄准国际一流城市目标，确立了重点规划建设“新十大文化设施”、提升改造“十大特色文化街区”，启动建设一批重大文体设施的设施建设任务。市委常委会专题审议通过《深圳市加快推进重大文体设施建设规划》，2018 年 12 月，市政府正式印发该规划。根据规划，一批新文化地标将拉开建设大幕，成为代表城市形象的地标性设施。其中，“新十大文化设施”包括深圳歌剧院、深圳改革开放展览馆、深圳创意设计馆、中国国家博物馆·深圳馆、深圳科学技术馆、深圳海洋博物馆、深圳自然博物馆、深圳美术馆新馆和深圳创新创意设计学院、深圳音乐学院，定位高端，种类齐全，将弥补深圳重大文化设施缺乏的短板。十大特色文化街区则按照“都市风情、文化内涵、产业特色、市场需求”的要求，以及错位发展、体现特色的原则，推动大鹏所城、南头古城、大芬油画村、观澜版画基地、甘坑客家小镇、大浪时尚创意小镇、大万世居、蛇口海上世界、华侨城创意文化街区、华强北科技时尚文化街区 10 个特色较为明显、文化内涵丰富的文化街区进行提升改造，形成错落有致、相互呼应的城市文化群落，打造新的城市文化景点，将成为市民参与文化休闲活动的新去处。规划还提出建设深圳青少年中心、深圳岭南文化艺术中心、深圳美术中心、深圳文物博览中心、深圳第二图书馆等六大类 30 项具有深圳特色和国际化水准的重大文体设施建设，提升改造原有市级文化设施，加快深圳博物馆老馆维修改造工程建设，大力推进深圳大剧院改造提升等工程。各区也将建设一批标志性文体设施，推动各区规划打造形成 1 ~ 2 处区级文化中心区。规划的出台，标志着在改革开放 40 年后，深圳将掀起第三次文化设施建设高潮，规模之大前所未有。

2018 年，深圳当代艺术馆成功开馆，南山博物馆、龙岗三馆一城等建成使用，新落成的坪山文化中心总建筑面积约 12 万平方米，占地面积 73689 平方米，包括演艺中心（大剧院）、图书馆、美术馆、展览馆、文化体验馆、会议中心、书城、影城等场馆，成为集文艺展演、图书阅览、公共艺术展览、多层次文化体验、高端会议等多种功能于一体的深圳东部文化新地标，引导坪山区乃至整个深圳东部的整体文化发展水平迈上一个新台阶。

（三）坚持以人民为中心的文化发展理念，公共文化服务体系取得新突破

随着生活水平的提高，广大群众对精神文化生活的需求日益增长，也更加多元，公共文化供给也要适应这一变化，不断提升供给质量和水平。一年来，深圳在公共文化服务领域深化供给侧改革，加快建立现代公共文化服务体系，不断提升供给质量和效能，更好满足市民文化需求。

公共文化服务机制日益完善。深入推进文化馆、图书馆总分馆制度和文化馆联盟建设，全市各区（新区）全部建立文化馆、图书馆总分馆机制，实现了文化馆和图书馆资源共建共享。以文化馆联盟为平台，策划深圳市公共文化大型品牌活动，组织开展全市性巡演、巡展活动，实现了资源跨区整合。出台《深圳市公共文化服务工作考核标准（2018 年）》《深圳市区级文化馆图书馆总分馆制建设验收标准》，加快推进公共文化服务标准化。发布《2017 年度深圳文化质量指数测评报告》，推进各区加快提升文化服务质量。加大数字文化服务建设力度，数字文化馆建设成效显著，数字文化平台、手机 App、微信公众号、深圳市文化馆票务系统、网站教学视频等建设加快推进。群众文化艺术资源数据库进一步完善，文化馆云项目稳步推进。扎实推进基层综合文化服务中心建设，实现街道和社区综合性文化服务中心全覆盖。深入开展文化志愿服务，注册文化志愿者达 17000 余人，组建志愿服务队伍 179 支，举办巡回演出、讲座培训、课本剧进校园等“文义惠鹏城”系列活动。

“图书馆之城”建设取得新突破。以贯彻《公共图书馆法》为契机，深

入实施公共图书馆提升工程，制定《深圳市关于贯彻〈中华人民共和国公共图书馆法〉推进公共图书馆提升工程的实施意见》，启动《深圳经济特区公共图书馆条例》修订工作。深圳图书馆创新阅读服务形式，试行双休日提前一小时入馆措施，方便读者在周末上午8时即可进馆阅览和自习；进一步拓展移动图书馆服务领域和服务方式，读者可利用智能手机申办虚拟读者证，实现足不出户即可轻松利用图书馆海量资源；优化“新书直通车——你选我送、先阅为快”服务，不断完善网上选书、快速采购编目及物流配送等流程，激发读者参与选书和阅读的热情。开展“40年·40本记录深圳”书目评选活动，集中展示深圳的城市变革、经济发展与文化民生的成就与风采。扎实推进市少儿馆与全市中小学图书馆文献资源共享和流通的“常青藤”行动计划，123所学校加盟该计划，25万余册图书和深圳少年儿童图书馆所有的电子资源可供各加盟中小学共享。加大图书馆服务“走出去”力度，在全市8个区包括社区书吧、社区图书馆和民营书店等19个基层阅读点开展32场“阅读推广人进基层”活动，与地铁集团深度合作，精选电子图书二维码，乘客（读者）通过移动终端扫描二维码实现在线阅读。

博物馆事业取得新发展。深圳市政府与中国国家博物馆在深签署战略合作框架协议，确定合作建设中国国家博物馆·深圳馆，并在藏品征集、科研、展览、公共教育、文创开发等领域广泛开展战略合作。加快推进博物馆建设，古代艺术馆维修改造工作有序推进，深圳自然博物馆建设项目完成可研报告申报，启动项目建设需求研究。推动深圳海洋博物馆、中国改革开放博物馆选址，初步完成两馆的筹建方案，拟定场馆建设规模。积极开展深圳经济特区管理线博物馆展览大纲编写、展品征集工作，推动同乐联检楼产权移交。全年新增备案博物馆4家，其中国有、非国有博物馆各2家。截至目前，全市共有博物馆50家（国有17家，非国有33家）。

公共文化活动蓬勃开展。成功举办第十四届来深青工文体节，“行走鹏城　感受深圳”惠民活动、全市劳务工读书成才巡回报告会、来深青工歌手大赛等吸引来深青工1.3万人次报名参加，摄影大赛和打工文学大赛还吸引了天津、重庆、鄂尔多斯等地文化馆参与。第十五届“鹏城金秋”市民文化节开展了广场舞大赛、优秀美术书法作品展、“深圳人拍深圳”优秀摄影作品展等赛事和活动，策划举办了中老年文艺汇演活动。面向少年儿童的第十二届少儿艺术花会更注重比赛与展示相结合，在花会期间举办少儿晒艺大舞台、原创作品比赛、美术比赛暨优秀作品巡展、书法比赛暨优秀作品巡展、少儿艺术主题讲座等活动，共吸引上万名少年儿童参加，参赛选手、作品数量和质量均为历届最高。在世界读书日期间，市区两级公共图书馆及相关单位共举办各类活动 234 项 290 场。

（四）围绕纪念改革开放40周年策划系列主题文化活动，城市文化影响力进一步提升

2018 年是中国改革开放 40 周年，用文化艺术的形式讴歌改革开放伟大成就是文化工作的重要任务。一年来，深圳策划举办了系列纪念改革开放主题文化活动，充分展示了深圳改革开放和文化建设取得的巨大成就。

成功举办“大潮起珠江——广东改革开放 40 周年展览”。展览作为广东省庆祝改革开放 40 周年的重大活动，受到省委省政府的高度重视和社会各界的广泛关注。展览全面、生动和立体地展现广东改革开放 40 年的壮阔历程和辉煌成就，是中国改革开放恢宏历史的精彩缩影。2018 年 10 月 24 日，习近平总书记亲临展馆视察，并向世界宣示中国改革不停顿、开放不止步。该展自 2018 年 11 月 8 日起向社会公众开放后，接待全国干部群众近 30 万人次，已成为深圳一道崭新的人文风景。高质量完成国家博物馆“伟大的变革——庆祝改革开放 40 周年大型展览”中“春天的故事”单元筹展工作，精彩展示了深圳改革开放的成就。策划举办庆祝改革开放 40 周年大型综艺晚会《追梦——改革开放再出发》，以文化与科技的完美结合，创新与创意交融汇聚，展示深圳矢志追梦的豪情，唱响改革开放再出发的强音。

大型电视政论片《创新中国》在央视热播，以令人惊叹的生动事例向人们介绍中国高速发展的高新科技成果。八集纪录片《深圳故事》以深圳为样本，用鲜活而真实的故事记录、展示、解读中国改革开放的伟

大历程。电影《照相师》在人民大会堂首映，受到各界的好评。歌曲《再一次出发》《信仰》被列入中宣部主题歌曲展播名单，大型交响曲《我的祖国》被列入国家交响乐创作计划，重大题材油画作品《早春》完成创作。专题片《大湾》获第二十八届中国新闻奖三等奖，儿童电影《天籁梦想》获第十三届中国国际儿童电影节“最佳儿童片”奖。深圳广电集团的《赠人玫瑰手有余香》和腾讯公司的《特别有种特警使命》《蔚蓝 50 米》《@所有人》获广电总局 2018 年“弘扬社会主义核心价值观 共筑中国梦”主题原创网络视听节目优秀节目。舞蹈《爹娘·争吵》《创·空间》入选第十二届全国优秀舞蹈展演名单。

深圳文艺院团改革取得实质性突破，深圳歌剧舞剧院正式成立，左青、印青、应萼定等一批文艺名家加盟深圳歌剧舞剧院，文艺深军再添新生力量。该剧院国庆汇报演出在深圳大剧院精彩首演，展示了新生院团的全新风貌。深圳市交响乐发展基金会理事会正式成立，马蔚华、任克雷、谭盾等 19 位社会贤达当选为理事会成员，引入社会资源推进院团改革迈出新步伐。

“一带一路国际音乐季”影响持续扩大，来自 40 个国家和地区的 700 位艺术家带来了 18 场风格多元的国际舞台艺术盛宴。国际科技影视周、深圳国际魔术节、深圳读书月等城市文化菜单精彩展现，在为市民创造“月月有主题，全年都精彩”的丰富文化生活的同时，也增加了深圳在国际文化舞台上的能见度。“深圳设计”品牌进一步擦亮，成功举办深圳设计周暨环球设计大奖、深港设计双城展、联合国教科文组织创意城市网络深圳创新设计新锐奖、创意 12 月、工业设计大展等活动，城市设计氛围日益浓郁。制定《关于推动深圳设计高质量发展的若干意见》，启动深圳创新创意设计学院筹建工作。

（五）文化产业创新发展态势良好，支柱产业的地位进一步巩固

文化产业作为新兴产业，是推动城市高质量发展的重要抓手。一年来，深圳高度重视文化产业创新发展，不断完善产业发展的政策环境，消除外部环境变化的不利影响，取得了明显的成绩。

制定《关于加快文化产业创新发展的意见》和《关于加快推进文化产业创新发展的若干措施》，进一步优化文化产业发展环境。全年下达文化创意产业专项资金3.84亿元，产业资金引导和示范作用进一步彰显。推动建设银行深圳分行设立首家文化特色银行，助力文化企业融资。加快推进文化产业服务平台建设，深圳文交所建设文化金融服务中心成效初显，其承接的国家发改委、文化和旅游部“文化产业专项债券”推荐活动意向金额达106.05亿元。南山区申报国家文化和科技融合示范基地的工作取得实质性进展。积极推进文化产业“双创”扶持计划，深圳文交所获得国家“双创”扶持资金扶持。指导腾讯、创梦天地等公司举办功能游戏开发者大赛、全球游戏开发者大会等重大活动，支持行业创新发展。2018年全市文化创意产业预计实现增加值2621亿元，占全市GDP比重超过10%。

加强对全市文化产业园区的管理与服务，探索建立文化产业园区考核评估指标体系，制定《深圳市文化产业园区评估考核办法（试行）》。组织开展全市文化创意产业园区专题调研，研究提出园区创新发展和提升管理水平的举措。推进省级文化产业园区创建工作，加强对获得2017年度省级文化产业示范园区创建资质的艺展中心、2018年文化创意产业园2家园区创建工作的指导与服务，积极推进园区公共服务平台建设。中国（深圳）新媒体广告产业园、大学城文化创意产业园集聚区获得2018年度广东省文化产业示范园区创建资格。组织开展园区认定工作，对全市31家认定期满的市级文化产业园区进行重新认定，并组织开展新一批次市级文化产业园区认定，27家园区申报市级园区认定。

积极引导和推动甘坑客家小镇、大鹏所城、大浪时尚小镇、观澜版画村等文化旅游聚集区加快文化旅游融合发展，甘坑客家小镇成功入选第二批广东省文化旅游融合发展示范区创建名录。继续推进深圳－爱丁堡、深圳－布里斯班、深圳－帝国郡等国际创意产业孵化中心建设，促进创意资源跨国整合。推进组织开展“深圳·爱丁堡2018国际创新交流周”、“当熊猫遇上考拉——中澳创意产业交流大会”、“一带一路”中墨文化经贸合作对接会等多个国际间产业交流合作活动。继续推动国际设计产业平台、国际创客生态平台、文化进出口贸易平台等国际创意产业合作交流平台建设。

成功举办第十四届中国（深圳）国际文化产业博览交易会。中宣部（国家新闻出版署、国家电影局）首次作为主办单位参与主办，体现了中央对文博会的高度重视。本届文博会吸引了2308个政府组团、企业和机构参展，比上届增加6个，31个省区市及港澳台地区连续第九次全部参展。其中，共有42个国家和地区的130家海外机构参展，101个国家和地区的2.1万余名海外客商前来参会、参展和采购，合同成交额达2338亿元。主会场、分会场及相关活动的参观、参与人数达733.258万人次，同比增加10.08%。专业观众达127.565万人次，同比增长7.84%。中央政治局委员、中央书记处书记、中宣部部长黄坤明同志亲临文博会视察，充分肯定了文博会取得的成绩。“全国文化企业30强”首次在文博会上发布并举行颁奖仪式，华强方特和华侨城集团再次入选“全国文化企业30强”。成功举办文博会澳门精品展，深圳文创精品亮相澳门国际贸易投资展览会。

（六）加快推动广播影视和新闻出版事业发展，全民阅读氛围更加浓厚

广播影视和新闻出版既是城市软实力的重要组成部分，也是文化民生的重要内容。一年来深圳加快发展广播影视和新闻出版产业，加大对报业、广电集团转型发展的支持力度，推进媒体融合发展，稳步推进出版集团公司制改革。

成功举办2018媒体融合发展论坛，“读特”“读创”“壹深圳”等新媒体客户端影响力日益扩大，下载量分别达200万、60万、385万。加快推动广电4K建设，《4K节目制播平台建设技术方案》由市政府正式印发。全年新发放4K机顶盒15万台，总数达161.8万台，各营业网点均设有4K机顶盒和4K电视机演示。4K示范小区彩田村和松坪村完成网络改造和机房建设。广电集团卫视频道实现高标清同播，IPTV用户增加到138个。宽带用户数56万，同比增长12%。全市影院数量达277家，票房23.23亿元，同比增长5%。持证影视制作机构增加至849家，备案公示电视剧14部524

集，电影剧本（梗概）备案、立项125部。全年组织公益电影放映18000余场，观影452万人次。成功举办第九届中国国际新媒体短片节、首届天威电视节、第十届动漫节、第五届中国（深圳）国际电视剧交易会等活动，深圳影视业影响进一步扩大。深圳印刷企业荣获中华印制大奖26项、美国印制大奖87项。“聪明的顺溜之特殊任务”等7个项目入选国家新闻出版改革发展项目库。

全国图书交易博览会时隔22年重返深圳。第二十八届全国图书交易博览会依托深圳会展中心主会场和深圳书城五大分会场，组织全国682家出版单位参展，展销精品图书23万余种，开展各类文化活动427项，吸引50余万市民读者参与，促成交易9134万元，打造了馨香共享的全民阅读文化盛宴。国家新闻出版署主办的“全国图书精品展”集中展示了1200多种近2000册精品图书，以色列历史学家尤瓦尔·赫拉利“简史三部曲”的收官之作《今日简史》也在书博会期间全球首发。积极发挥深圳高新技术优势，集中展示了“24小时无人智能书栈”“24小时城市街区自助图书馆”“数字博物馆”等创新成果，体现了全民阅读与高新技术的完美融合。邀请曹文轩、刘心武、于丹等150余位知名作家学者开展读书交流活动，吸引了51万余名市民参加，部分名家见面会创下单场读者破千人的盛况，彰显了深圳作为全球阅读典范城市的全民阅读温度。

第十九届深圳读书月以“东方风来，书香满城”为年度主题，策划开展了“书海导航”“名家分享”等主题活动769项，吸引了上千万人次参与。策划举办“4·23世界读书日”暨“深圳未成年人读书日”系列阅读活动，加大全民阅读宣传力度，发布《深圳阅读蓝皮书》，微信公众号“深圳全民阅读”、全民阅读App分众定制版正式上线。加强阅读推广人培训，举办阅读推广人进基层活动250场。全国首座智能化书城——深圳书城龙岗城7月18日开业，集中展现大数据、移动支付、人脸识别等最新科技手段在实体书业中的应用成果，深圳书城模式实现了从“文化创意书城”到“智能化书城”的蜕变。深圳现已拥有大型书城5座、简阅书吧41家，“一区一书城、一街道一书吧”的战略布局取得丰硕成果。

（七）积极开展国际文化交流，不断扩大深圳文化的国际影响

深圳作为改革开放的前沿和对外交流的窗口，一直重视对外和对港澳台的文化交流工作，积极推进中外文化合作，借助“部省合作”“欢乐春节”等国家平台，以深圳声音讲好中国故事，努力提高深圳文化软实力和文化影响力，服务国家文化外交和深圳国际化城市建设大局。

深圳文化品牌亮相“欢乐春节”。2018 年春节期间，深圳组派交响乐、文化创意、杂技等 11 支“欢乐春节”文化团组，分别在美国、智利、西班牙、法国、荷兰、比利时、德国、新加坡、留尼汪和中国香港等 11 个国家和地区的 27 个城市举办了 45 场演出、展览和交流活动，内容包括交响乐、室内乐、歌舞综艺、跨界舞剧、杂技、创意设计展、美食文化品鉴等多种形式，向世界多层次、多侧面展示了多彩的中华文化和深圳“时尚之都、创意之城”的文化魅力，得到了各驻外使领馆、外方文化机构与媒体和各界观众的广泛好评。

深入实施文化和旅游部“部省（市）合作计划”。落实“对非文化工作部市对口合作计划”，与中国驻津巴布韦、肯尼亚大使馆开展对口合作。组织深圳艺术团赴津巴布韦、肯尼亚两国访问演出，并参加津巴布韦哈拉雷国际艺术节。积极参与文化和旅游部海外中国文化中心“部省（市）合作计划”，先后组派多个文化代表团赴白俄罗斯交流，得到了白俄罗斯媒体及民众的高度关注和明斯克中国文化中心的充分肯定。组织深圳文化代表团赴朝鲜访问演出，推动中朝文化和旅游合作融合发展。访朝期间，在中国驻朝鲜大使馆、大同江外交会馆举行了两场中朝友好音乐会。朝鲜劳动党政治局委员、中央副委员长、国际部部长李洙墉等朝方高官和中国驻朝鲜大使观看了演出。代表团还与朝鲜文化省举行工作会议，共商未来加强文化和旅游合作交流。

积极推动以文化交流促进艺术生产，孵化“国际范儿”原创艺术作品。与德国黑森州科学与艺术部合作推出舞蹈杂技作品《CROSS · 跨界》，该作品入选 2019 年上海国际艺术节“中国作品走出去”的推介单元，有望与多

个国际艺术节开展合作。与法国艺术机构合作完成原创歌剧舞蹈诗《月影舞霓裳》（又名《大地的女儿》）的创作，用现代手法将舞蹈、歌剧咏叹调、戏剧、音乐等多种艺术元素有机融合，填补了深圳市无原创歌剧作品的空白。联合国际顶尖艺术教育机构，举办“2018深圳莫扎特音乐周”，推动深圳市艺术机构与人才的专业水准和综合素质的提升。积极推动法国罗丹博物馆落户深圳的相关工作。“鹏城春荟法兰西·中法文化之春”艺术节以纪念世界“印象主义”音乐鼻祖德彪西逝世100周年作为活动主题，通过钢琴音乐会及室内乐音乐会重温“印象德彪西”。成功举办第三届“非洲创意设计培训”班，来自尼日利亚、塞拉利昂等8国的22名学员来深参加创意设计培训，探索与深圳文创产业合作的机会。

2018年深圳文化建设虽然取得了突出成绩，但也应看到深圳文化建设与国内外发达城市相比，还存在明显的短板与不足，与城市的经济地位还不匹配。一是基层公共服务还存在薄弱环节，原特区外公共文化服务供给质量还不够高，公共文化服务得不到有效保障，来深建设者文化生活匮乏的问题未得到根本性解决。二是文化产业结构不尽合理，整体实力有待进一步提升，游戏产业受版号暂停审批冲击较大，文化制造类企业出口增长乏力，产业用房用地成本偏高。三是文艺精品生产存在明显短板，有高原无高峰现象突出，舞台艺术、影视精品数量偏少。四是高端文化人才缺乏，文化人才积聚的氛围还未形成，高端人才引进和培育尚需进一步加强。五是有国际影响的文化活动品牌或赛事总体缺乏，国际化文化氛围还不够浓厚。

二　2019年深圳文化发展展望

2019年是新中国成立70周年，是全面建成小康社会的关键之年，也是深圳建市40周年和建设“先行示范区、强国城市范例”的开局之年。2019年深圳的文化发展，将以习近平新时代中国特色社会主义思想为指导，全面贯彻落实党的十九大精神，深入贯彻习近平总书记对广东重要讲话和对深圳重要批示指示精神，深入实施“文化创新发展2020”，围绕建设全球区域文化中心城市和国际文化创新创意先锋城市的总体目标，不断提高城市文化发展的水平和质量，为深圳建设中国特色社会主义先行示范区、创建社会主义现代化强国的城市范例做出贡献。

（一）以创建社会主义现代化强国的城市范例为指引，谋划全球区域文化中心城市发展蓝图

2018 年 10 月 22 日至 25 日，在改革开放 40 周年、粤港澳大湾区建设全面推进的关键时刻，习近平总书记再次来到南粤大地视察指导，并赋予深圳新的使命——朝着建设中国特色社会主义先行示范区的方向前行，努力创建社会主义现代化强国的城市范例。这一目标要求将指引着深圳未来发展的方向。按照“建设中国特色社会主义先行示范区”“创建社会主义现代化强国的城市范例”的新要求，深圳文化建设要进一步发扬敢闯敢试、敢为人先的精神，全面推动深圳文化兴盛发展，打造全球区域文化中心城市和国际文化创新创意先锋城市。

建设“深圳全球区域文化中心城市”是 2018 年中共广东省委十二届四次全会提出的战略目标，是广东省委全面贯彻落实党的十九大精神，紧紧围绕“四个全面”战略布局、切实践行“五大发展理念”、推动中国特色社会主义事业发展的集中体现，2019 年须高质量、分步骤地认真谋划、贯彻落实。市委宣传部将抓紧牵头制定《深圳市建设全球区域文化中心城市行动方案》，打造“深圳文化创新发展 2020”的升级版。

一是加强总体谋划。结合深圳文化发展特色，瞄准短板和差距，形成高度重视城市文化发展的社会共识，制定以国际化为主要取向的文化战略，以成为世界一流城市为目标，依托粤港澳大湾区的发展契机和现代化国际化创新型城市的建设进程，借助经济发展及经济要素的流动和集聚带动全球文化要素的集聚，将深圳的区位、经济、科技优势转化为文化资源优势；以深化文化体制机制创新和扩展对外开放为动力，形成政府和社会、国际与国内共同推进城市文化发展的合力，激发国际化城市的多元文化活力，促进城市文化的高度繁荣；加大对文化建设的投入，打造世界一流的城市文化设施聚集

区，形成具有浓厚氛围和国际影响的文化艺术中心圈，提升深圳的国际文化标识形象；加大对本土艺术团体和文化人才的培养力度，加强与国内外文化团体和艺术家的交流与合作，创办具有国际水准的文化活动和艺术节庆，积极培育国际化的文化产品生产、供给和消费市场，营造浓郁的开放化、国际化文化氛围；最终形成公共文化设施及其管理服务达到国际一流城市水准、文化品牌和节庆活动具有广泛影响力、文化艺术消费高度活跃、知名文化团体和艺术大家不断涌现、文化创意产业（企业）具有国际竞争力的全球区域文化中心城市。

二是明确阶段性任务。全面完成《深圳文化创新发展2020（实施方案)》中的各项目标，按照区域相对集中的思路建设深圳自然博物馆、深圳科技馆、深圳歌剧院、中国国家博物馆·深圳馆等一批标志性重大文化设施，初步形成现代化国际化的城市文化核心区；加大公共财政投入，发挥高科技城市的优势，推动公共服务数字化转型升级，实施数字图书馆、数字文化馆、数字美术馆、数字博物馆、数字书城工程，推动新闻、社交等媒体融合创新发展；深化文艺院团改革，高起点组建深圳歌舞剧院、深圳话剧团，扶持深圳粤剧团发展，支持深圳交响乐团办成城市高雅文化名片，激发民间文艺团体发展活力，筹建高水平的大专艺术院校，培育引进有国内外知名度的文艺团体和艺术家；促进文化中介组织发展壮大，搭建面向国际的文化交流合作平台，完善文化交流合作的机制和渠道，创办具有内生动力的艺术节庆；以市场主体为中心，培育新型文化业态，推动产业结构优化升级，支持奖励“文化+科技”“文化+互联网”“文化+创意”“文化+金融”“文化+旅游”等新型业态示范企业和优秀项目，形成以质量型内涵式发展为特征的现代文化产业体系，使深圳成为具有国际竞争力的创意文化产业集聚高地，初步建成与现代化国际化创新型城市相匹配的文化强市。

三是确立建成全球区域文化中心城市的奋斗目标。借助粤港澳大湾区国家战略的全面实施以及周边城市日趋同城化的未来趋势和便利条件，立足深圳在大湾区中的区位优势，确立在粤港澳大湾区文化建设中的先导意识，以企业、社会组织为文化发展的主体，实现大湾区内城市广泛的文化合作，同时形成政府与社会力量的分工协调、相得益彰，以更加开放包容的体制机制和创业、创新、创意精神，全面激活城市文化发展的内在活力；现代公共文化服务体系进一步完善，文化创意产业更具国际市场竞争力，以一流的管理服务匹配一流的设施，一流的企业、团体、艺术家提供一流的文化产品，一流的观众群体培育活跃文化消费市场，力争将深圳建设成为粤港澳大湾区文化建设的先锋，成为辐射华南、海外的文化艺术中心。伴随着深圳的可持续、高质量快速发展，到2050年，深圳有条件成为粤港澳大湾区文化建设的先导，基本确立全球区域文化中心城市的地位。

（二）加强对外文化交流与合作，助力深圳在粤港澳大湾区发挥核心引擎作用

2019年2月18日，《粤港澳大湾区发展规划纲要》正式颁布，成为指导粤港澳大湾区合作发展的纲领性文件。在规划纲要中，有一节专门阐述“共建人文湾区”，显示了文化建设对大湾区发展的重要性，同时也说明了大湾区各城市之间加强文化交流与合作的必要性。深圳作为湾区的一个极点，应积极推进湾区城市文化交流与合作，在人文湾区建设中充分发挥核心引擎作用。

在文化交流与合作的内容上，一是应突出新时代文化、中国传统文化和岭南地域文化特色内容，不断增强深圳与港澳的情感交融和心理认同。发挥深港澳现代文化发达、地域相近、文脉相亲的优势，大力弘扬新时代的开拓创新、共建共享的精神和理念，积极吸取中华优秀传统文化，推动发展以粤剧、龙舟、武术、醒狮以及各种民俗等为代表的岭南文化，彰显粤港澳大湾区文化的独特魅力。二是围绕湾区居民的文化素养与社会文明程度，不断增进深圳与湾区其他城市的交流互鉴。加强城市精神文明建设、公民道德建设的交流和合作，在全社会大力倡导崇德向善、廉洁修身、勤勉尽责、诚信守法的廉洁文化，构建亲清新型政商关系，形成大湾区良好的社会文明生态，努力塑造、提炼和丰富湾区人文精神内涵。三是围绕大湾区内公共文化服务体系和文化创意产业体系等领域，不断提升深圳与湾区其他城市的文化交流

与合作水平。进一步扩大湾区在新闻出版广播影视产业、音乐产业的交流与合作；加强大湾区博物馆、演艺机构、文博机构之间的工作联系；深化内容产业、创意设计业和文化信息服务业的联合运作。

在文化交流与合作的层面上，一是加强官方交流与合作。首先是完成中央部署的文化交流与合作任务，同时结合自身实际加强湾区重点文化交流与合作项目的规划。官方合作是顶层设计，是湾区文化合作与交流的主导力量，尤其是内地与港澳的文化交流、合作，需要各市政府间的相互支持和对接。二是加强企业之间的文化交流与合作。粤港澳大湾区是国内外先进企业的汇集地，许多著名企业形成了富有特色的优秀的企业文化和企业家精神，为湾区人文精神内涵提供了动力来源和基础支撑。深圳在企业文化和企业家精神建设方面具有强大实力和明显优势，应积极创造条件筹划举办粤港澳大湾区企业文化和企业家精神论坛，为共建人文湾区率先发挥引领作用。三是加强文化行业协会、个人之间的交流与合作。民间文化交流与合作具有丰富多彩、生动活泼、生命力强的特点，是深圳与湾区其他城市特别是港澳共建人文湾区的重要路径。应进一步提升民间文化交流与合作的水平和质量，扩大民间文化交流与合作的影响力，努力打造深港澳民间文化交流与合作的品牌。

在工作推进上，应进一步加强对外特别是对港澳台文化交流。办好2019“一带一路”国际音乐季，积极参与“欢乐春节”等重大国家对外文化交流活动，向世界讲好中国故事、深圳故事。筹备赴拉脱维亚及其他国家举办展览展示、讲座演出等活动，推动与德国、法国联合创作的跨界文艺作品参与国际艺术节庆活动，促进文化艺术交流。继续办好2019年“鹏城春荟法兰西·中法文化之春”艺术节。抓住粤港澳大湾区全面建设的有利契机，推动开展一批深港澳文化交流合作项目，办好2019香港国际授权展中国内地馆展览、深港澳“创意周”等活动。

推进粤港澳大湾区建设是习近平总书记亲自谋划、亲自部署、亲自推动的重大国家战略。深圳要按照习总书记对深圳工作的重要批示要求，加强对外和对港澳台文化交流与合作，“抓住粤港澳大湾区建设重大机遇，增强核心引擎功能”。一是充分发挥深港强强联合的传统优势，积极推动深港文化交流活动更加活跃、更加深入。进一步加强各个层面的文化交流与合作，大力提升文化活动、文化项目、文化产品的内容和品质，精准对接深港市民情感需求，厚植深港两地的共同文化根基。二是充分发挥深圳文化特色优势。进一步弘扬和传播勇于创新、敢为人先、开放包容的深圳精神，使深圳精神成为大湾区人文精神的重要内核；增强深圳文化创意产业的竞争力和引领力，以文化创意产业的高质量发展带动大湾区文化生产、文化活动、文化设施、文化生活的高质量发展。三是充分发挥大湾区文化的国际融合力和凝聚力，大力提升深圳的国际知名度和影响力。进一步走好香港渠道，推动中华文化走向世界；加强大湾区海外华侨的联络与合作，推动湾区文化在海外的传播。

（三）全面落实新一轮文化设施建设规划，塑造深圳文化硬件新形象

“发挥作为经济特区、全国性经济中心城市和国家创新型城市的引领作用，加快建成现代化国际化城市，努力成为具有世界影响力的创新创意之都”是中央对深圳未来发展的新定位。可以说，不管是社会主义现代化强国的城市范例、全球区域文化中心城市，还是具有世界影响力的创新创意之都，无不要求深圳未来的城市文化发展水平有质的跃升，而这首先体现在可视的标志性文体基础设施建设水平上。

从改革开放40周年的历史视野往回看，我们看到了深圳至少在城市自信和主观心态上的巨大变化，也见证了深圳在经济成功后所确立起的面向未来的文化信心。这体现在大型文化设施建设水平上，在20世纪80年代建造“八大文化设施”，世纪之交再次建成新的音乐厅、博物馆、图书馆等场馆之后，2018年底市委常委会专题审议通过、市政府正式印发《深圳市加快推进重大文体设施建设规划》（以下简称《规划》），可谓正当其时，高度契合了深圳面向未来的文化追求。

博物馆作为文化设施的重要组成部分，我们不妨以之为例，展望2019年后深圳文化设施建设的可能前景。可以看到，《规划》中的重大文体设施，除了深圳歌剧院、深圳创新创意设计学院、深圳音乐学院这样的艺术场

馆或机构，绝大部分正是不同类型的博物馆项目，如“新十大文化设施”中的博物馆有深圳改革开放展览馆、中国国家博物馆·深圳馆、深圳海洋博物馆、深圳自然博物馆、深圳美术馆新馆，博物馆项目十居其五，假如加上同样具有收藏展览教育功能的深圳科学技术馆、深圳创意设计馆，则比例远远超过一半；而在“十大特色文化街区”中，也有大鹏所城、南头古城、大芬油画村、观澜版画基地、甘坑客家小镇、大万世居这样的与博物馆事业息息相关的文化街区。在“十大特色文化街区”之外的市级重大文体设施规划项目及区级大型文体设施规划项目中，情况也大抵如此。由此可以见出，至少在文化意识及其由此形成的行政实践中，博物馆建设业已成为深圳未来文化设施乃至城市文化发展的重心所在。

与此相应，为推动“重大文体设施项目库”的实施，在“科学合理布局，保障项目用地”方面，《规划》要求围绕深圳市城市总体规划“一核、两心、多片区”的空间布局结构，在“一核、两心”重点区域中的前海滨海带、东角头蛇口山片区、后海滨湖带、超级总部基地、香蜜湖片区、大空港片区、深圳北站片区、大运中心区等核心片区重点规划布局一批标志性重大文体设施，打造一批新的城市文化核心区；在各区重点片区均衡布局一批基础性公共文体设施。在“加大财政投入，拓宽文体设施投融资渠道”方面，《规划》要求集中财力，加大对“新十大文化设施”等公益性较强的公共文体设施的财政投入，同时积极创新投融资体制，拓宽投入经费渠道，探索实施政府与企业合作建设、引进社会资本 PPP 方式、发行地方政府专项债等多渠道的文体设施建设投融资模式。

2019 年，深圳将推进深圳歌剧院、科技馆、中国国家博物馆·深圳馆等新十大文化设施规划建设，开工建设美术馆新馆、中国红树林博物馆、深圳湾文化广场和宝安公共文化艺术中心，建成运营坪山文化中心等设施，完善提升南头古城等十大特色文化街区，筹建深圳工业博览馆新馆。加快嶂背郊野公园、海滨生态体育公园、宝安滨海文化公园等主题公园建设。可预见的是，随着 2019 年《深圳市加快推进重大文体设施建设规划》的全面实施，深圳文化设施整体不足的局面不仅将得到很大的改观，有利于深圳市民精神消费需求尤其是高层次的文化艺术生活消费需求的满足，而且将极大改善优化深圳的城市文化面貌，从而也为深圳建设全球区域文化中心城市，奠定坚实的文化硬件基础。

（四）切实提高公共文化服务水平，扩展深圳文化影响力

与国内外先进城市相比，深圳公共文化服务水平可以说还存在很大的差距。一方面，从量上来看，由于基础薄弱，公共文化产品和服务的供给数量和水平整体还难以满足大规模城市人口的现实需求，这既体现于文化场馆发展的不均衡和不充分以及博物馆藏品这样的器物积累层面的相对匮乏，也体现于出版、影视、音乐、戏曲等文化产品生产行业的不发达；另一方面，从质上来看，公共文化服务的发展质量还难以企及国际化先进城市的水准，包括现代的文化服务意识、国际化的文化人才汇集度、文化服务的高科技运用程度等。因此，2019 年深圳要着眼于全球区域文化中心城市建设的大视野，在提高公共文化服务水平上对标香港、新加坡、纽约、伦敦、东京、北京、上海等国内外先进城市，站在全球的高度，站在粤港澳大湾区建设的高度，站在城市未来发展的高度，在公共文化服务工作谋划、设施规划、活动组织时体现国际化现代化大都市的风范和气派，强化精品意识，树立一流标准，在不断加强文化积累、夯实文化根基的同时，尤其要在提升公共文化服务效能上下功夫，致力于推进基层公共文化设施全覆盖，提升基层综合性文化服务中心服务质量，优化公共文化领域的考核，促进基本公共文化服务均等化、标准化；推动各区（新区）完善提升文化馆总分馆制，发挥文化馆联盟作用，促进文化资源共建共享，促进优质资源向基层延伸；推进数字图书馆、数字文化馆建设，提升公共文化服务信息化水平。继续深化院团改革和加强精品创作，加快建设一流文艺院团，推动深圳歌剧舞剧院与深圳大剧院、深圳交响乐团和深圳音乐厅、深圳市粤剧团和深圳戏院在业务上进一步融合；加大文化艺术人才培养和引进力度，实施文艺精品创作和文艺名家推广计划，打造和树立既叫好又卖座的深圳文化精品品牌。

2019 年，深圳将围绕新中国成立 70 周年、建市 40 周年等主题举办系

列文化活动。实施文艺精品创作和文艺名家推广计划，打造特色“城市文化菜单”。继续办好文博会、读书月、“一带一路”国际音乐季、来深青工文体节、公园文化季等文化活动。进一步加强文物保护，挖掘、活化并利用好历史建筑和文化街区。

（五）大力提升文化产业发展质量，推动文化产业创新发展

以提高文化产业发展质量为引领，2019 年要从政策支持、营商环境、招商引资等多方面着手，引导和鼓励文化企业大力发展新技术、新业态、新模式，培育新产品、新动能，加快推进文化产业的高质量发展，抢占产业发展新高地，为城市经济转型升级贡献力量。一方面，要完善文化经济政策，推动出台《深圳市文化产业创新发展政策》《深圳市文体旅游局专项资金管理办法》，加快修订完善专项资金系列配套操作规程，着力加强政策宣讲，提高政策的精准性和透明度。进一步完善文化产业专项资金管理机制，落实贷款贴息、优秀新兴业态奖励等各类专项扶持计划，发挥产业专项资金的孵化、引导作用，加大对重点领域和新业态的扶持力度，推动业态融合创新。完善文化企业金融支持体系，做好金融机构与文化企业的对接协调，助力企业解决融资难问题。总结推广福田区扩大文化消费试点经验，实施文化消费提升行动。继续推进文化文物单位开发文创产品，吸引社会资本参与文创产品开发，促进馆企对接合作和优势互补。另一方面，要着力发展壮大市场主体，全面落实服务民营企业系列措施，做好文化企业服务工作。继续开展百强企业、文化创意企业出口 10 强评选，建立“规上”文化企业数据库，探索编制产业分析报告和年度发展白皮书，支持文化企业做大做强。完成新一批次市级文化产业园区认定工作，新增一批产业园区，通过园区建设推动文化产业集聚发展，促进中小企业提质增效。推出《深圳市文化产业园区考核评估办法》，完善市级文化产业园区认定、考核和退出机制。推动成立文化产业园区协会，更好发挥文化产业社会组织作用。引导和推动国家对外文化贸易基地发挥带动服务作用，加快推进文化贸易公共服务平台建设。全面梳理文博会发展历程并深入分析对产业发展的带动作用，进一步明确文博会

未来发展方向，提升文博会公司的市场运营能力，高质量办好文博会，提高文博会的国际影响。

2019 年，深圳将出台文化产业创新发展和创意设计高质量发展的政策措施，做大时尚设计、工业设计、建筑设计等产业，培育发展影视、动漫、数字出版等产业，擦亮华侨城创意文化园、大浪时尚创意小镇等品牌。筹办创意设计馆，开业运营前海深港设计创意产业园，提升深圳设计周、深圳时装周、深港设计双城展等国际知名度，打造更具魅力的“设计之都”。

（六）深化文化体制机制改革，营造更好的城市文化发展软环境

深圳是中国最开放、最具创新精神的城市之一，这为深圳成为全球区域文化中心城市创造了可能条件。尤其是深圳作为新兴城市，尽管文化积淀相对薄弱，但极具成长性和可塑性，随着城市经济的多年持续增长，城市功能不断完善，文化设施、文化团体、文化活动、文化贸易等文化事业和文化产业的影响力也日益增加，成为深圳城市活力的重要体现之一。但与此同时，由于文化体制机制创新不足，深圳文化的发展活力受到了一定的制约，使得体制机制改革的制度创新潜力空间依然很大，改革红利依然有待进一步释放。一方面，在政府文化部门的改革上，政府职能转变尚未完全到位，还存在不少缺位、越位、错位现象，“大文化”管理体制下的文化、广电、体育、旅游等管理职能还没完全实现融合发展，合力还没完全展现；体制内文化事业单位依然存在事业机构行政化、事业资源配置非社会化、事业运行机制非效率化等问题，其公共文化服务意识、服务水平还有待提高，服务机制还不够创新有效，内部的约束、激励机制有待进一步完善，难以适应不断变化的现实文化需求发展；国有文化企业的外部管理体制、行政壁垒、国有产权结构、文化投融资体制改革等层面的问题有待破解，其机制创新和市场效率在市场化发展道路上也有更进一步的提升空间。另一方面，在吸引体制外社会力量参与文化发展特别是参与公共文化服务提供上，深圳虽然积累了不少行之有效的经验，如宝安区的“文化春雨行动”就取得了良好了社会效益，产生了全国性的示范影响，但总体来看，如何进一步创新体制机制，使

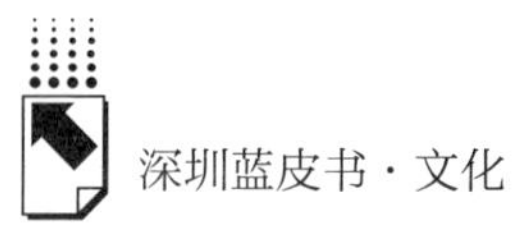

社会力量成为文化发展的真正主体，使社会文化活力更加蓬勃，依然是未来深化文化体制机制改革的重要方向之一。

以文体设施的建设为例。众所周知，硬件建设是较为容易的，难的是设施建成后如何运营以实现设施建设的既定效益。在这方面，2019 年开始新一轮文化设施建设，必须同时考虑设施的未来运营模式的创新优化，也即实现“建管结合”：一方面，要树立项目全过程成本管理理念，在项目规划设计时要统筹考虑后续运营，合理布局运营空间，为今后场馆运营管理提供良好的配套条件；另一方面，要积极探索纯公益性的公共文化场馆的统筹运营管理。同时探索社会化专业化运营模式，通过委托或招投标等，吸引有实力的社会组织和企业等专业团队参与公共文体设施的运营管理；通过创新组建专业的运营团队或整体委托等方式集约化运营管理文体设施相对集中的区域，提升管理效益和整体影响力。而在公共文化服务领域，要创新体制机制，激发社会力量参与，满足人民群众多样化精神文化需求，不能仅靠政府部门单打独斗。要鼓励设立文化领域民办非企业社团组织，积极培育中介机构和行业协会，并通过购买服务、委托承办等方式，支持和鼓励社团组织、中介机构和行业协会更好发挥在承接政府管理职能、增加服务供给、承办活动赛事、引进重大项目等方面的积极作用，积极引入社会资本投入公共服务、设施建设和产业发展，拓宽文化志愿者服务渠道，完善文化志愿服务激励机制，充分激发社会力量参与文化事业发展的热情，形成推动文化事业发展的合力。

总之，改革开放以来，深圳的文化体制改革取得了相当程度上的成功，深圳城市文化所实现的跨越式发展，就与文化体制改革的进展息息相关。而从深圳 2003 年被确立为全国文化体制改革综合试点城市，近十年来连续几次被授予“全国文化体制改革先进地区”称号来看，深圳的改革是受到中央肯定的。2019 年是建国 70 周年和深圳建市 40 周年的特殊年份，我们寄望于以改革创新而知名的深圳，在新的一年里继续在文化领域深化体制改革，为未来深圳文化的繁荣释放更多的制度红利，注入新的发展活力。

粤港澳大湾区与
全球区域文化中心建设

Guangdong – Hongkong – Macao Greater Bay Area and the Building of a Regional Cultural Center

B.2
全球区域文化中心城市的定位分析和指标设计*

陈长治**

摘　要： 围绕全球区域文化中心城市的战略定位这个主题，本文综合分析了中心城市在“城市等级体系”和“城市网络”的双重角色，进而推导出中心城市具有的引领、合作、特色发展三重特质，在此基础上逻辑地把全球区域文化中心城市定位为全球区域的文化引领先锋、文化合作轴心、文化特色总汇；并进一步设计了文化引领、文化合作、文化特色的主要指标，

* 本文系深圳市社会科学院“深圳建设全球区域文化中心城市研究”课题的阶段性成果。

** 陈长治，深圳市社会科学院文化研究所所长。

以及相关参照指标体系；明确了建设全球区域文化中心城市的战略指向和三方面能力。

关键词： 全球区域文化中心城市 深圳 世界城市

在庆祝改革开放40周年这个重要年份，中共广东省委十二届四次全会提出，“要抓住粤港澳大湾区建设重大历史机遇，面向国际建设广州、深圳全球区域文化中心城市”。这是广东省委站在新时代改革开放的新高度，对广东文化建设和发展做出的重大战略决策，反映了广东文化改革发展40年光辉历程的必然趋向和基本诉求，对广州、深圳和广东全省文化未来发展都具有重要意义。

一 全球区域文化中心城市的定位分析

当今世界，中心城市的发展不仅没有停息，而且依然保持着强劲态势。“全球城市”理论的创立者萨森（Saskia Sassen）教授认为，经济越是全球化，越是会有更高的“重点功能”集中于相对少数的地点。[①] 她指出：“历史地看，永远有些城市扮演着重要的角色。”[②] 全球城市就是生产“控制能力”的中心。[③] 全球中心城市的发展导致了城市等级体系的形成。世界城市假说的提出者弗里德曼（John Friedmann）认为，世界城市存在等级层次结构且该结构由城市的能量所决定；世界城市具有全球性的文化支配力。[④] 像许多学者所持有的观点一样，这种以中心地理论为基础的等级视角，不仅得到了城市等级体系和各种城市等级划分标准的支持，而且在经济全球化时代

---

① 王京生主编《和谐城市论》，海天出版社，2008，第18页。

② 罗婧：《在全球网络中观察城市》，《文汇学人》2018年5月25日，第XR2版。

③ 谢守红、宁越敏：《世界城市研究综述》，《地理科学进展》2004年第5期。

④ 李青：《全球化下的城市形态》，《数量经济技术经济研究》2002年第1期。

还得到了日益强大的中心城市发展实践的印证。

另外，随着电信业和互联网的迅猛发展、全球专业化分工合作的深入、交通运输的快捷高效，传统的城市等级体系也在发生深刻变化，中心城市的意涵也有了新特色。各城市间的横向联系在加强，非等级化的城市网络在形成。于是，城市网络理论在二十多年前出现了，用以解释城市间非等级的网络关系。英国学者 P. J. Taylor 领导的全球化与世界城市研究组（GAWC）认为，世界城市体系是个连锁网络，该网络分三个层面：网络层面（城市间联系）、节点层面（城市）和次节点层面（商业服务企业）。全球服务性企业各办公点之间的信息、知识、资金以及技术管理人员流动构成了主要的“城市流”。[①] 这些人流、物流、信息流在城市间的流动使得城市网络得以形成，并可大致划分为城市间的经济网络、政治网络、文化网络和社会网络四种类型。特定城市依据其在网络中的节点位置与所发挥的作用，通过城市网络外部性决定其能够获取的异质性外部资本。也就是说，特定城市融入城市网络的类型差异及程度决定其获得异质性外部资本的多少，并进而影响特定城市外生竞争力的强弱。[②] 这就是说，在经济全球化、网络化进程中，中心城市主要体现为城市网络的中心节点，而不仅仅体现为城市等级体系的中心；中心城市的意义在于它在城市网络中的重要性、与其他节点的相关性[③]，在于它所拥有的“城市流”；中心城市的竞争力取决于自身的差异性和独特性，因而，特色性、多样性、交互性乃至多中心性、泛中心性在城市网络中都是许可和必要的。

综合上述两方面观点可以得知，经济全球化的发展，需要而且能够培育和造就全球或全球区域的中心城市，并由此形成世界城市等级体系，这是客观的、必然的；这种中心城市聚集了全球或全球区域的权力、财富、信息、人才和各种高层机构（包括总部），对全球或全球区域形成了控制

---

① 王莎：《城市网络理论与中国城市体系的网络效应》，《当代经济》2015 年第 22 期。

② 程玉鸿、陈利静：《城市网络视角的城市竞争力解构》，《经济学家》2012 年第 8 期。

③ 周振华：《全球化、全球城市网络与全球城市的逻辑关系》，《社会科学》2006 年第 10 期。

和影响，占据了城市等级体系的顶层。但是，经济全球化、网络化的发展也带来了另一种自相矛盾的内在要求，城市作为城市网络的节点，必须依赖城市网络生存，并在城市间的合作共赢和开放包容中发展；城市网络的发展彰显了扁平化、非等级化的城市关系，彰显了城市无论大小都必须秉持平等、开放、包容和多样性的人类精神。经济全球化、网络化发展的这种悖论性质的趋向表明，当代的中心城市兼具“城市等级体系”的中心城市和“城市网络”的中心城市的双重角色：“城市等级体系”的中心城市强调的是中心城市对其他城市的引领、领导和控制；“城市网络”的中心城市强调的是中心城市与其他城市的合作、交流和融合，强调的是各城市的特色、差异性。“城市等级体系”与“城市网络”相互渗透、相互交织、相互促进，统一于经济全球化、网络化的发展特性，赋予中心城市新的内涵，使中心城市具有引领、合作、特色发展三重特质，使中心城市成为城市等级体系和城市网络的枢纽。

作为中心城市的一种类型，全球区域文化中心城市是上述理论在城市目标上的新提法、新体现，其个性特质凸显于“城市等级体系”中心城市的引领和“城市网络”中心城市的合作、特色发展这三重特质：

——全球区域文化中心城市是全球区域的文化引领先锋。它以先进的价值观、城市精神、学术思想和创新创意通过跨文化传播不断引领人类社会的进步和幸福，是全球区域各民族成员心向往之的价值高地、精神高地、创意高地；它汇集了全球区域的各种文化资源、信息、人才、优秀企业和高层机构，形成了强大的文化软实力、竞争力和影响力；它孕育于人类文明沃土、顺应人类文明发展大势、代表人类文明发展未来，是促进人类文化繁荣发展的先行区。

——全球区域文化中心城市是全球区域的文化合作轴心。它以平等、开放、包容的精神融入全球区域城市网络的共同发展与进步，积极推进全球区域各城市合作交流、协作共享；它以文化主题汇集了全球区域的人流、物流、信息流、资金流，形成了全球区域文化的“城市流”要冲，成为全球区域文化合作关系和合作活动的集中地；它在全球区域城市网络的文化流动中发挥着枢纽和中介作用，是全球区域城市网络的文化中心节点和展示平台。

——全球区域文化中心城市是全球区域的文化特色总汇。它以自身的特色文化为根基与各国城市进行交流互鉴，在彰显独特的、唯一的文化主体过程中与世界各文化主体共同存在和发展；它通过文化特色的差异性展示和提升自身的价值和意义，促进全球区域城市网络的文化多样性、丰富性、开放性和创造性；它积极汲取和借鉴人类优秀文化成果，从文化的多样性中吸收养分、增强力量，推动文化创新发展、融合发展和可持续发展，形成一流的文化设施、多彩的文化活动、旺盛的文化需求和活跃的文化市场。

归结起来，在新时代，全球区域文化中心城市凝结了广东省对广州、深圳乃至广东省文化未来发展的战略构想，反映了我国现代大都市所应具有的文化担当和国际文化影响力，体现了我国建设社会主义文化强国、不断铸就中华文化新辉煌的奋斗目标和宏伟蓝图。它是面向世界展示践行习近平新时代中国特色社会主义思想的重要“窗口”和重要“示范区”，是面向世界坚定文化自信、推动社会主义文化繁荣兴盛的城市典范，是面向世界推动实现中华民族文化伟大复兴的开路尖兵和强大引擎。

二　全球区域文化中心城市的主要指标

全球区域文化中心城市的个性特质集中于全球区域的“文化引领先锋”“文化合作轴心”“文化特色总汇”，这是全球区域文化中心城市区别于其他城市的依据。除了个性特质外，还有两类共性内容值得关注：一是全球区域文化中心城市与一般现代化城市的文化发展之间的共性内容，二是全球区域文化中心城市与世界城市的文化发展之间的共性内容。基于这种分析和划分，全球区域文化中心城市的主要指标，可分为个性特质的主要指标、一般现代化城市文化发展共性内容的主要指标、世界城市共性内容的主要指标这三类，这三类指标的区分只是相对的，有些具体指标交叠兼容于个性和共性之间。

第一，全球区域文化中心城市的个性特质主要指标。这一种指标主要根据“文化引领先锋”“文化合作轴心”“文化特色总汇”三重特质，从而对应地产生出“文化引领”“文化合作”“文化特色”三项一级指标，并进而设计和形成二级指标、三级指标。

表1　全球区域文化中心城市的个性特质主要指标

一级指标	二级指标	三级指标
文化引领	知名度	城市在全球的知名度排名
		文化标识在全球的知名度
		文化品牌在全球的知名度
		名人在全球的知名度
	传播与思想	城市报纸在全球的销售量或点击量
		城市网站每天的国外访问量
		城市电视节目在全球的收视率
		城市书刊在全球的销售量
		城市作者文章在全球的点击量
		城市作者文章在全球刊物的发表数
	创意与技术	文化创意产业产值
		掌握近3年全球文化创意产业最新技术的件数或比例
		文化创意产业专利拥有量
		文化创意产业专利销售量
		文化创意产业著作权销售量
		文化创意产业研发投入占全部投入的比例
		文化创意从业人员中的高学历人员比例
		文化创意作品在世界上的获奖数
		创意活动的市民参与度
文化合作	机构与人员	国际合作机构入驻数
		外国文化机构或文化企业入驻数
		常驻国外的文化机构或文化企业数
		每年出入境人数
		与外国互派留学生数

续表

一级指标	二级指标	三级指标
文化合作	文化贸易	文化产业外贸交易额
		外资文化投资额
		对外文化投资额
		国际文化博览会或交易会场数
		国际文化产业交易会参与人数
		国际文化产业交易会外国人数
		与国外的电话和其他通信量
	文化活动	国际会议次数
		与国外城市开展文化交流次数
		与国外城市互派文化演出场次
		国际体育比赛场次
		外国人参加本市文化活动人数
		本市人参加国外文化活动人数
		外国电影播放量
		本市影片在国外播放量
文化特色	精神构成	城市获得的国际荣誉或奖项数
		城市精神象征的博物馆数
		城市精神象征的博物馆年客流量
		城市精神象征的歌曲数量
		城市著名故事数
		城市精神象征的代表人物数
		企业家精神的代表人物数
		物质文化遗迹数
		非物质文化遗产数
	文化设施	著名文化景观数
		文化街区数
		文化公园数
		公共雕塑数
		民族特色建筑数
		外国特色建筑数

续表

一级指标	二级指标	三级指标
文化特色	文化生活	城市特色戏剧剧目数
		城市特色美术作品数
		民族特色餐馆数
		外国餐馆数
		外国品牌时装店数量
		广场舞、太极拳每天参加人数
		舞厅迪斯科、交谊舞每天参加人数
		外国人学习中国传统文化的人数
		语种数
		国际游客人数

第二，全球区域文化中心城市与一般现代化城市的共性内容主要指标。与一般现代化城市相通的共性内容指标，紧密结合了当代中国城市实际，具有基础性、普遍性、广泛性。它重点衡量的是“文化现代化”而不是“文化中心城市”，因此，这种指标对衡量和提升城市文化现代化程度具有参考价值（如表2所示）。

表2　城市文化现代化指标体系

一级指标（目标层）	二级指标（门类层）	三级指标［指标层（C1～C24）］
文化现代化程度	文化投入	政府文化投入率（C1）
		全社会文化投入率（C2）
	文化设施	千人公共文化设施面积（C3）
		标志性文化设施数（C4）
		万人博物馆拥有率（C6）
		万人影剧院拥有率（C6）
		万人公共图书馆拥有率（C7）
	文化产业	文化产业增加值占第三产业比重（C8）
		人均文化产值（C9）
	文化信息	人均公共图书馆藏书量（C10）
		公众上网率（C11）
		百人报刊订阅率（C12）

续表

一级指标（目标层）	二级指标（门类层）	三级指标［指标层（C1～C24）］
文化现代化程度	文化消费	家庭文化娱乐教育服务支出占家庭消费总支出比重（C13）
		每百户文化耐用品拥有量（C14）
	文化交流	年国际文化交流人数（C15）
		艺术团体国际交流次数（C16）
	文化科技	高科技文化设备总值占文化固定资产原值比重（C17）
		文化系统中级职称以上人才比例（C18）
	文化遗产	文化遗产保护利用程度综合评分（C19）
		文化遗产保护经费占文化经费比重（C20）
	文化法制	已立法的文化门类比重（C21）
		文化执法人员占文化管理人员比重（C22）
	群众文化	社区文化和乡镇文化参加率（C23）
		居民文化素质和文明水准综合评分（C24）

资料来源：王益澄《城市文化现代化指标体系及其评价》，《经济地理》2003 年第 2 期。

第三，全球区域文化中心城市与世界城市的共性内容主要指标。从未来看，全球区域文化中心城市应是世界级文化中心城市，因而其文化指标与世界城市文化发展指标具有相通或相同之处。为了适应这种共性内容，这里也将已有的世界城市文化指标体系作为一个参照，以利于引导全球区域文化中心城市的未来发展。该指标体系如表 3 所示：

表 3　世界城市文化发展指标体系

一级指标	二级指标	三级指标
文化供应	文化遗产	国家博物馆数
		其他博物馆数量
		美术馆和画廊数量
		博物馆和画廊参观人数占全市人口的百分比
		五个最受欢迎的博物馆和美术馆参观人次（百万人次）
		五个最受欢迎的博物馆和美术馆的人均参观次数
		世界文化遗产保护地数量
		其他遗产所在地、历史遗迹数量
		公共绿地（公园和花园）占全市面积的百分比

续表

一级指标	二级指标	三级指标
文化供应	阅读文化	公共图书馆数量
		每十万人拥有的公共图书馆数量
		图书馆借书人次(百万人次)
		人均图书馆借书次数
		书店数量
		每十万人拥有的书店数量
		珍本和二手书店数量
		国内图书出版量
	表演艺术	剧院数
		剧院演出数
		所有剧院年均入场人次(百万人次)
		每十万人剧院入场次
		现场音乐表演场地数
		主要音乐厅数
		音乐演出数
		喜剧演出数
		舞蹈演出
		业余舞蹈学校数
消费与参与	电影与游戏	电影院数量
		电影银幕数量
		每百万人拥有的电影银幕数量
		电影院入场人次(百万人次)
		人均电影院入场次数
		本国电影上映数量
		外国电影上映数量
		电影节数量
		最受欢迎电影节参加人次
		电子游戏厅数量
	创意人才	公立专业文化艺术高等教育机构数
		私立专业文化艺术高等教育机构数
		公立专业艺术与设计院校学生数
		综合性大学艺术与设计课程学生数

续表

一级指标	二级指标	三级指标
消费与参与	文化活力与多样性	夜总会/迪斯科舞厅和舞厅数
		酒吧数
		每十万人拥有酒吧数
		餐馆数
		每十万人拥有餐馆数
		节日和庆典数
		最受欢迎节庆参加人数
		国际学生数
		国际游客数
		国际游客数占城市人口百分比
		国外出生人口占城市人口百分比

资料来源：黄昌勇等《中国城市文化指标体系的构建与实践》，《学术月刊》2015 年第 5 期。

在众多的城市文化指标研究设计中，由于视角不同、旨趣不同而形成了不同重点、不同内容。而作为一种新的城市类型，全球区域文化中心城市有自身的个性特质，也有与一般现代化城市、世界城市文化发展的共同内容，因此，在突出全球区域文化中心城市的个性特质主要指标的同时，对上述另外两个指标体系进行综合参考，不失为一种周全的合理选择。

三　深圳建设全球区域文化中心城市的战略指向

建设中国特色社会主义先行示范区，努力创建社会主义现代化强国的城市范例，勇当“四个走在全国前列”的尖兵，努力打造国际科技、产业创新中心，奋力向创新引领型全球城市迈进，是深圳在新时代的新使命、新目标、新定位，决定了深圳建设全球区域文化中心城市的方向。

结合城市新定位，深圳建设全球区域文化中心城市的战略指向应是显而易见的，那就是，要在全球城市等级体系和城市网络中奋力开拓进取，不断迈入全球区域城市等级体系和城市网络的中心。要进一步解放思想，扩大开

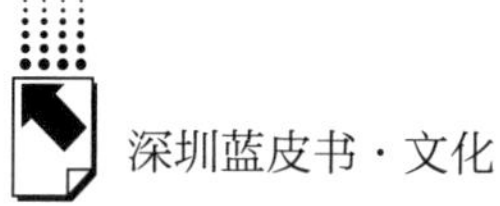

放，积极学习借鉴全球中心城市，对标洲际中心城市、区域中心城市，不断增强深圳在全球区域的文化引领能力、文化合作能力、文化特色发展能力，形成深圳文化的核心竞争力和国际影响力。

一是不断增强深圳在全球区域的文化引领能力。文化创意产业是深圳文化发展的主力军、生力军，也是深圳在文化引领方面有基础、有潜力、有发展前景的核心竞争力。自 2004 年以来连续 13 年保持平均 20% 的增长速度，形成了深圳文化一定的国际竞争优势，使深圳成为我国文化输出的重要基地和主要口岸。要以提升内容品位为主导，大力发展内容产业、创意设计业和文化信息服务业，不断形成文化内容供给的新优势；在传媒建设方面，要以提升国际影响力为着力点，进一步增强文化传媒企业创新活力和开拓能力，努力打造全球区域知名的国际文化传播平台。

二是不断增强深圳在全球区域的文化合作能力。深圳作为中国最开放的城市之一，历来重视对外文化交流与合作，推出了许多对外文化合作优秀项目，形成了若干常设的对外文化合作品牌和平台。随着“一带一路”建设、“粤港澳大湾区”国家战略的推进，深圳对外文化交流与合作将迎来前所未有的机遇和空间。要进一步拓宽渠道、做大容量，扩大政府和民间的对外文化交流合作，积极举办双边或多边国际文化交流活动，不断推出重大文化合作项目，使深圳汇集全球区域的“城市流”、形成全球区域城市文化网络的重要节点。

三是不断增强深圳在全球区域的文化特色发展能力。深圳文化特色与深圳城市功能相一致，主要表现为创新、开放、现代、时尚、前卫等风格，这些风格和特色体现于文化领域各个方面，有的文化特色发展成就已经赢得了一定的国际荣誉和奖项，构成了深圳文化软实力的重要基础。要进一步强化深圳文化特色的唯一性和生命力，积极培育和放大富有深圳个性的城市节庆、活动品牌、日常生活，打造特色鲜明的基础设施和文化景观，结合移民城市特点移植我国各地区、各民族优秀特色文化，广揽全球文化特色精粹，让文化特色发展成为深圳的全球名片。

不断增强深圳在全球区域的文化引领、文化合作、文化特色发展三方面能力，是实现全球区域文化中心城市战略指向的题中应有之义，体现了深圳建设全球区域文化中心城市的规律性内容，体现了全球区域文化中心城市“‘双重角色’——‘三重特质’——‘三项指标’——‘三方面能力’”的内在逻辑要求和理论模式要旨。

不断增强深圳在全球区域的文化引领、文化合作、文化特色发展三方面能力，在实践中，就是要认真贯彻落实《深圳文化创新发展 2020（实施方案)》，将深圳打造成精神气质鲜明突出、文化创新引领潮流、文艺创作精品迭出、文化活动丰富多彩、文化设施功能完备、文化服务普惠优质、文化传媒融合发展、文化产业充满活力、文化形象开放时尚、文化人才群英荟萃的国际文化创新创意先锋城市，努力建设与新时代深圳城市新定位相匹配的文化强市。

深圳建设全球区域文化中心城市，必须融入“一带一路”建设、“粤港澳大湾区”国家战略和上合组织、金砖国家国际多边机制，乘国家战略和多边机制的“东风”拓展文化联系网络，扩大和深化对外文化交流、合作和影响；必须融入深圳经济对外发展的渠道和格局，使对外经济发展与对外文化输出相互搭载、相互促进、有机融合；而最重要的，依然是充分发挥深圳文化的魅力和能量，形成与国家战略、多边机制、对外经济发展相一致的明确的全球文化繁荣发展密集区域，与区域的其他国家城市一道不断增进人类福祉，共同创造人类未来的美好生活。

B.3
有关粤港澳大湾区文化融合发展的几点思考

唐霄峰*

摘　要： 2015年，中央政府首次提出建设粤港澳大湾区发展目标，努力打造世界级城市群和世界一流湾区。在文化上，粤港澳大湾区应加快构建合理的发展战略策略体系。在战略上，粤港澳大湾区应该首先科学定位文化发展总体目标，打造世界一流文化湾区。在策略上，粤港澳大湾区应妥善处理好四对主要关系：国家利益与粤港澳大湾区利益之间、经济效益与社会效益之间、竞争与融合之间、共同点与不同点之间的关系。做到“两点论”与“重点论”的辩证统一。在推动粤港澳大湾区文化融合发展进程中，深圳要有高度强烈的使命感，争当粤港澳大湾区文化中心城市，更好地发挥中国特色社会主义先行示范区和社会主义现代化强国的城市范例作用，为国家文化发展繁荣再立新功。

关键词： 粤港澳大湾区　文化融合发展　深圳　区域文化中心

粤港澳大湾区是指由香港、澳门两个特别行政区和广东省的广州、深圳、珠海、佛山、中山、东莞、肇庆、江门、惠州九市组成的城市群，面积

* 唐霄峰，深圳市社会科学院文化研究所助理研究员。

约为5.6万平方公里，覆盖人口6800多万，是国家建设世界级城市群和参与全球竞争的重要空间载体，是与美国纽约湾区、旧金山湾区和日本东京湾区比肩的世界四大湾区之一。[①] 2016年3月，国家“十三五”规划纲要中明确提出“推动粤港澳大湾区和跨省区重大合作平台建设”，强调“携手港澳共同打造粤港澳大湾区，建设世界级城市群”。2017年7月1日，在国家主席习近平同志亲自见证之下，香港特别行政区行政长官林郑月娥、澳门特别行政区行政长官崔世安、国家发展和改革委员会主任何立峰、广东省省长马兴瑞在香港共同签署了《深化粤港澳合作　推进大湾区建设框架协议》，明确指出粤港澳大湾区城市群合作目标是要将粤港澳大湾区建设成为更具活力的经济区、宜居宜业宜游的优质生活圈和内地与港澳深度合作的示范区，携手打造国际一流湾区和世界级城市群。[②]

打造国际一流湾区和世界级城市群这样的战略目标，要求粤港澳大湾区框架中的港澳两个特别行政区和广东省九市在实现自身发展的基础上实现融合发展。这种融合发展，是全方位的、系统性的，涵盖了经济、社会、政治、文化、生态各个领域的融合发展。其中，文化领域的融合发展是最核心、最根本，也是最重要的。正如习近平总书记所指出的，“文化是一个国家、一个民族的灵魂”。[③] 建设粤港澳大湾区，推动和实现好粤港澳大湾区文化的融合发展才能够为大湾区塑造好内在的灵魂。又如习近平总书记所言，“文化兴国运兴，文化强民族强”。[④] 对于粤港澳大湾区而言，文化兴则大湾区兴，文化强则大湾区强；如果不能打造强而有力的文化，就算粤港澳大湾区经济实力再强大，人口、人才再多，资源再雄厚，科技实力再发达，

① 程思炜：《港澳和珠三角9市将整体规划，打造“珠三角湾区”》，《南方都市报》2016年12月14日。

② 国家发展改革委地区经济司：《深化粤港澳合作推进　大湾区建设框架协议》，搜狐网，http：//www.sohu.com/a/154537986_327912。

③ 《习近平：在中国文联十大、中国作协九大开幕式上的讲话》，新华网，http：//www.xinhuanet.com//politics/2016－11/30/c－1120025319.htm。

④ 《习近平：在中国共产党第十九次全国代表大会上的报告》，人民网，http：cpc.people.com.cn/nl/2017/1028/c64094－29613660.html。

也只能成为世人眼里没有文化内涵和文化品位的“暴发户”，从而被世人视为“文化沙漠”。由此可见，推进粤港澳大湾区文化融合发展，打造兴盛且强大的粤港澳大湾区文化，具有重要且深远的战略意义。

如何更好推进粤港澳大湾区文化融合发展呢？笔者认为，要重点考虑和谋划以下几点：一是科学定位粤港澳大湾区文化发展战略目标，为粤港澳大湾区文化融合发展确立正确发展方向；二是妥善处理好粤港澳大湾区文化发展中最重要的几对关系，如国家利益与大湾区利益之间、经济效益与社会效益之间、竞争与融合之间、共同点与不同点之间的关系，在粤港澳大湾区文化融合发展进程中做好统筹兼顾；三是深圳要有高度的使命感，应努力抓住机遇，创造条件，扬长避短，勇当粤港澳大湾区文化中心城市。

一　科学定位粤港澳大湾区文化发展目标

在粤港澳大湾区总体发展布局中，文化是一个重要领域。在定位粤港澳大湾区文化发展目标问题上，要树立世界眼光、战略思维，站在国家立场上，坚持历史唯物主义和辩证唯物主义的方法。

首先，要树立世界眼光。要站在世界历史文化的高度，把粤港澳大湾区文化发展放在世界主要湾区和城市群文化版图中来审视。迄今为止，世界上最著名的，也是为世人所公认的大湾区有三个：美国有两个，纽约湾区和旧金山湾区；日本有一个，东京湾区。这三大世界著名湾区，虽然走向成功的道路各有不同，但是，截至目前，它们都有一个共同点，就是都拥有强大的湾区文化，在所在区域甚至全球范围内，拥有强大的文化实力和文化影响力。具体说来，纽约湾区有世界著名的纽约大学等高等学府，有世界闻名的百老汇音乐剧、国际艺术节、国际电影节，湾区内的曼哈顿近年来一直都是世界时尚潮流的引领者；旧金山湾区拥有3所世界最著名的研究型高等学府——加州大学伯克利分校、斯坦福大学以及世界顶级医学中心加州大学旧金山分校，是全球最重要的科教文化中心之一，被称作“最靠近梦想”的地方，迄今已走出了100多位诺贝尔奖得主、20多位菲尔兹奖得主、50多位图灵奖得主、200多位奥运冠军，并且多年来一直是美国嬉皮士文化、近代自由主义和进步主义思潮的中心之一。东京湾区自2007年出台《东京都文化振兴方针》之后，确定面向世界的文化发展方向，文化政策注重文化创造与传播，湾区文化活力和文化魅力与日俱增。目前，东京湾区已形成了集聚度很高的文化中心区，并形成了有关文化创造与传播的发达的软环境，多种因素推动东京湾区成为亚太创意产业集聚中心、卡通产业集群地，拥有全球最先进、最完善的创意产业链。粤港澳大湾区文化发展，在关键性指标上，要对标上述世界三大知名湾区的文化档次和标准，朝着成为国际一流文化湾区的方向努力。

其次，要树立战略思维，站在国家发展大局层面上来审视粤港澳大湾区文化。粤港澳大湾区文化，既是中国特色社会主义文化的一个缩影，又是中国特色社会主义文化的卓越代表，一方面，对国内承担着引领中国特色社会主义文化发展方向的重要使命，另一方面，对境外又发挥着代表中国文化参与世界湾区和城市群文化交流与合作、向全世界宣传和推广中国文化的重要作用。因此，定位粤港澳大湾区文化发展战略目标，必须从中国特色社会主义事业全局的高度，着眼于建设中国特色社会主义文化的卓越代表；必须从国家改革开放全局的高度，着眼于打造中国特色社会主义文化改革的先行示范区和对外文化开放的窗口；必须站在国家实施创新驱动战略和进行“一带一路”建设的高度，打造文化创新的示范性区域和助力“一带一路”建设的文化枢纽；必须站在国家社会主义现代化建设的高度，打造社会主义文化现代化的典范。

再次，要坚持历史唯物主义和辩证唯物主义的方法，同时兼顾三个方面的问题：一是从粤港澳大湾区文化发展的现实基础出发，充分融合大湾区内原有的岭南文化、广府文化、客家文化等传统性地域性文化资源以及改革开放以来逐渐兴盛起来的移民文化、创新文化等新文化形态，扬长避短；二是把粤港澳大湾区文化发展放在粤港澳大湾区总体发展战略体系中来考量，在粤港澳大湾区打造国际一流湾区和世界级城市群的发展目标之下来谋划和设计；三是按照习近平总书记关于“坚持以人民为中心”的发展理念要求，把粤港澳大湾区文化发展同粤港澳大湾区人民群众的精神文化需求统一起来，把大湾区内人民群众在精神文化上的需求和期待同粤港澳大湾区文化发展目标统一起来，通过推动粤港澳大湾区文化融合发展，把大湾区打造成为大湾区内人民群众既宜居宜业又充满幸福感的精神家园，成为文化魅力十足、世人共同景仰的“世外桃源”，成为世界上知名的旅游胜地。

综合以上论述，可以把粤港澳大湾区文化发展的目标定位为：对标世界三大知名湾区文化发展水平，立足粤港澳大湾区文化发展优势，贯彻国家文化发展战略，在粤港澳大湾区总体发展目标之下，积极打造国际一流湾区文化，建设世界一流文化湾区。

二　妥善处理好粤港澳大湾区文化发展中的几对主要关系

在粤港澳大湾区文化发展问题上，有几对关系特别重要，值得认真加以关注并妥善处理。这些关系主要包括：粤港澳大湾区利益与国家利益之间的关系，经济效益和社会效益之间的关系，融合与竞争之间的关系，以及共同点与不同点之间的关系。这几对关系，决定着粤港澳大湾区文化能否健康发展，甚至决定着粤港澳大湾区的发展前途。

那么，如何处理这几对关系呢？依笔者愚见，对待这几对关系，应当贯彻马克思主义的唯物辩证法，坚持“两点论”与“重点论”的统一，辩证处理好大湾区利益与国家利益之间的关系、经济效益与社会效益之间的关系、融合与竞争之间的关系以及共同点与不同点之间的关系。

第一，在对待粤港澳大湾区自身利益与国家利益之间关系问题上，应当在兼顾国家利益与粤港澳大湾区自身利益的同时，坚持以国家利益为重。粤港澳大湾区文化发展必然涉及多方利益，比如国家的利益，大湾区内港澳两个特别行政区和广东九市的利益，大湾区内不同界别人民群众的利益，大湾区内不同行业部门、单位的利益，等等，这些利益之间的关系，概括起来就是国家利益与粤港澳大湾区利益之间的关系。这些关系该如何协调呢？其基本原则就是：以国家利益为前提，兼顾大湾区利益和国家利益。设立粤港澳大湾区是国家总体发展战略的一个重要组成部分，是国家更好参与国际交流与合作、更好向世界展示中国改革开放和社会主义现代化建设成就的重要平台和窗口，其战略意图一方面是要通过大湾区的打造来促进港澳两个特别行政区与广东省之间的合作，推动大湾区内各组成单位的新一轮发展，以融合促发展；另一方面，更重要的是从国家利益高度考量，以粤港澳大湾区为平台和窗口，以更加积极的姿态参与国际交流与合作进程，更好发挥正在崛起的社会主义大国作用。

第二，在对待经济效益与社会效益关系问题上，要坚持经济效益与社会效益并重，以社会效益为先。毫无疑问，推动粤港澳大湾区文化融合发展，打造世界一流文化湾区和世界一流文化城市群，不能忽视经济效益，需要大力推动大湾区内港澳两个特别行政区与广东九市快速实现文化产业融合发展，推动粤港澳大湾区文化生产力不断进步，推动粤港澳大湾区文化产业增加值不断提升，快速提升文化经济在粤港澳大湾区经济结构中的比重。但是，粤港澳大湾区文化融合发展更应注重社会效益。习近平总书记多次强调，我们的一切发展要以人民为中心，推进粤港澳大湾区文化融合发展，根本目的还是要在实现文化经济发展繁荣的基础上，更好地改善粤港澳大湾区内 6800 万人民群众的精神文化生活，让粤港澳大湾区人民群众有平等机会共同参与各类文化活动，有平等机会共同参与各类文化创新和文化创造，有平等机会共同享受一切文化发展成果，有平等机会共同分享文化产品和文化服务，在粤港澳大湾区文化发展进程中享有同等权利和义务。

第三，在文化融合与竞争关系问题上，要坚持融合与竞争相结合，以融合为主。粤港澳大湾区内港澳两个特别行政区和广东九市在大湾区成立之前，都有自己独特的文化基础和优势，这些都是各区市参与粤港澳大湾区文化融合和竞争的有利条件。但是，一旦粤港澳大湾区成立了，大湾区内的九市二区就成了“一家人”，以前的广东人、香港人、澳门人都有了一个共同的新称谓——“大湾区人”，所有“大湾区人”都必须在“融合”这个主导原则之下共同寻求与大湾区其他区市在文化上共融共生。唯其如此，才能通过粤港澳大湾区内九市二区在共同的文化发展目标之下的共同努力和融合发展，建立文化共谋共建共享机制，共同谋划建立和享有粤港澳大湾区湾区内的文化资源、文化人才、文化平台、文化市场，合力推进文化领域改革和文化创新，逐步实现粤港澳大湾区文化资源、文化产业以及公共文化服务融合发展，协同推进粤港澳大湾区文化全面融合发展，才符合中央政府设立粤港澳大湾区的战略意图。

第四，在对待大湾区内各区市的共同点与不同点问题上，应坚持存同与扬异并举，以扬异为主。粤港澳大湾区内的九市二区在文化上有很多共性，同时，各成员也都有自身个性化的特点。一方面，粤港澳大湾区各区市应相互承认并尊重彼此之间的共性；另一方面，也要发挥好自身的个性优势。粤港澳大湾区各区市在文化上的共性是相互之间更好融合的便利基础，而彼此之间的个性元素又是保持自身独特性从而避免让大湾区内文化走向同质化的重要条件，由此，粤港澳大湾区在文化创造和创新上就会有更多“异质性”元素的支撑，赋予大湾区的文化融合发展以更多张力，赋予粤港澳大湾区文化融合发展更多元、更多向的可能，为粤港澳大湾区文化带来更多变数和魅力。

三　深圳要努力争当粤港澳大湾区文化中心城市

粤港澳大湾区核心城市问题。2017 年 7 月 1 日，在习近平总书记亲自见证下，国家发展和改革委员会、广东省人民政府、香港特别行政区政府、澳门特别行政区政府在香港签署了《深化粤港澳合作　推进大湾区建设框架协议》。协议要求深化粤港澳地区合作，推进粤港澳大湾区建设，高水平参与国际合作，提升大湾区在国家经济发展和全方位开放中的引领作用。中央政府提出实施粤港澳大湾区这一国家战略，并没有为粤港澳大湾区明确指定一个或几个核心或中心城市。那么，粤港澳大湾区内要不要有核心或中心城市呢？对此专家意见不一。张锐认为，湾区作为城市群，每个城市的地位与作用不尽相同，“其中只有一个城市为核心都市”①，或为政治核心，或为经济核心，或为金融核心，或为文化核心，其他城市则围绕核心城市谋求产业与职能的错位发展。刘成昆也认为，有的湾区不止一个核心城市，如作为全球高新科技研发中心的旧金山湾区就拥有三个核心城市，旧金山市以旅游和金融产业为主，奥克兰市以港口经济为主，圣荷西市以高新科技、生物医药为主。② 2019 年初国家出台的《粤港澳大湾区发展规划纲要》确立了四个中心城市，分别是香港、澳门、广州、深圳。

粤港澳大湾区文化中心城市问题。不管是从理论上，还是从大湾区城市发展的实践来看，粤港澳大湾区内出现一两个或更多文化中心城市是可能的。从目前情况来看，粤港澳大湾区还没有形成文化中心城市，不管是香港、澳门，还是广州、深圳，都没有达到称得上粤港澳大湾区文化中心城市的资格。未来呢？哪个或哪几个城市能够有资格成为粤港澳大湾区的文化中心城市？在这个问题上，没有任何人可以下结论，谁说了都不算，还是要靠实力，由事实来说话，看谁在粤港澳大湾区文化版图中所创造的成就和贡献大。

在粤港澳大湾区文化发展格局中，深圳能否有所作为？深圳当有何作为？根据深圳过去 40 年的发展经验来看，在未来粤港澳大湾区文化发展格局中，深圳一定能有所作为，一定能大有作为，并且有可能通过努力而成为粤港澳大湾区的文化中心城市。

从横向上看，粤港澳大湾区内各成员在文化上的地位竞争形势日益严峻，这要求深圳必须早日树立勇当大湾区文化中心的目标。目前，已经有学者建议广州借助粤港澳大湾区建设机遇树立打造粤文化枢纽、全球化高地、

---

① 张锐：《世界湾区经济的建设经验与启示》，《中国国情国力》2017 年第 5 期。

② 刘成昆：《融入城市群，打造湾区经济——粤港澳大湾区城市群发展分析》，《港澳研究》2017 年第 4 期。

实施“大广州”战略从而建成全球城市的目标。[①] 香港也已开始着手打造西九文化区，计划在西九龙填海区临海地段兴建一系列世界级文化设施，聚集一批集文化、艺术、潮流、消费及大众娱乐为一体的综合文化娱乐场所，而以剧院综合大楼、演艺场馆、博物馆群及广场等为核心设施，融香港地方特色与传统特色于一体，并加入国际元素的世界级综合文化艺术区。[②] 澳门积极争取打造旅游休闲中心，以提升自身在粤港澳大湾区的文化地位和影响力。[③] 其他城市也都在暗下决心，铆足劲头，意图通过提升自身文化发展质量，争取在粤港澳大湾区文化格局中谋得一席之地。在此背景下，深圳作为中国特色社会主义先行示范区，作为创建中国社会主义现代化强国的城市范例，必须在文化上有所作为，努力成为粤港澳大湾区文化中心城市。

深圳有没有资格提出成为粤港澳大湾区文化中心城市的目标呢？答案是肯定的。深圳经济特区伴随着中国的改革开放一路走来，在不到 40 年的时间里，创造了世界城市发展史上的奇迹。据广东省统计局发布的统计结果，2016 年深圳人均 GDP 达到 167411.2 元，超过了中国台湾，逼近韩国；第三产业占比超过 60%，人均地方一般公共预算收入 26937.6 元，全社会 R&D 经费为 874 亿元，人均收入 48965 元，进出口总额 3984.36 亿美元，金融机构本外币存款总额 64407.81 亿元。[④] 深圳所集聚的雄厚经济实力为深圳实现文化发展和繁荣创造了坚实且强大的物质基础。近 40 年来，深圳一贯坚持物质文明和精神文明“两手抓两手硬”，文化建设成绩显著，文化事业不断进步，文化产业跨越式发展，文博会、读书月、创意十二月等品牌活动影响力日增，“深圳十大观念”广为传播，获得“全国文明城市”“设计之都”“全球全民阅读典范城市”等一系列荣誉，为全市经济社会发展提供了

---

① 王世福等：《粤港澳大湾区时代广州走向全球城市的思考》，《城市观察》2018 年第 3 期。

② “西九文化区”，360 百科，https：//baike.so.com/doc/3880878－4073889.html。

③ 刘成昆：《融入城市群，打造湾区经济——粤港澳大湾区城市群发展分析》，《港澳研究》2017 年第 4 期。

④ 刘孝斌：《中国特色社会主义新时代下的粤港澳大湾区建设》，《贵阳市委党校学报》2018 年第 1 期。

坚强的思想保证和良好的文化条件。[①] 但是，仅凭这些，要成为粤港澳大湾区文化中心城市还是远远不够的。对标纽约湾区、东京湾区和旧金山湾区文化的发展程度及其各自的影响力，深圳在文化发展关键指标上还有很大差距，这些差距主要体现在：缺乏有区域乃至全球知名度和影响力的标志性文化设施，没有形成包括特色文化街区在内的有区域或全球知名度和影响力的核心文化集聚区，对于异质多元文化的吸引力和包容度尚存不足，对于国际文化名人的吸引力还有差距，尤其是在引领区域乃至全球文化生产或消费潮流的能力方面没有形成一定的竞争力。

深圳一向是一个富有使命感、有担当的城市。我们欣喜地看到，深圳已经树立了新的更高的文化目标，并且已经开始行动。在 2018 年推出的《深圳文化创新发展 2020（实施方案）》中，深圳提出要在未来五年里，逐步将自身打造成为精神气质鲜明突出、文化创新引领潮流、文艺创作精品迭出、文化活动丰富多彩、文化设施功能完备、文化服务普惠优质、文化传媒融合发展、文化产业充满活力、文化形象开放时尚、文化人才群英荟萃的国际文化创新创意先锋城市，努力建设与现代化国际化创新型城市和国际科技、产业创新中心相匹配的文化强市。一旦实现了这些目标，深圳创建粤港澳大湾区文化中心城市的条件将更加成熟。今天，深圳已经在城市文化设施方面做出了更加高端的战略规划，包括深圳当代艺术与城市规划馆、深圳文学艺术中心、深圳美术馆新馆、深圳文化馆新馆、深圳图书馆调剂书库、深圳歌剧院、中国改革开放博物馆、深圳自然博物馆、世界博物馆大厦等标志性文化设施都已经开始筹建，在不久的将来，一座座城市文化新地标将在深圳拔地而起，深圳文化基础设施必将让世人刮目相看；在此基础上，深圳还将打造越来越多的特色文化街区和文化小镇，形成众多相互呼应的城市文化群落，在有效整合和连接各类文化空间的基础上，逐步形成多处具有现代化国际化水准的城市文化核心集聚区。到那时，多元的文化环境和文化氛围必将吸引

---

① 《深圳文化创新发展 2020（实施方案）》（深文改〔2016〕1 号），深圳市文体旅游局官网，http://www.sz.gov.cn/wtlyjnew/ztzl_78228/tszl/whcy/whcyflfg/201803/t20180323_11587297.htm。

更多国际文化名人，深圳的多元异质文化吸引力和包容度将快速提升。随着标志性文化设施的不断完善，更多国际性文化品牌的创造，城市文化精品的不断涌现，城市文化魅力的不断提升，深圳文化在全球的知名度、影响力将大大提升，在粤港澳大湾区文化版图中的地位和影响力将日益突出，深圳将自然而然、顺理成章地成为粤港澳大湾区文化中心城市。

B.4

加强深港文化交流合作，共创全球区域文化中心

杨立青*

摘　要： 香港、深圳作为“一带一路”、粤港澳大湾区的核心节点城市，加强文化领域的交流与合作，对于深港两座城市，对于国家未来对外开放和改革发展的意义都很重大。本文在梳理改革开放以来深港文化交流合作历史的同时，分析其特点与存在的问题，探讨进一步深化深港文化合作的必要性，并展望两地强化合作共创全球区域文化中心的可能前景。

关键词： 深圳　香港　全球区域文化中心

香港、深圳在地理上一衣带水，在历史上渊源深厚，两地交往少有间断，改革开放以来，随着经济全球化和区域一体化的发展，两地经济、社会以及文化交往进一步密切，成为备受国际瞩目的双子城。近年来，伴随“一带一路”倡议的稳步落实和粤港澳大湾区建设作为国家战略的推进，香港、深圳作为其中的核心节点城市，其所能发挥的重要功能和作用，是大可期待的。在此其中，深化文化上的交流合作，不仅对于深港两座城市，而且对于国家未来对外开放和改革发展的意义都极其重大。基于如是考量，本文

* 杨立青，深圳市社会科学院文化研究所研究员。

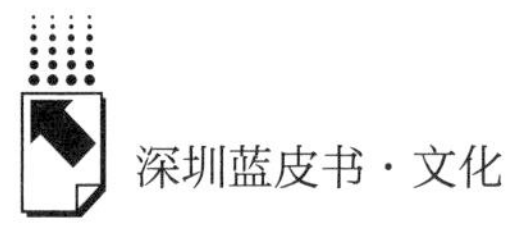

着眼于粤港澳大湾区建设等背景下的两地文化交流合作，立足于共创全球区域文化中心这一愿景，对此议题进行一次初步的探讨。

一 深港文化交流合作的简要回顾

深港两地原属同一行政区（原新安县），但鸦片战争后两地便进入不同的发展轨道，随着时间的推移，香港成为“东方明珠”，而深圳则长期是一个默默无闻的边境小镇，彼此之间并没有多少实质性的文化交集可言。这一局面在内地改革开放后发生了根本改变。一是深圳在1980年成为经济特区，香港的资金、文化（观念）等成为深圳实现快速崛起的主要动力源（2018年深圳的经济总量甚至已略超香港），而深圳包括文化功能在内的城市功能的日趋完善（如20世纪80年代以来兴起了三波文化设施建设高潮，涌现了大量的文化设施、文化机构和文化企业），也为深港文化交流合作提供了基础条件。二是因内地改革开放的促进，香港经济在20世纪八九十年代走向辉煌（其标志是人均GDP一度超越英国），1997年回归后虽历经亚洲金融风暴和“非典”冲击而进入转型发展期，但与深圳等地进行更紧密的合作也进入香港特区政府的重要议程，尤其是随着《粤港澳大湾区发展规划纲要》于2019年2月18日正式颁布和实施，香港与内地的合作将进入一个新时期。大致说来，以1980年为起点，深港文化交流合作可分为香港回归前和回归后两个时期或阶段。

在前一阶段，两地文化交流合作以民间和市场行为为主，可称为自发探索期。其中深港民间个人和艺文团体实现了积极的互动，而艺文展演成为两地双向文化交流的主要形式，同时在文化产业领域，基于内地土地、人力等生产成本相对低廉的优势，改革开放以来深圳等珠三角地区城市承接了香港社会和企业界大规模的产业转移，这其中就有以歌舞娱乐、印刷、动漫等行业为代表的两地紧密的文化产业的合作，包括20世纪80年代以来香港将大量的印刷企业搬迁到深圳，使深圳迅速成为北京、上海之外的内地三大印刷中心之一。

在后一阶段，两地文化交流合作进入政府与民间共同推动的新时期。除了民间和市场行为的自发性发展，在香港回归后最值得注意的是两地政府层面的文化合作。香港方面，1997 年后香港特区政府日益重视文化发展，在“亚洲国际都会”的城市发展框架下，近些年提出“亚洲文化之都”口号，致力于将香港转变为亚洲文化中心，为此香港特区政府调整了文化管理服务架构，如 1998 年文康广播局解散，民政事务局成立并负责文化事务，并于 2000 年设立康乐及文化事务署，同年成立“文化委员会”，为香港艺术、文化、体育和康乐事务提供专业咨询；而 1995 年成立的香港艺术发展局，在回归后策划、推广及支持艺术发展及提倡艺术教育，资助艺术项目和艺术家（团体）。上述文化管理架构的调整，为香港与内地的文化交流合作打下了新基础。深圳方面，深圳市委市政府 2003 年提出了实施“文化立市”战略，致力于建设“文化强市”，此后又陆续提出将文化产业打造为第四大支柱产业、建设“国际文化创意先锋城市”等文化发展目标，并致力于拓展对外文化交流合作，如深圳文化局在 20 世纪 90 年代初设立港澳台文化事务处等机构，加强了深港文化交流合作。①

关于深港两地政府之间的文化交流合作，还有两个案例值得提及。一是 2003 年 6 月，香港特区政府与中央人民政府签订了 CEPA 协议，在 WTO 的框架内实现香港与内地更紧密的合作，基于深港相互毗邻，CEPA 协议及其后继补充协议的陆续签订与实施对于包括文化领域在内的深港合作具有较为重要的意义。二是一年一度的“粤港澳艺文合作会议”于 2002 年 11 月开始举办，该会议及其所确立的合作机制，在官方搭建演出推介网络、政府资助文艺团体在三地演出、通过设立“粤港澳文化资讯网”加强文化资讯交流、开展文物博物全面合作、三地公共图书馆实现数字化联网、保护和弘扬粤剧艺术、促进文化创意产业合作等方面取得了可喜的成绩。② 尤其对于后者而言，作为一个标志，到 2018 年为止已举办 19 次的“粤港澳艺文合作会

---

① 参看杨立青《改革开放以来的深港文化合作》，载彭立勋主编《改革开放与城市文化发展：2009 年深圳文化蓝皮书》，中国社会科学出版社，2009。

② 参看粤港澳文化资讯网，http：//www. prdculture. org。

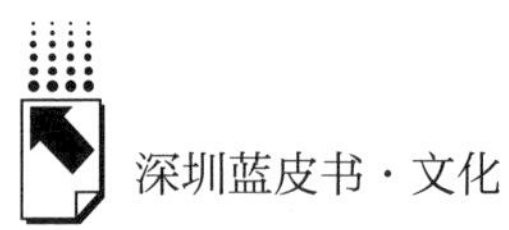

议”已成为三地在政府层面建立的定期加强协调、沟通和合作机制的良好平台，它同样为未来的深港文化合作拓展了新的可能空间。

二　深港文化交流合作的形态与问题

改革开放以来，深港两地之间的文化交流合作已有40年历史，基于两地之间的地理高度接近的地缘关系以及不同的社会制度、城市历史，两地的文化交流合作呈现出鲜明的形态特点。

第一，深港互为双方对外文化交流合作的桥头堡。在内地实行改革开放前的若干年，香港与内地几乎处于相互隔绝的状态，深港两地自然交往极少。而改革开放以来，随着内地与香港的经贸和人员往来日益增加，香港成为内地对外文化交流合作的桥头堡，反过来，深圳也成为香港面向内地开展文化交流合作的跳板，这使得深港两地的文化交流合作因此获得了前所未有的发展动力。香港回归后，内地与香港的关系出现了新的发展局面，体现在深港文化交流合作上，就是伴随深港全面合作的历史走向和发展格局而出现新的可能，如2004年深港政府签署“1+8”协议，2007年签署“1+6”合作协议，2017年签署《关于港深推进落马洲河套地区共同发展的合作备忘录》等，对两地文化合作都产生很大的推动作用。

第二，文化交流与文化合作的相互促进。由于种种原因，香港在长时间内与内地没有太多的合作，一度造成包括文化合作在内的深港合作“深圳热、香港冷”现象。交流是合作的前提和基础，经过多年互动的积累，尤其是深港政府层面的推动，两地尝试在一些可能的领域加强文化交流合作（如两地之间图书馆、博物馆、表演艺术以及粤剧推广）。不过相比于交流，两地在更广阔的产业化的文化方面的合作还不够深入，如在动漫、印刷等领域，香港因素对深圳相关产业发展发挥了重要作用，但也仅是某种“前店后厂”模式的延伸。同时，两地文化合作是以民间和市场为主，政府合作为辅，个人、社会团体和文化企业在其中扮演了更为重要的角色。

第三，两地文化合作有着自身的特殊性。就深圳而言，开展对外文化交流有着多方面的功能与作用，如展示改革开放的成就与向外传播优秀中华文化等。而就香港而言，由于政府在长时间内与内地接触少，企业和民间艺文团体成为两地文化合作的主体，并通过产业转移等方式，促进了两地在文化产业“前店后厂”合作模式的成功实践，使香港开展面向内地的文化合作具有更鲜明的市场性。

应该说，经过多年发展，深港两地文化交流合作无论是在广度还是在深度上都得到了相当的拓展，但也存在一些问题乃至障碍，主要体现在以下三个方面。

第一，两地文化体制和管理理念不同使文化合作存在对接难题。在文化发展体制上，香港特区政府不专设文化局，采取决策与执行相对分离的文化管理体制和回应性的文化政策，旨在及时反映、解决社会中出现的各种现实需要和公共文化问题。相比之下，深圳政府在文化决策与执行上并不做严格区分，在文化发展上起着主导性作用。这种文化体制的不同，是与两地政府的不同角色定位与管理理念密切相关的。比如香港长期信奉“积极不干预”理念，让市场与社会发挥更积极的功能与作用。而深圳文化发展以政府为主导，强调政府管理和资源调配功能，推动效率较高，而社会化程度相对较低，民间文化组织相对较弱，导致两地在文化合作上如何对接，始终是个问题。

第二，运作机制差异较大使得两地文化优势互补不足。与文化体制相比，文化运作机制的差异是可以通过相互调适来加以克服的，这是两地文化体制差异最有可能加以弥合和趋同的地方。香港是一座开放的国际化城市，在资金、信息、技术、人才等方面都有着发达的国际化网络，加上完善的法治环境，这是香港文化发展的优势；同时香港在城市文化上以市场与社会为主导，政府在其中只是扮演了资助和服务的角色，因此在具体运作上相对灵活。相比之下，深圳也具有香港所缺乏的文化发展优势，包括广阔的内地市场，但由于在文化发展上更多地以政府为主导，规制性较为明显，市场和社会发展还不够充分发达，因此在文化资源投入与使用等运作机制方面的国际化、市场化、社会化、法治化程度都有待提高，因此在与香港进行文化合作时有着机制上的较大差异，两地文化互补不足，有待进一步加强。

第三，“一国两制”因素使文化合作存在制度性障碍。香港回归以后实行“一国两制”，对于深港文化合作而言，“一国”为两地文化交流合作提供了新的基础和条件，但“两制”的存在，始终是深港文化合作必须面对的问题，包括两地海关（关税）、通关（设施）、签证、工商、所得税等相关问题，也会对两地经贸、社会和文化交往带来影响，制约文化合作的广度和深度。

此外，深港两地在实际的文化交流合作中也存在其他问题，如香港艺术发展局在一份关于香港与内地艺团交流的研究报告中，总结了香港艺团与内地单位出现期望差距、政府鲜以中介角色出现等制约因素，并分析了“内容管理不同，对内地情况不熟识，不敢贸然进行交流”等香港艺团不大热衷与内地交流的若干原因①，这些因素都成为两地文化进一步合作的制约因素。

三　深化深港文化交流合作的必要性及其远景展望

基于深港文化交流合作所具有的重大意义以及实践所奠定的基础和存在的问题，我们认为在未来应进一步拓展其发展空间，其原因就在于深化这种交流合作具有历史和现实的必要性和紧迫性。

第一，两地经济社会进一步密切化需要加强文化交流合作。近年来，基于两地共同的迫切需求，在政府和民间的多方努力和共同推动下，深港合作不断向前发展（如口岸通关便利化、“一签多行”等），同时在市场力量的驱动下，两地商品、人员、资金和信息等生产与生活要素也在加速流动，在交通、就业、置业、消费、教育、医疗等领域的交流合作日益紧密频繁，如目前两地口岸每天通关人数高达五六十万人次，高峰时每天甚至可达八九十万人次。不过从深港政府签署的已有合作协议来看，重点还在于基础设施、科技、金融等领域，文化合作尚未成为两地政府合作的重要议程（在落马

① 参见香港艺术发展局官网，http：//www.hkadc.org.hk/tc/infocentre/research/report_ 200612。

洲河套区域的合作开发中，文化创意有可能成为其中的重点内容），“粤港澳艺文合作会议”的主体是广东省、香港特区政府和澳门特区政府，深港两地专门性的文化合作会议及协调机制尚未建立健全。但在粤港澳大湾区建设成为国家战略的今天，随着两地交往进一步密切化，必然要求在文化上加强彼此间的交流合作，为方便、丰富两地市民文化生活提供更好的条件，拓展深港合作的深度和广度。

第二，实现两地文化优势互补、落实“一带一路”倡议需要拓展两地文化交流合作。众所周知，香港是亚太地区著名的国际贸易中心和金融中心，也一度是亚洲最为重要的文化产业中心城市之一，其流行音乐、影视作品、新闻出版等文化行业在东亚、东南亚都曾具有相当广泛的区域影响力。但香港也存在自身文化市场狭窄、营商成本居高不下等发展难题，在历经亚洲金融风暴等重大危机冲击和自身经济结构失衡的制约之下，香港经济近年来增长缓慢，香港文化人才成长、创意产业发展也出现疲态，文化影响力远不及当年。在此背景下，加强和拓展对外合作也就成为香港特区政府和文化界的一个重要诉求和趋向。而深圳等内地城市的文化市场潜力巨大，基础文化设施不断完善，文化消费增长迅速，加上高新技术制造业发达，这些都形成了深圳文化发展的优势。香港加强与深圳的合作，有利于以深圳为跳板开拓广阔的内地市场；而在落实“一带一路”倡议的进程中，深圳等内地城市也可利用香港丰富的文化资讯、成熟的国际化运作模式及资金、人才等资源优势，实现文化互补，推动中华文化“走出去”，创造文化双赢局面。

第三，提升区域综合竞争力、建设粤港澳大湾区需要深化两地文化交流合作。作为深港合作、粤港澳合作乃至香港与内地合作的重要组成部分，深港文化合作应瞄准未来提升区域综合竞争力、推进粤港澳大湾区建设的战略目标。特别是基于文化创意产业在全球经济格局和城市竞争中的地位日益重要，充分利用全球流动性资源发展文化创意产业，成为区域可持续发展和竞争力提升的动力之源。由于香港与深圳各有自己的优势和劣势，目前两地都有共建世界级大湾区的意愿和行动，但大湾区建设必须依赖于各种生产与生活要素的自由流通，这都必然要求在经济、科技等之外，进一步加强文化之间的合作，促进两地资金、创意、人才、项目、机构、资讯等要素的互动互利，在共建粤港澳大湾区的宏大目标之下，努力提升两地的区域文化竞争力。

那么，在粤港澳大湾区建设背景下的深港区域文化竞争力提升要达至什么样的目标形态？2018 年 6 月举行的中共广东省委十二届四次全会提出，“要抓住粤港澳大湾区建设重大历史机遇，面向国际建设广州、深圳全球区域文化中心城市”。这是站在面向未来的战略高度对深圳发展提出的新定位，是着眼于粤港澳大湾区建设、对标国际一流城市不断提升深圳、广东改革开放水平而提出的新目标。对于深圳而言，要建设全球区域文化中心城市，最为重要的思路之一，就是借助已上升为国家战略的粤港澳大湾区建设之契机，加强、深化与香港的文化交流合作，实现与香港的资源整合和优势互补，共同形塑全球区域文化中心。这当为深港未来文化交流合作的主要远景目标。

简单说来，所谓全球区域文化中心，是指基于全球开放性的在某一国际区域范围具有很强的文化资源集聚功能和文化发散效应的中心地带。由于我们目前所处的是“城市时代”，这一地带无疑是以核心节点城市为依托的，而这显然又与“全球城市”（世界城市、国际化城市）和城市网络有着直接的对应关系，比如萨森所说的全球城市，卡斯特所说的网络社会，等等。大体而言，对于全球城市，可以从规模（如人口）和功能两个方面加以认识。早期的研究传统以巨型城市（mega-city）为论述对象，后来则更多地转向城市的功能性研究，比如加尔各答是巨型城市但不是全球城市，而苏黎世是全球城市但非巨型城市。尽管如此，城市规模至今还是全球城市研究的一个重要方面。[①] 由此可以看到，从香港和深圳两座城市的空间关系来看，由于两者地理上的高度接近，形成一个巨型的大都会区，前些年有深港两地研究者就因此将之命名为“港深大都会”，这即便是从珠三角城市群的角度看依然可作如是观：两地面积加总约 3000 平方公里（香港约 1000 平方公里，深圳

① 杨立青：《“全球城市”及其文化研究》，《南方论丛》2010 年第 1 期。

约2000平方公里），实际居住人口加总约3000万人（香港700多万人，深圳约2200万人），从人口规模上看就可比肩东京湾区，更不用说粤港澳大湾区7000万人口及其庞大的市场空间了。

那么在全球城市的视野中，如何理解全球区域文化中心？有论者指出，相关全球城市研究聚焦于中心地理论为基础的等级视角，不仅得到了城市等级体系及其划分标准的支持，而且在经济全球化时代得到了日益强大的中心城市发展实践的印证；但同时，随着全球专业化分工合作的深入、互联网经济的迅猛发展、交通运输的便利高效，传统的城市等级体系也在发生深刻变化，中心城市的意涵也有了新特色：各城市间的横向联系在加强，非等级化的城市网络在形成。他由此对“城市等级体系”的中心城市和“城市网络”的中心城市进行了区分：前者强调的是中心城市对其他城市的引领、领导和控制，后者强调的是中心城市与其他城市的合作、联合和融合，强调的是各城市的特色、差异性，因此他认为全球区域文化中心城市是全球区域的文化引领先锋、文化合作轴心和文化特色总汇。[①]

由以上分析我们来展望深港成为全球区域文化中心的可能前景。

首先，香港、深圳这样的中心城市兼具经济中心和文化中心的双重性。由于文化活力奠基于经济资源的吸纳、集聚及运转的活力，全球区域文化中心几乎都是区域性的经济中心，纵观全球，纽约、伦敦、东京这样顶级的全球城市以及新加坡、北京、上海这样的区域性全球城市，无不如此。在这方面，香港有着发达的金融、物流、观光、会展等现代产业，近年来提出“亚洲文化之都”口号，致力于打造亚洲文化中心，而深圳也是中国内地的三大金融中心之一，近二十年来高科技产业崛起，是内地最具经济实力的一线城市之一，近年来致力于“文化强市”建设，提出“国际文化创新创意先锋城市”“全球区域文化中心城市”等发展目标。这无疑为深港两地将经济优势转化为文化优势进而共同打造全球区域文化

① 参见深圳社会科学院课题组《深圳建设全球区域文化中心城市研究报告》（未刊稿），2018年8月。

中心奠定了物质经济基础。

其次，不管是经济中心还是文化中心，必须有足够的开放自由度和创新活力。香港是全球最自由的经济体之一，深圳也是中国最开放、最具创新精神的城市之一，这为深港两地成为全球区域文化中心创造了可能条件。如前所述，香港曾是亚太最具影响的文化产业重镇之一，音乐、电影、动漫、设计、出版、印刷、娱乐、广告、文学等在亚太风靡一时，尽管近些年有所衰落，但依然深具影响力。而深圳作为新兴城市，尽管城市文化积淀相对薄弱，但极具成长性和可塑性，随着城市经济的多年持续增长，城市功能不断完善，文化设施、文化团体、文化活动、文化贸易等文化事业和文化产业的影响力也逐渐扩大，成为深圳城市活力的重要体现之一。

再次，建设全球区域文化中心是包括香港、深圳等核心城市在内的粤港澳大湾区建设的重大使命之一。作为一个复合概念，粤港澳大湾区涵盖了经济、行政、社会和文化等诸多范畴和领域。也就是说，汇集全球各种文化资源如资金、信息、项目、人才、优秀企业和高层级国际机构，形成强大文化软实力、竞争力和影响力，从而代表国家参与全球文化竞争，本身也是粤港澳大湾区建设的题中应有之义。而深港建设全球区域文化中心，成为全球区域性的文化引领先锋、文化合作轴心和文化特色总汇，应是粤港澳大湾区建设的重要目标之一。

最后，随着粤港澳大湾区国家战略的落实和推进，势必要强化湾区各行政主体间的交流合作，而这种交流合作能否取得实质成效显然是粤港澳大湾区能否取得成功的关键。如上所述，在文化交流合作领域，由于多种因素的存在，制约了深港两地文化交流合作的广度和深度，尤其是两地文化体制机制的差异，使得现实中的深度合作存在不少的困难，但也为区域文化的多元化发展提供了契机。而基于深化深港文化交流合作的现实必要性，以需求推动发展、以问题倒逼变革，通过两地政府与民间之间文化合作的强化，包括建立健全政府高层文化交流机制，疏通民间文化交流渠道，实现文化资源与文化资讯共享，联合举办大型文化节庆和产品交易会，鼓励深港两地企业互相投资对方文化产业，支持两地文化企业在香港、深圳证交所上市融资，加强两地学术机构文化交流和人才培训等，进而成为全球区域文化合作关系和合作活动的集中地，在全球区域城市网络的文化流动中发挥着枢纽和中介作用，以平等、开放、包容的精神共同融入全球区域城市网络的文化发展与进步，这也是我们对粤港澳大湾区发展前景最大的期许之一。

B.5

公共文化视角下深圳与世界文化中心城市的比较研究

刘兴范　吴永强*

摘　要：　深圳经济、科技发展成就令世界瞩目，但在文化上还与国际一流城市存在明显差距。文化是支持城市发展的内在和持久的动力，是城市竞争力的重要组成部分。本文以公共文化视角从文化规划、文化设施、文化机构、文化产品和服务等方面对深圳与世界文化中心城市进行比较，尝试为深圳升级成全球区域文化中心城市提供有价值的建议。

关键词：　世界文化中心城市　大众文化　城市竞争力

《公共文化服务保障法》指出，"公共文化服务，是指由政府主导、社会力量参与，以满足公民基本文化需求为主要目的而提供的公共文化设施、文化产品、文化活动以及其他相关服务"。公共文化服务是个人享有文化权利，提高文化生活质量的重要保障。它是城市文化发展水平的基本尺度，是提高城市竞争力和吸引力的重要因素。从国家层面而言，构建强大的现代公共文化服务体系，有助于提高全民族文化素质，促进社会主义文化的大发展大繁荣。公共文化的重要性不言而喻。

深圳改革开放40年来，经济实现了跨越式发展，取得了举世瞩目的

---

* 刘兴范，深圳市文化馆馆长；吴永强，深圳市文化馆理论部副研究馆员。

成就。然而，文化发展的相对滞后一直是深圳向国际现代化大都市迈进的障碍。建设完善强大的公共文化服务体系，提升服务质量，促进城市文化繁荣发展，对深圳升级成为区域性全球文化中心城市无疑具有积极意义。

一　深圳具备建设全球区域文化中心城市的基础

（一）深圳的城市竞争力不断提升，国际地位不断提升

改革开放 40 年，深圳经济社会经历了一场突飞猛进的发展，GDP 从建市时不足 2 亿元到 2017 年的 2.2 万亿元，增加一万多倍，相当于世界上中等发达国家的水平。与此同时，深圳的经济金融、科技创新、文化教育等方面都取得了长足的进展，获评中国大陆最具创新能力城市、中国硅谷、全球城市交通领袖城市奖、全球全民阅读典范城市、“设计之都”等荣誉。旅行指南《孤独星球》公布的 2019 年全球十大最佳旅行城市榜单中，深圳成为中国唯一入选城市，且排名第二。

这些都表明，深圳基本上已具备建设全球区域文化中心城市的经济基础和客观环境。

（二）“文化强市”建设成绩显著，文化软实力日益增强

深圳建市初期，由于经济发展占主导地位，文化建设没有得到相应的重视，从而远远落后于经济建设的步伐。进入 21 世纪以来，深圳的文化形态发生了翻天覆地的变化，城市发展思路逐渐从“经济深圳”转变为“文化深圳”。2004 年，深圳市提出在全国率先实施“文化立市”战略，紧接着提出建设“两城一都”具体目标。经过十多年努力，深圳文化建设取得丰硕成果，城市文化软实力显著提升。从“文化立市”到“文化强市”，再到建设区域性世界文化中心城市，体现出深圳文化蹈厉奋发，谋求强盛的壮志雄心。

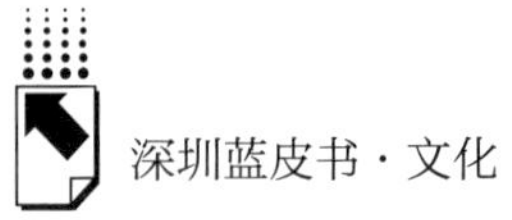

（三）文化活动丰富精彩，市民文化生活进一步丰富

基层社区文化是城市文化发展的重要体现。近年来，在文化部门组织引导下，深圳形成了“鹏城金秋”市民文化节、深圳合唱节、“周末剧场”“美丽星期天”、流动大舞台演出，以及莲花山草地音乐节、南山流行音乐节、深圳湾草地音乐会等一系列颇具影响力的群众文化活动，2017 年公益文化活动达到 16.8 万场次，市民文化福利水平进一步提升。这些活动虽然不及国际一流品牌的层次高，但它们丰富了市民文化生活，培育了市民文化消费意识，对营造浓郁的城市文化氛围起到巨大的促进作用。

二　深圳与世界文化中心城市比较

本文选择纽约、东京、香港和新加坡作为深圳对标城市进行论述。

纽约作为当今世界首屈一指的发达城市，在公共文化领域，把发展社区文化放在首位，大力支持民间文艺社团，为营造良好的文化发展环境，增强城市文化可持续发展的动力。充满现代文化魅力的亚洲第一城市东京，在文化振兴规划、未来人才培养和社会参与等方面成效卓著。纽约大都会区和东京都市圈的发展模式也为粤港澳大湾区提供了可供借鉴的模型。香港，曾经是“亚洲四小龙”之一，是世界上最富有、最安全、经济最自由的地区之一，深圳与香港比邻，无论经济、教育还是文化，香港都是值得深圳学习的重要对象。在城市建设方面，新加坡和深圳有许多相似之处：1965 年新加坡正式独立，从一个小渔港发展成全球最富裕的国家之一，深圳经济特区 1980 年正式成立，从“小渔村”迅速崛起，成为世界现代城市新秀；20 世纪 80 年代以前，新加坡文化基础薄弱，和深圳一样也是一片“文化沙漠”；新加坡是一个多元文化的移民国家，深圳是外来人口占多数的“移民”城市；被誉为“花园城市”的新加坡，其文化建设方面有许多先进的经验值得深圳学习借鉴。

（一）文化发展规划状况比对

文化规划对于城市文化发展至关重要。一项科学客观的规划，能遵循城市精神特质，把握城市文化内在规律，从宏观到微观有针对性地给予文化建设目标指引，然后塑造城市特色，增强城市文化的软实力。

东京是典型的依靠国家崛起和政府力量发展生成的国际化中心城市，二战后的多次“规划推动”在其中发挥了极其重要的作用。2007 年，《东京都文化复兴指南》正式发布，确定了东京面对世界的文化创造和传播的政策。其基本目标与措施有三点：一是建设让世界感受文化魅力的都市。政府措施包括对新进、年轻艺术家实施资助，创造和传播文化，培养艺术和文化人才。二是建设让公众自豪的文化丰富的城市。政府措施包括培养儿童丰富的艺术感性，促进公民的文化活动，继承和发展传统文化。三是建成一个有充实的文化创造底蕴的城市。前面两点体现出东京对年轻艺术家、儿童文化素质培养和对历史传统文化继承的高度重视。①

新加坡在 1999 年、2005 年和 2010 年推出了三项“文艺复兴城市规划”，并通过不断增加财政投入，改善文化基础设施，鼓励全民参与，逐步实现其文化复兴繁荣，获得世界认可。高度重视“在大学前及大学阶段加强艺术教育”，大力推动人口文化艺术素养的发展，营造良好的城市文化艺术氛围，为新加坡的文化繁荣奠定了坚实的基础。

深圳已经发布了各个时期的五年文化发展规划，体现了要建成高品位文化城市的努力。纵观“十一五”规划到“十三五”规划，缺乏明确的城市文化主攻方向、某些项目脱节和推进缓慢（例如，2007 年启动深圳歌剧院、改革开放纪念馆建设研究和前期工作，至今两项工作仍在规划中）、对文艺人才重视不够等问题较为突出。

---

① 李艳丽：《东京二十一世纪以来城市文化发展观测》，《上海文化》2014 年第 10 期。

（二）文化设施状况比对

文化设施的数量是衡量城市公共文化服务水平的重要指标，也是城市发展和成熟的标志之一。

纽约是美国文化设施最多和最集中的城市，拥有300多个博物馆画廊和200多个公共图书馆。纽约号称“世界博物馆之都”，被称为“博物馆大道”的第五大道两旁密集分布了各种引人入胜的博物馆。纽约大都会博物馆是世界四大博物馆之一，占地面积13万平方米，藏品300万件。纽约公共图书馆是美国最大的公共图书馆，馆藏图书资料3000万册，年接待读者高达1800万人次。[①] 东京有377座公立图书馆，47所博物馆同类设施，230座剧院，5400多处文化古迹等。

深圳的公共文化设施数量与纽约、东京相比，则有明显差距。博物馆事业是深圳的薄弱环节。目前最大的深圳博物馆仅有馆藏2万多件，与纽约大都会博物馆（馆藏300万件）不可相提并论，即使在国内也排名靠后。深圳“图书馆之城”建设取得显著成效，建立了市、区、社区三级图书馆系统。仅从数量上看，深圳各级图书馆（室）超过600家，但其中面积小、藏书少、条件简陋而少人问津的社区图书室占多数。

表1　深圳公共文化情况与世界一流城市比对

城市	人口（万人）	GDP（百万美元）	面积（平方公里）	博物馆	图书馆	剧院	五大博物馆艺术馆游客（万人次/年）	国际游客（万人次/年）
深　圳	1078	453335	1997	57	639	40	265	166
纽　约	841	1406000	1214	142	255	640	1310	1181
东　京	1316	743826	2188	47	377	230	973	594
香　港	726	381186	1106	40	82	—	484	340
新加坡	547	425155	718	57	27	—	287	1557

资料来源：2015年世界城市文化报告。

① 任一鸣：《纽约二十一世纪以来城市文化发展观测》，《上海文化》2014年第10期。

（三）文化机构状况比对

纽约市文化政策和建设发展主要由纽约市文化事务局、介于政府机构和私人机构之间的公共组织、私人基金会和文化政策研究机构（各类智囊团和高校的学术研究中心）参与承担。公共文化服务实行“民间主导”模式，采用董事会制度。

香港公共文化采取“政府合理主导、社会多元参与”模式，政府“不过多干预、不与民争利”，尽量不参与社会民间可以完成的文化事务。建立各种伙伴关系是香港公共文化建设和发展的重要特点。社会参与的重要内容之一是志愿服务，目前香港拥有2000多家志愿服务社会团体，各种义工群体每年为社会贡献大约5000万小时义工服务。此外，特别关注儿童、老人、青年、少数民族和残疾人，也是香港公共文化建设和服务过程的重要特点。①

深圳的公共文化由政府主导。市、区文体旅游局和下属文化事业单位是提供公共文化服务的绝对主体，政府既“管文化”又“办文化”的特征没有改变。近年来，深圳的文化志愿者服务、政府文化采购等调动社会参与公共文化服务的措施不断推进，取得较好成效，但由于文化体制原因，非政府组织在公共文化服务领域仍然难以发挥更大作用。

（四）文化产品和服务状况比对

在纽约，大都会博物馆、纽约公共图书馆等世界级文化设施，纽约国际电影节、国际艺术节等一流的文化艺术节，各种社区和文化场所（图书馆、博物馆、公园）等组织的中小型文化活动，为纽约市民提供了多层次的文化产品和服务。

香港有1000多个文化艺术团体，2015年艺术表演超过9000场次，370

---

① 袁航：《香港公共文化服务模式的特点与启示》，《河南教育学院学报》（哲学社会科学版）2015年第1期。

万人次接触文化艺术活动。香港高度重视社区文化，每年推出“社区文化大使计划”，组织不同社区举行艺术表演和展览，向公众推广艺术，让艺术进入社区，成为香港人生活的一部分。

深圳博物馆、图书馆等文化设施无论规模还是馆藏都与纽约等世界一流城市存在较大差距，因此，其提供的服务也必然有所逊色。深圳缺乏具有国际影响力的文化艺术活动。深圳群众文化活跃且热闹，但在戏剧、歌舞剧、音乐剧方面缺乏群众基础，难以营造高雅艺术氛围，也就无法与世界文化中心城市相并轨。

纵观上述城市的公共文化建设和发展，我们可以总结几个重要的共同点：一，政府参与，民间主导；二，不同时期出台针对性不同的文化振兴规划；三，注重吸引人才和培育人才。这些都是深圳需要学习和借鉴的经验。

三　公共文化服务角度关于深圳建设区域性全球文化中心城市的建议

深圳如何建立适应发展需要的公共服务体系，以增加高品质的文化产品和多元公共服务供给，让市民享受更优质的文化建设成果，成为文化繁荣的一流城市？笔者尝试给出以下几点看法。

（一）加强顶层设计，确立深圳建设全球区域文化中心城市的主攻方向

1. 深圳城市规划要有明确的国际定位，确定发展主方向

《深圳可持续发展规划（2017～2030）》提出，到2030年建成“可持续发展的全球创新城市”，到2035年建成“可持续发展的全球创新之都”。“创新”已成为深圳未来发展的关键词。因此，深圳应从文化角度置身世界城市体系，深入研究、比较和分析，找出自身优势、特色和差距。在城市水平和规模方面，深圳与纽约、伦敦、巴黎、东京等仍存在较大差距；就历史和文化而言，深圳的文化竞争力不如北京、上海和广州。因此，深圳第一步

目标定位不是与世界四大中心城市比肩，也不能“以己之短比人之长”，而应向香港、新加坡等区域性、专业型的国际化城市学习，走文化、创意、先锋的特色之路，初步将深圳建成世界区域文化中心城市，下一步再以粤港澳大都市圈的模式与世界四大城市相提并论。为此，深圳应紧扣“文化创意先锋城市”这一主要方向，发挥自身特点优势，补齐短板，提升在世界城市中的影响力。

2. 具体规划上要突出重点，着力打造“文化设施群”

城市是人口集中的产物，其发展必然越来越依赖“规模效应”。深圳要着重打造“文化设施群”。深圳现有规模最大的“文化设施群”位于市民中心，包括图书馆、音乐厅、博物馆、美术馆、少年宫、当代艺术与城市规划馆等，这一系列文化场馆在提升深圳公共文化服务、促进全民艺术普及上发挥了重要作用。

（二）完善现代公共文化服务体系，提高市民整体文化素质

1. 市民整体文化素质是城市文化发展的土壤

提高市民文化素质，活跃文化氛围，提升市民文化消费能力，繁荣和壮大文化市场，是建设世界文化中心城市的不二法门。

深圳是一座移民城市，早年以劳动密集型工业制造闻名世界，庞大的流动的外来务工人员是深圳人口结构的最大特征。城市人口的受教育状况在一定程度上可以反映出市民的整体文化素质。据统计，在常住人口中，深圳当前大专以上人口所占比例为24%，而北京超过35%，广州、上海也都超过30%，香港占32.7%，日本占45%，美国占42%。没有大量文化素质高的人口，就难称为以支撑世界一流文化艺术的消费市场，就难以称为世界文化中心城市。

2. 提高市民文化素质，要充分发挥公共文化服务体系的有效性

市民文化素质的提高，一方面取决于学校教育，另一方面取决于文化环境。公共文化是市民文化生活的重要组成部分，对提高市民文化素质具有无形的促进作用。

深圳一直在投入大量资金建设公共文化基础设施，“十分钟文化服务圈”“一公里文化圈”“一区一书城、一街道一书吧”等不断稳步推进，全市80%以上的街道和社区建设了基层综合文化服务中心，基层文化设施网络得到进一步完善。

在公共文化服务方面，如何提升“软件”质量和服务效率一直是深圳面临的问题。尽管提倡公共场馆免费开放已经多年，但“衙门化”、不亲民、不接地气仍然是许多文化场馆的通病。政府主导下的文化事业单位应积极探索公共文化服务的社会职能、职业伦理、业务建设与创新，寻求适应现代化发展之路。

（三）吸引和留住人才，制订文化人才发展的长期规划

人才，决定了一个城市当下的品质和未来的发展。城市竞争力的核心体现在智慧和人才上。新加坡极度重视高素质人才，在文化建设领域提出了硬件、软件、心件“三件”并重，尤其重视“心件”的理念；“心件”的核心是人才储备。①

汇聚强大的人才力量，一靠吸引并留住人才，二靠培养和发展人才。引进人才可解燃眉之急，制订文化人才培养的长期规划，从儿童教育抓起，才是久远之计。

1. 吸引并留住人才

“来了就是深圳人”不是一句口号，应有配套的政策。深圳一直非常重视吸引人才、留住人才，从人才激励、安居环境、福利保障等多方面营造吸引人才的优越环境，同时加大对国际化人才和青年人才的培育力度，致力于将深圳打造成优秀人才聚集高地。但长期以来，政府给文化界的感觉是只重视科技人才，不重视文化人才，导致优秀文化人才尤其是大师级人才严重短缺。21 世纪以来大量引进文艺人才使得这一现象有所改观。近年开始实施的“深圳市文化菁英集聚工程”重点引进文化艺术专才，也体现出深圳对

---

① 俞小玲等：《新加坡公共文化建设的启示》，《上海文化》2014 年第 4 期。

文艺人才的重视。

2. 培养人才是长远之计

文化发展必须与教育的发展紧密结合。只有高度重视文化人才的培育，才能使城市文化始终保持世界领先的地位。遗憾的是，深圳在人才教育和培养人才方面存在严重短板，原因之一就是缺少世界或者国内一流的高等院校。深圳唯一的综合性大学——深圳大学，既不是"211"也不是"985"，在拥有高校数量上与北京、上海、广州相距甚远。艺术方面，唯一的全日制公办的学校——深圳艺术学校，只是一所艺术中等专业学校，在培养艺术家、文艺人才上独木难支。"十年树木，百年树人"，人才培养不是五年、十年的事，但愿深圳能在高校建设方面更上层楼。

3. 文化与教育结合，文化素养的培养应从青少年开始

重视和加强中小学文艺素质教育，对培养未来文艺人才有重要意义。遗憾的是，目前中国的中小学教育仍然侧重应试教育。深圳也不例外。未来，深圳能否在中小学文化艺术教育方面取得与应试教育的平衡，破冰先行，也是文化强市建设不容忽视的一个环节。

（四）专注于建设世界级文化艺术活动，从深圳走向世界

世界各大中心城市都有自己一流的国际文化艺术活动。举办大型的高水平的文化艺术活动，在经济上可以促使外来游客增加，带动消费，在文化上可以推广本土文化，增强外界的认识和认同，提升城市的知名度和文化软实力。

例如，中国（深圳）国际文化产业博览会是中国唯一的国家级、国际性和综合性文化产业博览会，被称为"中国文化产业第一展"；文博会自2004 年创办以来已成功举办十四届，品牌影响力越来越大，对推动文化大发展大繁荣的作用更加凸显，已经成为展示文化改革发展成果、促进中外文化交流合作的亮丽名片。

另一个例子是中国深圳国际钢琴协奏曲比赛，这是继中国国际钢琴比赛和上海国际青年钢琴比赛之后在中国举办的第三个国际钢琴比赛，也是深圳

建市以来所举办的最高规格的国际专业艺术赛事。比赛至今已经成功举办四届，迅速形成了国际影响力。

但总的来说，深圳重量级的国际一流的文艺活动数量与纽约、伦敦、东京等城市相比还有较大差距。纽约市作为一个具有世界气魄和风范的大都市，每年都举行一些外国的大型文化节庆，例如波黑电影节、韩国电影节、波兰电影节、巴西日、瑞典日等，充分展示了其国际大都市的广阔胸怀。深圳在这方面仍需努力。

（五）加强粤港澳文化交流与合作，发挥深圳的独特作用

1. 探索粤港澳大湾区的文化交流与合作模式，为大湾区的整体规划和发展提供文化支持，是三地文化发展的重要课题

粤港澳大湾区是全球四大湾区之一，作为“一带一路”的重要支点，其文化交流融会必然越来越快，越来越受到世界关注。粤港澳大湾区的发展将为深圳实现更高水平的可持续发展提供广阔的空间。深圳必须抓住这个机会，全面落实《深化粤港澳合作　促进大湾区建设框架协议》，深化与香港、澳门等城市在科技、金融、经贸、教育、文化等领域的合作。深圳在粤港澳大湾区中具有独特的优势，除了在经济方面发挥主力军作用外，深圳在推动中外文化合作、促进文化领域深化开放上应扮演先锋角色。

2. 搭建粤港澳文化交流平台，促进深港文化融合

香港回归后文化界与内地的交流不断增加，合作也不断深入，主要得益于交流平台的不断扩展。其中一个重要平台是粤港澳文化合作论坛，该论坛建立了粤港澳文化合作框架，在演艺、文博、非物质文化遗产、人才交流和节目等六个领域展开合作。

鼓励和支持民间文化交流。粤港澳大湾区的城市文化属岭南文化，在区域地理、文化渊源、人文精神、风俗习惯上同气连枝、一脉相承，民间交往有着良好的基础和广阔的前景，这也是大湾区利用“两个体制”建立高质量发展模式的重要支撑。

未来粤港澳大湾区的文化交流不再是一味学习和引进西方文化，而是借世界华人交流平台向世界传播和输出岭南文化和中华传统文化，使其进入世界文化领先行列。深圳是广府文化、客家文化和潮汕文化以及各种外来文化的聚集地，深圳可以利用这些独特而丰富的文化资源，将自身打造成具有国际影响力的世界著名文化城市。

文化产业发展

Development of the Cultural Industries

B.6

深圳文化产业政策述评

熊德昌　罗刚*

摘　要： 本文在回顾深圳文化产业发展历程的基础上，全面梳理各个发展阶段文化产业政策变迁脉络，分析产业政策的得失，探索未来政策走向，以期为文化产业创新发展提供指引。

关键词： 深圳　文化产业政策　文化创意

产业政策是促进文化产业快速发展的重要外部条件。近十多年来，深圳在推动文化产业发展中高度重视产业政策的引导和推动作用，因势利导，及时制定和修订产业政策，努力为文化产业发展创造良好的外部环境。进入新时期，

* 熊德昌，深圳市文化广电旅游体育局文化产业发展处处长；罗刚，深圳市文化广电旅游体育局文化产业发展处副主任科员。

在修订文化产业政策过程中应全面总结以往政策实施经验与不足，在此基础上，根据产业发展需要进一步完善政策体系，更好地服务文化产业发展。

一 深圳文化产业发展概述

作为全国首批文化体制改革试点城市，深圳充分利用市场经济较为成熟和高新技术发达等优势，在全国较早提出把文化产业打造成支柱产业的目标，并成立专司文化产业发展的机构，负责统筹文化产业发展。

2003 年 1 月，深圳市委三届六次全会在全国率先提出“文化立市”战略和“文化经济”的理念。2004 年 3 月，市委市政府召开实施“文化立市”战略工作会议，提出要把发展文化产业摆到更加突出的位置，力争使其成为深圳市国民经济的支柱产业，成为新的经济增长点。2004 年 11 月，中国（深圳）国际文化产业博览交易会在深圳正式创办。2005 年 5 月，深圳市第五次党代会进一步明确提出，要把文化产业培植成为深圳的第四大支柱产业。同年 10 月，市委市政府召开全市文化产业工作会议，提出举全市之力推动文化产业发展。同年底，市委市政府联合印发《关于大力发展文化产业的决定》。正式组建领导小组常设办事机构——深圳市文化产业发展办公室，专门负责统筹全市文化产业发展工作。随后，各区也纷纷成立文化产业发展办公室。至此，深圳文化产业快速发展的制度框架基本形成，文化产业发展正式进入腾飞阶段。

经过多年探索，深圳充分利用自身发展优势，在文化产业发展中高度注重创意引领和科技支撑，重点发展创意设计、文化软件、动漫游戏等十大领域，产业综合实力不断增强，成为国内文化产业发展的先锋城市之一。截至 2018 年底，深圳共有文化创意企业 5 万余家，从业人员近 100 万人；有国家级产业平台 5 个，市级以上文化创意产业园区（基地）53 家，其中国家级文化产业园区、基地 12 家。文化产业增加值已从 2004 年的 163.4 亿元增长到 2017 年的 2243.95 亿元，年均增长 22.3%，远高于同期 GDP 增速，占全市 GDP 的比重也从 4% 左右增长到超过 10%。

二　深圳文化产业政策演进过程

在深圳文化产业快速发展的过程中，深圳政府积极推出系列文化产业发展政策，引导和推进产业健康发展。回顾产业政策的制定和实施历程，可大致分为探索起步期、加快发展期、提升完善期三个阶段。这三个阶段的产业政策有其各自的特点和主攻方向，体现了较强的内在连续性和持续完善的特性。

（一）探索起步期（2003～2010年）

在2003年文化部印发《关于支持和促进文化产业发展的若干意见》以后，深圳明确了加快发展文化产业的目标，但当时文化产业政策还处于萌芽状态，专门针对文化产业的政策不多，也比较分散。以市第四次党代会（2005年5月）明确提出把文化产业培植成为第四大支柱产业为标志，深圳加快了建立文化产业政策体系的步伐。同年11月，深圳召开全市文化产业工作会议，颁布《关于大力促进文化产业发展的决定》（以下简称《决定》），对深圳文化产业的发展进行全面部署。其后推出系列针对性举措，营造产业发展的良好环境。这些政策措施，可概括为“六个一”。

一是编制“一个规划”。即编制《深圳市文化产业发展“十一五”规划（2006～2010）》，将文化产业规划纳入全市“十一五”发展总体规划，这也是深圳第一个文化产业五年规划。在此基础上，还制订了《深圳市文化产业发展战略规划（2006～2020）》，全面规划文化产业发展远期目标。二是制定一系列政策法规。出台《深圳市文化产业促进条例》，印发《关于大力促进文化产业发展的决定》，以及《关于加快文化产业发展若干经济政策》《关于建设文化产业基地的实施意见》《关于扶持动漫游戏产业发展的若干意见》《深圳市文化产业发展专项资金管理暂行办法》4个配套文件，初步形成了“1+4”政策体系。这四个政策从不同角度对《决定》中提出的各项举措加以细化和落实。其后，根据新的发展形势和需求，又出台了《关于促进创意设计业发展的若干意见》《关于促进和支持深圳文化产权交易所发展的若干意见》。三是成立一个机构。成立深圳市促进文化产业发展领导小组，组建市文化产业发展办公室作为市政府直属机构，统筹协调和服务全市文化产业发展。四是建设“一批基地”。集中认定了一批企业示范基地、孵化基地、教学和培训基地，加快形成产业发展集聚效应。五是打造一个平台。成功举办中国（深圳）国际文化产业博览交易会，推动中国文化产品“走出去”。六是设立一项资金。“十一五”期间，市财政从市产业发展资金中安排总额3亿元，设立文化产业发展专项资金，对文化产业发展进行资助。

总结这一时期的文化产业政策，有如下特点：

一是极具探索性和引领性。这一时期的政策的集中推出，是深圳人敢闯敢试、敢为天下先精神在文化产业政策领域的体现，为全国各地制定文化产业政策所借鉴。其中《深圳市文化产业促进条例》是全国首个文化产业法规。《关于扶持动漫游戏产业发展的若干意见》出台时国内尚无相关政策依据或参考。此外，《关于促进创意设计业发展的若干意见》《关于促进和支持深圳文化产权交易所发展的若干意见》也体现了创新精神，在具体领域具有引领示范意义。

二是政策层级较高。由于发展文化产业是这一时期市委市政府的重大决策，政策的制定和推出均受到市委市政府的重视，市人大常委会也加快推进地方立法，出台了《深圳市文化产业促进条例》，确立“深圳设计日”；其他政策也多以市委市政府名义印发，政策的层级较高。

三是推出时间较为集中。根据全市文化产业工作会议的部署，在会议结束不久，市委市政府即印发了《关于大力促进文化产业发展的决定》及4个配套文件，这5个文件集中在2005年底前印发，初步形成了综合性政策和具体政策相配套的政策体系。

四是政策规定较为原则化。由于当时国内文化产业发展还在初创时期，关于文化产业的理论和实践探索也处于摸索阶段，产业政策的方向和着力点还不是十分清晰，产业政策更多具有政策宣示和引导的意义。政策的体系性和完善性相对缺乏，有急用先立的特点，对一些行业发展急需的政策加快推出，有较强的实用主义特色。

因此，尽管这一时期的文化产业政策距离政策的科学性、规范性、系统性还存在差距，可操作性有所欠缺，但系列政策推进产业发展的理念和推出的一些措施有力促进了文化产业发展，调动了社会资本投入文化产业的积极性，培育了一批优秀文化企业，为产业发展提供了政策保障，为全市文化产业快速发展奠定了坚实的政策基础。

（二）加快发展期（2011～2015年）

这一时期，深圳文化产业经过前一阶段的探索和发展，也积聚了加快发展的动能。2011 年 10 月，深圳市政府印发《深圳文化创意产业振兴发展规划（2011～2015）》（以下简称《振兴规划》），在文化产业发展的基础上提出“文化创意产业”的概念，明确将文化创意产业打造为“重要的战略性新兴产业和国民经济支柱性产业”。《深圳文化创意产业振兴发展政策》作为《振兴规划》的配套政策同时发布，把《振兴规划》确立的产业发展重点及扶持方向通过政策形式具体化，明确了加大财政投入、发展内容产业、促进自主创新、培育产业主体等扶持重点。

总结这一阶段产业政策的突出亮点，就是形成了以《深圳文化创意产业振兴发展规划（2011～2015）》为龙头，以《深圳文化创意产业振兴发展政策》为主要支撑，以《深圳市文化创意产业百强企业认定和发布办法（试行）》《深圳市文化创意产业园区认定办法（试行）》《关于促进文化与科技融合的若干措施》《关于加快工业设计业发展若干措施》等为配套的较为完善的政策体系。

这一时期的政策既对此前行之有效的政策、举措进行了升级强化，又根据新形势、新情况进行了修订完善，使其更加丰富全面，更为具体和有针对性。每年集中 5 亿元专项资金扶持文化创意产业发展，相较

“十一五”时期总共安排3亿元文化产业发展专项资金有显著增加。政策修订方面如根据《深圳文化创意产业振兴发展政策》制定《深圳市文化创意产业园区认定办法（试行)》，废止2008年《深圳市文化产业园区和基地认定管理办法（试行)》，新办法不再提及产业基地，因基地多为单独一家较大型文化企业，不符合通过建设产业园区推动集聚发展的整体思路。

战略性新兴产业地位的确立和系列扶持政策的出台，赋予了深圳文化创意产业发展新的任务和使命，也为其发展注入了新动能。2010年，深圳文化产业增加值为637亿元，占全市GDP的6.7%；到2015年，深圳文化创意产业增加值达1757.14亿元，首次达到全市GDP的10%。增加值在七大战略性新兴产业中排名第二，仅次于新一代信息技术产业，文化产业作为全市支柱产业的地位得到进一步巩固。

（三）提升完善期（2016年至今）

2016年初，深圳市文化体制改革与发展领导小组印发《深圳文化创新发展2020（实施方案)》，明确提出“创新产业发展模式，构建以质量型内涵式发展为特征的现代文化产业体系”的主要任务，要求采取“培育新型文化业态、培育文化领军企业、实施‘大项目驱动’行动、优化产业空间布局”等举措，加快推进文化产业创新发展。

以《深圳文化创新发展2020（实施方案)》的出台为标志，“质量型内涵式”发展正式成为新时期深圳文化产业发展的核心目标和基本要求，市、区原有文化产业政策的修订完善，新政策的制定，具体工作开展如文化产业园区申报、认定、文博会招商招展等，均照此原则进行。目前已接近完成的重大文化产业政策制定和修订工作有：制定《关于加快文化产业创新发展的意见》，据此修订《深圳文化创意产业振兴发展政策》，并更名为《关于促进文化产业创新发展的若干措施》。

在这一时期，创意设计受到空前重视，市委市政府主要领导深入设计企业调研，要求加快提升设计产业发展质量，更好服务产业转型升级，有关部门着手制定《关于推动深圳创意设计高质量发展的若干意见》。建筑设计和时尚产业也成为产业政策的重要着力点，福田区制定了《支持建筑装饰设计行业发展若干政策》《支持建筑装饰设计行业发展若干措施》《支持时尚产业若干措施》，龙华区出台《关于大浪时尚小镇产业发展资金扶持的若干措施》，罗湖区也加快推进黄金珠宝、高端工艺向时尚产业转型升级。

三　深圳文化产业政策现状分析

（一）现行文化产业政策体系

经过十余年的探索和实践，深圳已经形成较为完善的文化产业政策体系。目前，既有市政府及相关部门出台的全市性文化产业政策，也有各区（新区）根据自身特点制定的适合本地文化产业发展的政策（见表1）。

表1　深圳市及各区现行重要文化产业政策汇总表

市/各区	政策名称
深圳市	1. 深圳市文化产业促进条例 2. 深圳文化创新发展2020（实施方案） 3. 深圳市战略性新兴产业“十三五”发展规划 4. 深圳市文化发展“十三五”规划 5. 深圳市文化创意产业振兴发展政策 6. 深圳市文化创意产业园区认定管理办法 7. 深圳市文化创意产业发展专项资金管理暂行办法 8. 深圳市文化创意产业百强企业认定和发布办法 9. 关于促进文化与科技融合的若干措施 10. 关于促进创意设计产业发展的若干意见 11. 深圳市文化创意产业发展专项资金事前资助项目验收操作办法
福田区	1. 福田区支持文化产业发展若干政策 2. 福田区支持建筑装饰设计行业发展若干政策 3. 福田区支持时尚产业若干措施 4. 福田区支持建筑装饰设计行业发展若干措施 5. 福田区文化创意产业园区（建筑装饰设计产业园区）认定与管理暂行办法

续表

市/各区	政策名称
罗湖区	罗湖区产业转型升级专项资金扶持现代服务业实施细则
盐田区	—
南山区	南山区自主创新产业发展专项资金文化产业发展分项资金实施细则
宝安区	1. 宝安区关于促进文化创意产业发展的实施办法 2. 宝安区文化创意产业园区管理办法
龙岗区	1. 深圳市龙岗区经济与科技发展专项资金支持文化创意产业发展实施细则 2. 龙岗区文化创意产业园区认定与管理办法 3. 龙岗区文化创客空间认定管理办法 4. 龙岗区重点文化企业认定和考核管理暂行办法 5. 龙岗区文化创意产业公共服务平台认定与管理暂行办法 6. 龙岗区经济与科技发展专项资金管理办法
龙华区	1. 龙华区文化创意产业发展专项资金管理实施细则 2. 龙华区关于大浪时尚小镇产业发展资金扶持的若干措施 3. 龙华新区文化创意产业园区(基地)认定与管理暂行办法
坪山区	1. 坪山区加快文化创意产业发展的若干措施 2. 坪山文化创意产业发展专项资金管理办法
光明区	光明新区经济发展专项资金文化创意产业发展资助实施细则
大鹏新区	大鹏新区关于支持文体产业发展的若干措施(暂行)

注：盐田区文化产业相关政策正在制定中，尚未出台。

目前，除盐田区文化产业政策尚在制定中之外，其他各区（新区）均制定了文化产业政策。各区产业政策基本包含招商引资奖励、重大活动资助、园区奖励、公共平台资助、房租补贴、演艺影视作品奖励、配套资助等，对企业的资助因产业发展重点及财政投入不同而各有不同。此外，区级政策比较突出的特点就是灵活性较强，能及时根据产业发展需要进行修订，弥补了市级产业政策修订周期长、不适应产业快速发展变化的不足。

（二）文化产业政策发挥的作用

自 2005 年开始重点发展文化产业至今，短短十几年间，在文化产业政策的引领推动下，深圳文化产业迅速崛起，取得巨大成绩，赢得广泛认可。

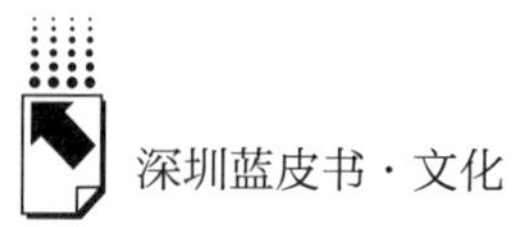

在产业快速发展过程中，深圳文化产业政策至少发挥了以下作用：

一是加快了资本集聚。在文化产业政策的引导和打造文化金融支持平台、鼓励信贷服务创新等具体举措的推动下，大量社会资本向文化产业集聚，带动了文化产业投资热潮，近年来注册或迁入深圳的文化企业明显增多。

二是促进了产业快速发展。产业政策实施后，深圳文化产业增速明显加快，远高于同期 GDP 增速。2017 年，深圳规模以上文化企业 2337 家、从业人员 51.94 万人、资产总计 1.44 万亿元、主营业务收入 7296.36 亿元，在15 个副省级城市中均排名第一，贡献了全省文化产业一半以上的利润总额（55.57%）。[①]

三是打造了一批公共平台。先后打造了中国（深圳）国际文化产业博览交易会、深圳文化产权交易所、中国文化产业投资基金、国家对外文化贸易基地等一批国家级平台，有力促进了深圳乃至全国文化产业的发展。

四是推动了重点产业门类发展。深圳文化产业政策重点支持的各大门类实现了优质高速发展。目前，深圳创意设计业优势明显，工业设计、室内设计占全国较大市场份额。文化软件服务、互联网信息服务、数字音乐、网络游戏发展势头良好。深圳还是中国最大的高端印刷及黄金珠宝生产基地，其中黄金珠宝占据了全国 60% 以上的市场份额。

五是建成了一批产业园区。截至 2018 年，深圳共认定三批次 48 家市级以上（包括市级）文化产业园区，其中国家级园区 1 家，省级园区 4 家，市级园区 39 家，另外 4 家经认定的市级园区因旧改拆迁等原因停止运营。2017 年底，市级以上文化产业园区合计营收 1523 亿元，入驻文化类企业6446 家，实现税收 197 亿元，其中税收超过 10 亿元的有 4 家，有效推动了产业集聚。

六是培育了一批骨干企业。截至 2018 年底，深圳上市文化创意类企业达到 161 家，产业政策重点支持的各大门类均有上市企业代表。游戏类企业如腾讯控股、创梦天地，高端印刷类企业如裕同包装科技股份有限公司，高

① 见《中国文化及相关产业统计年鉴 2018》，中国统计出版社，2018。

端工艺美术类企业如周大生珠宝股份有限公司，影视动漫类企业如欢乐动漫股份有限公司等。

（三）主要特点及存在不足

深入分析深圳现行文化产业政策，至少有以下五个特点：

一是紧紧围绕产业发展现实需求。深圳作为年轻的移民城市，缺乏文化积淀，文化内容生产先天不足，为加快推进建立现代文化产业体系，尤其需要产业政策的引导和推动，通过政策实施满足产业发展的现实需求。深圳各时期的产业政策都很注重补齐产业发展的短板，如把发展内容产业摆在优先发展的位置，注重原创研发，注重产业平台建设等。

二是注重扬长避短，突出发挥深圳自身的优势。如深圳早在 2004 年就在国内率先提出了创建“设计之都”的目标。随后又制定《关于促进创意设计业发展的若干意见》《关于加快工业设计业发展若干措施》，确定每年的 12 月为“创意十二月”，开展系列创意设计主题活动。设计领域相关政策的推出和实施，进一步巩固了深圳作为亚洲设计的重镇和中国现代设计的核心城市的地位。又如，深圳利用创意资源和科技比较发达的优势，较早确立了创意引领和科技支撑的产业发展方向，推进了“文化 + 科技”“文化 + 创意”等新兴业态的发展。再比如，深圳明确把高端印刷、高端工艺美术、新媒体和文化信息服务作为重点发展领域，也是利用深圳作为国内三大印刷基地之一、黄金珠宝生产设计重地和互联网产业发达等优势。

三是注重发展民营文化企业。深圳是以民营经济为主体的城市，这一点在文化产业领域体现尤为突出。深圳现有 5 万余家文化企业，绝大部分是民营企业，企业营收、利润、税收也基本由民营文化企业创造。深圳在制定产业政策中较早体现了国有和民营一视同仁，实行无差别待遇。对中小微民营文化企业，产业政策通过贷款贴息、房租补贴等方式予以扶持，营造了有利于民营文化企业发展的政策环境。

四是市区产业政策形成有机合力。从现有文化产业政策体系来看，市级产业政策是文化产业政策体系的龙头，涉及面广，政策导向性强，是区级政策的制定依据和重要参考。区级政策是市级政策的细化和具体化，操作性更强，根据区域产业发展实际，对若干重点领域做出具体规定，突出区域发展特性。

五是始终注重发挥市场机制的作用。深圳在发展文化产业过程中始终注重市场机制的作用，尊重市场规律。在产业政策的制定和实施中，均顺应市场发展方向，顺势而为，因势利导，尽量避免对企业微观经营的干预。

现行政策实施中也存在一些问题：一是政策协同性和系统性需进一步加强。深圳市级层面与文化产业相关的政策多达十余项，这些政策的制定和实施分别划归不同部门，政策之间缺乏协同性和系统性，未能形成有效合力。二是政策支持重点与行业需求的匹配度有待提高，对公共服务平台建设、文化企业融资、知识产权保护等支持不多。三是对产业集聚发展空间培育支持有待加强，对园区功能提升、公共配套服务等方面的支持还存在薄弱环节。四是资助方式有待优化，资助效果急需进一步提升。原有事前资助项目存在事后监管难、易引发廉政风险等问题。五是区级产业政策制定不平衡，个别区的产业政策相对薄弱。

四　完善深圳文化产业政策的思路

文化产业政策作为政府推动文化产业发展所制定的规则和措施，是政府间接管理文化产业，促进其健康发展的重要手段。

（一）文化产业政策存在的必要性

一是文化产品的特殊属性需要产业政策的引导。作为主要向社会公众提供精神文化产品的产业，文化产品的生产不同于一般物质产品生产，除追求经济效益以外，还要重视社会效益，为更好突出社会效益，必须通过产业政策予以规制和引导。

二是提高产业竞争力需要产业政策支持。文化产业涉及国家文化安全，当前与西方国家相比，我国文化产业发展相对落后，为进一步提升产业的核心竞争力，提高中华文化的国际影响，必须加大产业发展的政策支持。

三是优化产业结构需要产业政策引导。深圳文化产业发展存在文化产业核心层比重偏低、制造业比例偏高、产业结构不尽合理等问题，但核心层培育需要长期积淀，需要产业政策的有力支持。

四是推动产业转型升级需要产业政策扶持。与其他产业相比，深圳文化产业整体实力还不强，文化企业大多达不到总部企业、新型产业用房、参加会展补贴等各类企业通用政策的要求，迫切需要通过专门政策予以扶持。

五是完善文化产业政策是落实党和国家战略部署的基本要求。党的十九大报告明确提出“健全现代文化产业体系和市场体系，创新生产经营机制，完善文化经济政策，培育新型文化业态”。

（二）完善深圳文化产业政策的思路

一是统筹制定新时期产业发展规划和政策。尽快出台《关于加快文化产业创新发展的意见》，发布《关于推进文化产业创新发展的若干措施》，加强产业发展顶层设计，形成深圳市新时期文化产业的总体规划。

二是坚持需求导向。在知识产权保护、人才引进和培训、公共平台搭建等方面进一步加大支持力度。支持建设一批开放共享的专业化服务平台，安排专项资金用于文化产业人才培训、培养等，满足企业需求。加大对具有公共性、基础性、普惠型产业功能项目的资助。

三是强化战略引领。进一步完善创新驱动、“互联网+”、“一带一路”、粤港澳大湾区建设、“双创”、文化遗产开发利用、文创产品开发、促进文化消费等最新产业发展政策内容，使政策更加符合当今形势发展需要，更具引领性。

四是夯实产业发展基础。为更好发挥文化创意产业园区的集聚作用和示范效应，要强化推动集聚发展相关内容，加强对园区建设、园区品质提升、促进产城融合等方面的支持，加大对新认定的国家级和省级园区的奖励。

五是推动产业开放和区域协同。加快推动市产业合作向“一带一路”沿线国家和地区拓展，鼓励增加和扩大在“一带一路”沿线国家和地区的文化贸易活动及投资。加强粤港澳大湾区交流合作，集聚大湾区优势资源。鼓励企业开展对外文化贸易，鼓励文化企业参加国际性文化节展，整合国际文化产业资源。

B.7

深圳文化产业园区发展研究报告

何 勇*

摘 要： 文化产业园区是文化产业集聚发展的载体，是打造完善的产业链、促进中小微文化企业快速发展的重要抓手。本文以深圳市级以上文化产业园区为研究对象，在全面梳理深圳文化产业园区发展现状的基础上，总结园区发展的特点、经验与存在问题，提出进一步发展的路径建议。

关键词： 深圳 文化产业园区 集聚发展

文化产业园区是指由统一的机构进行建设运营管理，以文化产业为主导，集聚多家文化产业法人单位并形成一定产业规模，能够提供相应的基础设施保障和产业公共服务，并对周边地区经济社会发展起到促进作用的特定空间区域。近年来，深圳在推动文化产业发展中，大力推进行业集聚、空间集中的发展策略，建设了一批具有一定规模和影响力的文化产业园区，对深圳文化产业发展起到了很好的示范作用和带动作用，成为深圳文化产业发展的重要主体和增长极。

一 深圳文化产业园区发展现状

（一）园区数量和级别

截至 2018 年底，深圳共认定三批次 48 家市级以上（包括市级）文化

* 何勇，深圳市文化广电旅游体育局文化产业发展处主任科员。

产业园区，其中 2013 年认定 34 家，2015 年认定 8 家，2016 年认定 6 家。近年来，有 4 家经认定的市级园区因旧改拆迁等原因停止运营。目前，深圳全市范围内经认定并正常运营的市级以上文化产业园区共有 44 家，其中国家级园区 1 家，省级园区 4 家，市级园区 39 家（见表 1）。

表 1　深圳市市级以上文化产业园区一览

序号	园区名称	级别	运营单位	园区建筑面积(平方米)	区属
1	华侨城创意文化园	国家级	深圳市华侨城创意园文化发展有限公司	200000	南山
2	深圳国家动漫画产业基地	省级	深圳广播电影电视文化产业有限公司	75500	罗湖
3	田面设计之都	省级	深圳市灵狮文化产业集团有限公司	50000	福田
4	深圳文化创意园	省级	深圳市世纪文化创意有限公司	200000	福田
5	中国丝绸文化产业园	省级	深圳市中丝园文化产业有限公司	42000	龙岗
6	深圳动漫园	市级	润杨集团(深圳)有限公司	50000	南山
7	南山互联网创新创意服务基地	市级	深圳市瑞丰创新产业园投资管理有限公司	21627	南山
8	深圳设计产业园	市级	深圳市五行创新文化传播有限公司	25800	南山
9	蛇口网谷	市级	深圳市招商创业有限公司	420000	南山
10	南海意库	市级	深圳市招商创业有限公司	110000	南山
11	深圳(南山)互联网产业基地	市级	深圳市万进隆实业发展有限公司	40000	南山
12	F518 创意园	市级	深圳市创意投资集团有限公司	140000	宝安
13	深圳西部国际珠宝城(宝立方)文化创意园	市级	深圳西部国际珠宝城有限公司	100000	宝安
14	雁盟酒店文化产业园	市级	深圳市惠宝隆酒店设备用品有限公司	48000	宝安
15	大芬油画村	市级	深圳市龙岗区大芬油画村管理办公室	444660	龙岗

续表

序号	园区名称	级别	运营单位	园区建筑面积(平方米)	区属
16	三联水晶玉石文化村	市级	深圳市龙岗区三联水晶玉石文化协会	150000	龙岗
17	宝福李朗珠宝文化创意产业园	市级	深圳市宝福珠宝首饰有限公司	124900	龙岗
18	力嘉创意文化产业园	市级	深圳市力嘉创意文化产业发展有限公司	12000	龙岗
19	182 创意设计产业园	市级	宝钻园创意设计(深圳)有限公司	150000	龙岗
20	深圳市文博宫	市级	深圳市文博宫投资有限公司	133000	龙岗
21	山水田园国画基地	市级	深圳市山水田园实业有限公司观澜山水田园旅游文化园	100000	龙华
22	中国·观澜版画原创产业基地	市级	深圳市龙华区中国·观澜版画原创产业基地	23200	龙华
23	127 陈设艺术产业园	市级	深圳市一二七文化传播有限公司	30000	龙华
24	深圳广播电影电视集团文化创意产业园	市级	深圳广播电影电视文化产业有限公司	100000	龙华
25	深圳古玩城	市级	深圳市古玩城文物监管物品有限公司	80000	罗湖
26	笋岗工艺城	市级	深圳市笋岗工艺城有限公司	55000	罗湖
27	水贝国际珠宝交易中心	市级	深圳市水贝珠宝有限公司	11500	罗湖
28	深圳市楼尚文化创意产业园	市级	深圳市楼尚家居饰品市场管理有限公司	15000	罗湖
29	满京华艺展中心	市级	深圳市满京华艺展中心专业市场有限公司	156000	罗湖
30	坪山雕塑艺术创意园	市级	深圳市宝隆森文化发展有限公司	20000	坪山
31	中国(深圳)新媒体广告产业园	市级	深圳新媒体广告产业园发展有限公司	56900	福田
32	吉虹创意设计产业园	市级	深圳吉虹电子科技有限公司	32000	福田
33	世外桃源创意园	市级	深圳市瑞丰文化发展有	20000	南山
34	T6 艺术区	市级	深圳市瑞丰文化发展有限公司	16700	南山

续表

序号	园区名称	级别	运营单位	园区建筑面积(平方米)	区属
35	深圳大学城创意园	市级	深圳大学城创意园投资管理有限公司	18000	南山
36	百旺创意工厂	市级	深圳市百旺文化科技投资有限公司	62000	南山
37	深圳市文化潮汕博览园	市级	深圳市德顺宝创意陶瓷有限公司	21063	宝安
38	坂田创意文化产业园	市级	深圳韦玥创意投资有限公司	38000	龙岗
39	李朗国际珠宝产业园	市级	深圳市中盈贵金属股份有限公司	530000	龙岗
40	2013 文化创客园	市级	深圳市新城二零一三投资有限公司	65000	龙岗
41	特区 1980 创意产业园	市级	深圳市壹玖捌零文化产业服务有限公司	167000	龙华
42	深圳市万众城	市级	深圳市万众城商业股份有限公司	140000	龙华
43	雪仙丽文化创意产业园	市级	深圳市雪仙丽集团有限公司	62303	光明
44	盐田国际创意港	市级	深圳市田心创意港文化产业投资有限公司	35000	盐田

（二）园区产值情况

据统计，44 家市级以上文化产业园区，2017 年度合计营收 1523 亿元，平均每家园区营收 34.61 亿元。2017 年营收超过 100 亿元的园区有 4 家，占比 9.09%；50 亿 ~100 亿元的有 2 家，占比 4.55%；20 亿 ~50 亿元的有 9 家，占比 20.45%；10 亿 ~20 亿元的有 6 家，占比 13.64%；5 亿 ~10 亿元的有 8 家，占比 18.18%；2 亿 ~5 亿元的有 10 家，占比 22.73%；2 亿元以下的有 5 家，占比 11.36%（见表 2）。

44 家市级以上文化产业园区入驻企业 2017 年度合计纳税约 197 亿元，其中纳税超过 10 亿元的园区有 4 家，1 亿 ~10 亿元的有 10 家，0.5 亿 ~1 亿元的有 4 家，2000 万 ~5000 万元的 12 家，2000 万元以下的 14 家。

表2　园区营业收入分布

2017 年园区营业收入	园区数量(家)	占比(%)
100 亿元以上	4	9.09
50 亿～100 亿元	2	4.55
20 亿～50 亿元	9	20.45
10 亿～20 亿元	6	13.64
5 亿～10 亿元	8	18.18
2 亿～5 亿元	10	22.73
2 亿元以下	5	11.36

（三）园区区域分布

44 家市级以上文化产业园区分布在全市 9 个行政区内，其中南山区 11 家，占 25.00%；龙岗区 10 家，占 22.73%；罗湖区 6 家，占 13.64%；龙华区 6 家，占 13.64%；福田区 4 家，占 9.09%；宝安区 4 家，占 9.09%，盐田区 1 家，占 2.27%；光明区 1 家，占 2.27%；坪山区 1 家，占 2.27%（见图 1）。

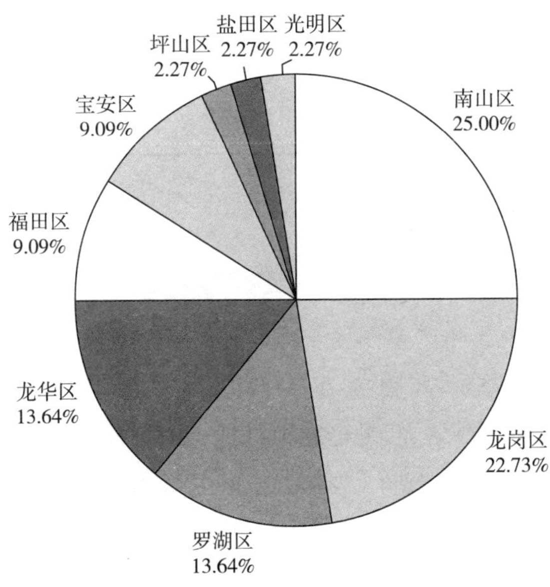

图 1　深圳市级以上文化产业园区区域分布

大鹏新区目前暂无市级以上文化产业园区。从以上统计来看，市级以上园区分布与区域文化产业发展水平基本一致。

（四）园区入驻企业情况

44家市级以上文化产业园区合计入驻企业8493家，其中文化类企业6446家，占比75.90%。平均每家园区入驻企业193家、入驻文化企业147家。其中，入驻企业数超过500家的有4个园区，占比9.09%；200~500家的有6个园区，占比13.64%；100~200家的有11个园区，占比25%；50~100家的11个园区，占比25%；50家以下的有12个园区，占比27.27%（见表3）。

表3　园区入驻企业数量分布

园区入驻企业数	园区数量(家)	占比(%)
500家以上	4	9.09
200~500家	6	13.64
100~200家	11	25.00
50~100家	11	25.00
30~50家	7	15.91
30家以下	5	11.36

（五）园区就业人数情况

44家市级以上文化产业园区合计就业人数超过14万人，平均每家园区就业人数3228人。其中就业人数超过10000人的有3家，占比6.82%；5000~10000人的有6家，占比13.64%；2000~5000人的有18家，占比40.91%；1000~2000人的有4家，占比9.09%；500~1000人的有8家，占比18.18%；500人以下的有5家，占比11.36%。可以看出，深圳市级以上文化产业园区吸纳就业人数主要介于500~5000人之间（见表4）。

表 4　园区就业人数分布

园区就业人数	园区数量(家)	占比(%)
10000 人以上	3	6.82
5000～10000 人	5	11.36
2000～5000 人	18	40.91
1000～2000 人	4	9.09
500～1000 人	8	18.18
500 人以下	5	11.36

（六）园区投资主体及物业产权等情况

从园区建设主体看，44 家文化产业园区的社会资本投入占大多数。其中，36 家为社会资本投资建设，占比 81.82%；另有 8 家为国有资金投入建设，占比 18.18%。其中国企投资建设 5 家。从物业产权情况看，租赁物业作为园区的居多。其中，自有物业的有 17 家，占比 38.64%；租赁物业的 27 家，占比 61.36%。从建筑性质看，以“三旧”改造类的园区占多数，共 28 家，占比 63.64%；新建类或主体是新建的有 16 家，占比 36.36%（见表 5）。

表 5　园区投入主体及物业产权等情况

单位：家，%

园区事项	类别	园区数量	占比
投入主体	社会资本	36	81.82
	国有资本	8	18.18
物业权属	自有物业	17	38.64
	租赁物业	27	61.36
建筑物性质	“三旧”改造类	28	63.64
	新建类	16	36.36

（七）园区建筑规模情况

44 家文化产业园区建筑面积合计 439 万平方米，平均每家园区建筑面积 9.98 万平方米。其中，建筑面积 20 万平方米以上的园区有 5 家，占比

11.36%；10万~20万平方米的有12家，占比27.27%；5万~10万平方米的有9家，占比20.45%；2万~5万平方米以下的有13家，占比29.55%；2万平方米以下的有5家，占比11.36%。可以看出，44家文化产业园区建筑面积主要集中在2万~20万平方米之间（见表6）。

表6　园区建筑规模分布情况

园区建筑面积(平方米)	园区数量(家)	占比(%)
20万以上	5	11.36
10万~20万	12	27.27
5万~10万	9	20.45
2万~5万	13	29.55
2万以下	5	11.36

（八）园区运营管理团队情况

44家园区管理机构从业人员合计1443人，平均每家园区32人，其中具有硕士以上学历或副高以上职称的有190人，占比13.17%，高层次人才占比总体偏低（见图2）。

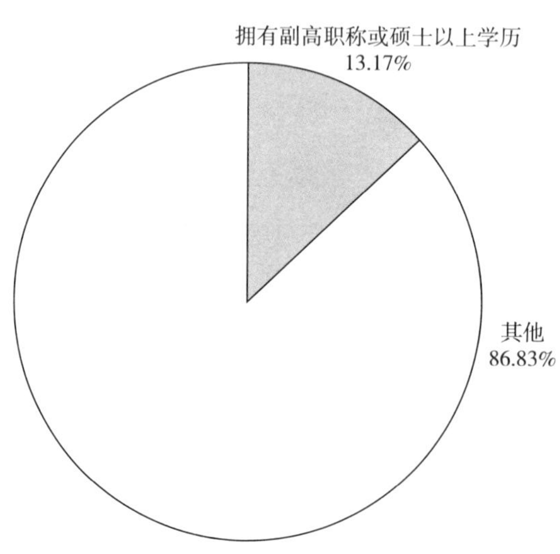

图2　园区运营管理团队拥有学历和职称情况

（九）园区业态特点

44 家文化产业园区业态门类多样，包括创意设计、珠宝首饰、工艺美术、影视传媒、动漫游戏、出版印刷、文化旅游、新媒体及文化信息传播、文化软件等，基本涵盖了深圳重点发展的十大产业门类，且各区园区分布各有特点。福田区突出创意设计、影视传媒；南山区园区突出业态主要为文化科技、创意设计、动漫游戏；龙岗区园区突出业态主要为文化制造、文化艺术类主题；罗湖区突出珠宝、工艺美术业态；龙华区突出文化旅游、文化科技业态；宝安区突出业态是创意设计、文化制造。坪山区、盐田区、光明区在文化创意产业发展及产业集聚方面仍处于起步或培育阶段，暂未形成具有突出特点的业态特色。

二　深圳文化产业园区发展经验总结

（一）坚持市场化的发展模式

深圳文化产业园区发展始终坚持市场化导向，充分尊重和发挥市场在产业资源配置上的决定性作用，在园区业态定位、投资建设、运营管理等方面均坚持市场化模式，严格按市场规律进行。一是从业态定位看，深圳目前文化产业园区中创意设计、黄金珠宝、工艺美术、动漫游戏等类别占比较大，这与深圳在这几大产业领域发展较为成熟、具有较强的竞争优势密切相关，而这也正体现了深圳文化产业园区业态定位主要是根据市场发展需求而自发形成的产业集聚。二是从投资建设主体看，44 家园区中只有华侨城创意园等 8 家园区为纯国资或国资部分参与投资建设，其余 36 家（占比超过 80%）园区投资建设或运营主体为纯民营资本。三是从运营管理体制机制看，绝大部分的园区在运营团队组建、企业进驻、园区管理、资源对接和增值服务等与园区相关的运营管理体制机制上均是按照市场机制运作。坚持市场化的发展模式，保证了园区在产业定位方面贴近市场需求、能经受市场检验，顺应市场的发展变化。

（二）坚持政府扶持与规范引导并举

深圳文化产业园区的发展离不开政府的大力扶持和规范引导。深圳较早提出把文化产业打造成支柱产业的目标，并出台了国内第一个文化产业促进条例，随后又发布了10余个文化产业政策或规划，涉及金融支持、税收优惠、产业空间等多个方面。2011年，深圳明确把文化创意产业作为战略性新兴产业，出台了文化创意产业振兴规划、振兴发展政策等系列政策。系列政策的实施及专项资金的扶持有力推动了全市文化产业园区的快速发展。

在支持园区发展的同时，深圳也注重对园区的引导和规范管理。比如在引导园区建设方面，早在2008年就出台了《深圳市鼓励三旧改造建设文化产业园区（基地）若干措施（试行）》政策，支持和引导各区和企业通过收购、升级改造旧城区、旧村、旧工业区等方式建设文化产业园区，在项目立项、土地使用、财税政策、金融支持等方面予以保障和支持。

在规范管理方面，2013年深圳市文体旅游局专门出台了《深圳市文化创意产业园区认定办法》，并于2016年对该办法做进一步修订，修订为《深圳市文化创意产业园区认定管理办法》，逐步建立了全市文化产业园区分级认定管理制度，规范园区认定和管理，推进园区健康发展。根据这一办法规定，2013年以来，深圳已组织认定公布三批次市级以上文化产业园区。2018年下半年，深圳又启动了新一批次市级以上文化产业园区认定工作，预计在2019年上半年公布新一批次市级以上文化产业园区。

（三）坚持创新发展思路

深圳文化产业园区在发展中坚持创新发展思路，园区发展模式、运营管理方式不断创新，加快迭代发展，园区逐渐从要素驱动向创新驱动转变，从单纯提供硬件设施向产业链构建，提供金融、产业、人才对接等软性服务转变，从拼租金价格的低水平竞争向拼产业生态的高水平竞争合作转变，实现从“集聚”到“聚合”再到“聚变”，园区的集聚效应和孵化功能日趋明显。比如F518创意园通过构建完善的中小微企业成长服务体系，全方位对接产业资源，通过培育孵化园区入驻企业，获得投资收益，成功实现了由主要依靠租金收益的传统园区运营模式，转型发展为以投资和服务增值的新型园区运营模式；大学城创意园探索针对初创文化企业的全链条式的“双创”孵化模式。

（四）坚持开放合作的发展路径

深圳在文化产业园区发展中坚持开放合作的发展路径，注重加强与国内国际各方的合作，多角度、宽领域对接资本、专业人才、文化资源以及市场开拓等产业发展相关要素资源。在对接国内产业资源的同时，深圳各园区还进一步扩大对外合作，积极学习借鉴国际先进经验，对接海外优质产业资源。

三　深圳文化产业园区发展存在的问题

近年来，随着文化产业的快速发展，深圳文化产业园区建设热情高涨，不同类型、不同投资主体、不同规模的园区大量涌现，形成了一批产业集聚效应强、特色鲜明的文化产业园区。同时，也应该看到，深圳文化产业园区在发展中也存在一些不容忽视的问题。

（一）发展空间不足

一方面，深圳目前60%以上文化产业园区由“三旧”改造发展而来，空间布局不尽合理，空间利用率不高，总体承载能力有限。由于旧改类园区土地、建筑性质难以变更，无法通过拆除重建或横向扩张的方式进一步扩大园区物理空间，园区场地空间已不能满足入驻企业随着规模扩大逐渐增长的场地需求，也无法为其他有意向进驻的优质企业提供办公空间。另一方面，受深圳总体土地资源紧缺因素影响，新建文化产业园区存在用地难、落地难的问题，寻找一定规模的园区用地用房十分困难，特别是在福田、罗湖、南山等中心区域，这一问题表现得更为突出，一定程度上制约了深圳文化产业园区的进一步发展壮大。

（二）园区硬件设施条件有待进一步提升

一方面，深圳很大一部分园区为租赁物业改造，租赁期满后是否能续租存在一定的不确定性，建设运营单位对园区建设投入存在一定的风险有顾虑，导致部分园区在硬件设施设备方面持续投入不足，办公设施设备陈旧，公共配套服务不足，园区总体环境欠佳；另一方面，部分园区周边原有交通、生活、居住、文化场馆等相关配套设施发展相对滞后于园区的发展需要，造成园区与周边环境发展不协调。

（三）园区布局不尽合理

主要表现在：一是园区产业业态主要集中在创意设计、黄金珠宝、工艺美术品、动漫游戏、文化软件等领域，新兴业态园区偏少，园区业态存在一定的同质化现象；二是产业园区区域布局不均衡，南山、龙岗两区园区数量占比达47.73%，盐田、光明、坪山3个区园区数量只占6.81%，而大鹏新区目前还没有1家市级以上文化产业园区。

（四）园区运营管理水平有待进一步提升

部分园区运营管理理念落后，未能随着时代发展逐步迭代更新园区运营模式，满足于传统“二房东”式的单一营收模式，服务平台不完善，服务园区企业能力较弱，园区主题定位不够清晰，文化内涵不高，缺乏特色，园区内聚集企业关联度偏低，产业集聚和构建产业链生态效果不明显，在国内国际具有一定影响力的品牌园区还较为缺乏。

（五）专业人才不足

一方面深圳文化产业园区运营管理人才储备不足，高素质管理人才总体较为欠缺，满足不了现有文化产业园区运营管理需要；另一方面，深圳文化产业领域的高校、专业科研机构和研究人员还相对欠缺，对园区发展的智力支持不足，园区管理人才培训偏少。

（六）园区支持政策还需进一步完善

一方面，深圳各区对于文化产业园区的扶持政策差异较大，扶持方向和资助标准不一，有些区对园区发展重视不够，扶持政策缺乏；另一方面，从支持方向看，市级文化产业发展专项资金主要侧重于对入驻园区的中小微文化企业的房租补助，对于园区运营管理方没有相应的支持政策，不利于引导和支持园区运营管理方在园区管理和服务方面的提升。

四　深圳文化产业园区进一步发展路径建议

文化产业园区是做大做强文化产业，推动文化领域创新创业的综合载体。当前，深圳文化产业园区取得了较大的发展成就，同时也存在一些不容忽视的问题。为更好发挥文化产业园区在推动文化产业做强做大方面的积极效应，本文结合深圳文化产业和文化产业园区发展实际，针对存在的问题，就深圳文化产业园区进一步发展提出以下几点建议。

（一）加强全市园区发展的统筹规划和引导

结合制订文化产业发展规划，从全市范围内通盘规划园区建设，优化园区布局，避免因盲目跟风、模仿而造成的资源浪费和同质化竞争。推动园区建设与相关产业发展、周边居民生活相融合，引导扩大发展数字经济类、影视动漫等新兴业态园区，促进园区开发旅游功能，推动园区资源与社区共建共享，提高园区综合效益。加强对各区园区建设的指导，推动盐田、光明、坪山、大鹏等区域加大园区发展建设力度，逐渐改善园区区域布局不合理状况。

（二）大力拓展园区发展空间

一是推动加快现有园区升级改造和扩展，不断优化空间布局，提升场地空间利用率；二是鼓励引导结合旧村、旧工业区、旧城区更新改造，建设新的文化产业园区；三是强化文化产业园区的辐射性和带动性，打造文化产业功能区。推进文化设施带建设，支持创建一批特色文化街区和文化小镇，形成具有区域特色的文化产业群落及产业布局，推动产城一体化发展；四是引导新建商业综合体等项目，围绕一定的文化业态，营造文化氛围，集聚业态上下游相关文化企业和资源要素，构建公共服务平台，发展现代新型文化产业园区。

（三）推动改善园区内硬件环境及周边配套设施

引导和推动现有各园区进一步加大投入，不断改善园区内办公场所、公共服务区域、办公设施设备、园区物业设施设备等，打造文化氛围浓厚、办公舒适便利的园区。结合城市更新改造，逐步推动完善园区周边交通、生活、文化消费、居住等配套设施进一步完善，为园区的发展提供良好的外部环境支撑。

（四）大力提升园区运营管理水平

鼓励和引导园区建设运营主体充分学习借鉴国内外先进经验，紧跟文化产业发展新态势和文化产业园区未来发展趋势，进一步明确园区发展定位和目标方向，突出特色，整合产业链条上下游资源，加大园区公共服务平台建设，提升对园区企业的服务能力，搭建园区企业间交流、互动、合作平台机制，不断总结创新运营管理模式，推动园区从要素驱动到创新驱动转变，逐步提升园区的聚集效应和孵化功能，实现园区高水平、特色化、差异化发展，努力打造一批特色鲜明，文化内涵高，在国内有一定影响力的代表性园区。

（五）加强人才队伍建设

完善文化产业人才政策，将文化产业人才纳入深圳市人才政策体系，享受相关优惠政策。加快推进文化特色学院建设，支持市高等院校、职业院校与文化企业联合建设文化产业人才培养基地和职业技能公共实训基地。市文化产业发展专项资金安排文化产业人才培养专项经费，加大包括文化产业园区运营管理在内的各类文化产业专业人才教育培训，加强专业人才储备。

（六）进一步完善园区发展支持政策

进一步优化完善文化产业园区发展的支持政策举措，加大对园区发展的支持力度，在原有侧重于对入驻园区企业房租补贴基础上，增加对园区运营方在平台建设、运营奖励、创建国家和省级园区奖励等方面的政策支持。

（七）强化园区规范引导和管理工作

一是完善园区分级认定管理机制，指导支持园区申报创建国家、省、市、区级文化产业园区，通过创建各级文化产业园区，促进园区建设和运营管理能力进一步提升。二是根据各级文化产业园区管理相关规定，进一步加强对各级园区日常运营的监督管理工作，强化园区发展态势跟踪和日常管理，规范园区管理。三是建立园区考核指标体系，出台园区考核评估办法，组织开展园区考核评估工作，根据日常监管和考核评估结果，对园区进行动态调整，进一步完善园区动态管理和退出机制。

B.8
守正创新引领深圳影视繁荣发展

李 强*

摘 要： 多年来，深圳形成了优良的文艺传统，奉献了一批影视精品。在“文化创新发展”理念的引领下，深圳影视在内容创作、产业发展、行业管理上都有新的成绩。面对短板和不足，深圳正在继续打造新的影视活动品牌、开展剧组摄制服务、建设改革开放影像资料库。

关键词： 守正创新 深圳 影视

2016年1月，《深圳文化创新发展2020（实施方案）》（以下简称“文化创新2020”）正式出台，提出在未来五年，逐步将深圳打造成与现代化国际化创新型城市相匹配的文化强市。深圳影视秉承优良传统、创新发展思路，精品佳作层出不穷，品牌活动影响力持续提升，影视制作“深圳军团”实力逐渐壮大，成为国内外业界一大焦点。

一 深圳影视：关注火热生活 记录时代风华

40年来，深圳为时代、为人民奉献了一批又一批有筋骨、有道德、有温度的文艺精品。深圳坚持以人民为中心的创作导向，弘扬国家主旋律，讲好“中国故事”“深圳故事”，始终站在时代前沿，聚焦中国梦主题，传播

* 李强，深圳市新闻影视中心主任。

社会主义核心价值观。在一系列国家级和国际性文艺精品评选中，“深圳制造”文艺精品都榜上有名。

在影视精品方面：深圳电视剧《钢铁是怎样炼成的》《命运》描写特区建设的艰辛辉煌历程，激起人们继续奋进的热情；影视作品《走路上学》《有你才幸福》《金太狼的幸福生活》《兵峰》《大闹天宫》《全民目击》或品味亲情人伦、或赞美崇高信仰、或弘扬传统文化，都充满人性温度。动漫“熊出没”系列立足自然、环保、健康、快乐的主题，深度挖掘和传递亲情、友情、成长、希望、勇敢、快乐等正能量元素。在2012年中宣部第十二届“五个一工程”评选中，深圳5部作品获奖。在2014年中宣部第十三届“五个一工程”评选中，深圳电影《全民目击》、动画电影《熊出没之夺宝熊兵》、电视剧《有你才幸福》3部作品获奖。2017年，在广东省第十届精神文明建设“五个一工程”评选中，深圳4部电影、3部电视剧、2部动画片上榜。广东省报往中宣部参评“五个一工程”的19件作品中，深圳有7件，其中影视作品为电影《中国推销员》、电视剧《铁血红安》。

深圳善于围绕重大节庆时间点策划创作精品。为庆祝改革开放40周年，深圳创作了长篇电视剧《面朝大海》，计划2019年播出。大型政论片《创新中国》是深圳精心打造的一部高水平、高质量的电视纪录片，通过讲述中国最新科技成就和创新故事，探讨中国的创新成长和给世界带来的影响，成为纪念改革开放40周年之际受到追捧的一部精品。这些具有全球视野、体现中国精神的影视作品，成为城市文化艺术水准的代表。

根据深圳市文体旅游局相关信息，2017年，在第二十四届深圳新闻奖（广播电视部分）评选中，66件作品获广东省广播影视奖，其中一等奖17件。深圳广播影视企业获近7000万元国家文化产业发展专项资金、国家电影事业发展专项资金资助。新增影院38家，影院数量达226家，全年票房收入22.13亿元，同比增长18.34%，位居全国第三。持证影视制作机构增加至597家，同比增长73%，备案公示电视剧30部1170集，动画片21部1171集，备案、立项电影剧本（梗概）99部。成功举办了第四届深圳青年影像节、第二十三届中国纪录片学术盛典、第八届中国国际新媒体短片节、第四届中国（深圳）国际电视剧交易会等活动。

截至2018年下半年，全市共有14家播出传输机构。境外卫星电视节目接收单位61家。主要行业协会有深圳市广播影视协会、深圳广播电影电视观众听众联谊会。自办广播节目5套，2017年平均每日播音103小时；自办电视节目12套，2017年平均每日播出299小时。全市有线电视用户216.8万户，广播电视综合覆盖率100%。有线电视网络传输173套数字标清电视节目，其中61套高清电视节目，6套模拟电视节目；26套无线发射数字电视节目（中央13套、省5套、市8套），5套模拟电视节目和9套调频广播节目（含数模同播实验一套）。2017年实际创收收入37.7亿元，下降7%，其中广告收入16.76亿元，下降23.58%，网络收入13.58亿元，增长5.4%，广播电视节目销售收入11.4亿元。

在广播电视新媒体方面：一是打造国际化的新媒体发展支撑平台。由国家广电总局和深圳市人民政府主办的中国国际新媒体短片节已成为具有国际影响力的展示、博览、交易平台。2017年第八届中国国际新媒体短片节共收到来自115个国家和地区的参展参赛短片4779部。二是网络视听业务发展迅速。目前全市网络视听节目持证单位27家，包括腾讯、迅雷等龙头企业。深圳是全国三网融合首批试点城市之一，IPTV于2012年商业运行以来，发展良好，用户数已达77万户，可提供111套标清电视节目，38套高清电视节目，点播节目6.5万小时。有线电视网络具备个人用户4M～100M和集团客户1000M的宽带接入服务能力，目前全市有45.09万缴费用户。

在行业协会建设方面：深圳市电影电视家协会、深圳影视制作行业协会等已经运作多年。2015年初，在市委宣传部的指导下，深圳影视产业联合会正式成立，近200家深圳影视公司、协会陆续加入，探索政府和行业、企业多元合作的方式，有效整合资源和要素，共同开拓深圳影视发展的创新之路。

在影视产业政策方面：2012年深圳出台《文化创意产业振兴发展政策》，对原创影视作品给予研发资助，对优秀作品获奖及上线播出给予奖励，每年认定“文化出口10强”企业并给予奖励，对获得国家文化出口的重点企业和重点项目给予配套奖励。比如，深圳华强集团近些年推出的

“熊出没”系列作品，获得了专项资金给予的研发资助、上线播出奖励、国家重点文化出口项目配套奖励等。电影《熊出没》《奇幻乐园》等动漫精品打入欧美影视市场，2018 年春节推出的动画电影《熊出没 · 变形记》票房收入超过 6 亿元。

在影视园区和基地建设方面：截至 2018 年下半年，深圳影视主题相关园区、基地主要有：深圳国家动漫画产业基地、深圳华强文化科技集团股份有限公司、深圳广播电影电视文化创意产业园、T-PARK 深港影视创意园、龙岗广弘国际影视文化产业园。以 T-PARK 深港影视创意园为例，其由深圳市世杰投资有限公司在 2015 年 8 月 16 日与深圳市水务物业管理有限公司签订深港影视创意园房屋租赁合同并进行运营。园区总建筑面积 22663.71 平方米，是深圳福田区唯一以影视文化为主题的文化创意产业园。深圳世杰文化投资有限公司对 T-PARK 深港影视创意园的建设主要是对原物业进行改造升级，园区管理运营充分专注“产业链整合及运营服务”，并为入驻园区的企业提供品牌推广、市场信息推广、知识产权保护、金融交易、物流配送等专业配套服务。园区以“影视 + 科技”为发展方向，以同业集群为本，融合剧本创作、影视拍摄、技术制作、后期处理、新闻发布、宣传推广、创意设计、发行销售、金融投资等众多专业化内容，形成与影视有关的产业集群效应。

在电影发行放映方面：截至 2017 年底，全市电影放映单位 250 家，分别加入 23 条院线。深圳全年票房 22.13 亿元，同比增长 18.34%，超过广州票房（20.5 亿元），位居全国城市第三。现有深圳市电影发行放映协会和深圳市影院联合会 2 家行业组织。2017 年放映公益电影 19461 场，观影 485 万人次，公益电影惠百姓活动是深圳市重点民生工程。全市共有公益电影放映队 72 个，从业人数 153 人。

二　海纳百川：打造新的影视文化活动品牌

美国通过出台电影法规、制定文化政策、鼓励私人投资、利用他国资源、开发境外市场、降低税收门槛等措施，鼓励和引导好莱坞电影公司制作和生产体现美国价值理念和彰显西方政治诉求的影片，并利用其业已建立起来的庞大快捷的跨国经营网络和渠道，把美式价值观传输到全球各国，潜移默化地熏染他国观众。韩国注重开发传统文化资源，把电视剧产业作为民族传统文化和现代文化工业的有机结合体，不断推动韩剧快速发展，使以《大长今》《来自星星的你》《太阳的后裔》等为代表的韩剧在东亚乃至全球文化市场上受到欢迎，实现了传播韩国文化和获取经济利益的双赢。对比美国、韩国，以及国内北京、上海等城市，深圳影视发展仍然存在不少差距。比如，在全国叫得响、立得住的影视精品总体数量不够，优秀人才短缺；民营影视实体规模偏小、力量分散，带动全产业链发展的影视龙头尚未成型，有待整合形成合力；特别是缺乏高知名度的大型影视文化节庆和一批可以长期运作的影视品牌。

在影视方面的专业性活动方面，深圳已经有中国国际新媒体短片节（由国家广电总局、深圳市人民政府主办），中国纪录片学术盛典（中国电视艺术家协会、深圳市委宣传部、深圳市文联主办），中国（深圳）国际电视剧节目交易会（中国电视剧制作产业协会、深圳市影视产业联合会主办）和深圳青年影像节、“幸福深圳”DV大赛、深圳企业文化微电影大赛等。品牌活动的影响力对于树立城市形象有着重要作用，而要办好一个特色影视品牌活动更需要多种资源集聚。

天下难事，必作于易；天下大事，必作于细。针对现有不足，深圳创新城市形象标识，不断擦亮文化品牌。2016年，中国科学技术协会和深圳市政府共同主办首届深圳（国际）科技影视周，这是深圳“文化创新发展”打造的重点品牌活动。该活动以“未来之眼”为主题，整合和利用“科技+文化+影视+N”等内容和元素，集“科、新、高、特、趣”特点于一体，通过科技科普展、科学文化展等，为广大市民奉上科技与影视、科技与人文相结合的文化艺术盛宴。

2017年，第一份深圳“城市文化菜单”正式发布，这是一份对标国际一流城市推出的城市文化菜单。2018年“菜单”共收录国际化、标志性的品牌文化活动32项，涵盖文化艺术、创意设计、科技创新、体育休闲等类别，体现创新创意特色，形成了“月月有主题，全年都精彩”的文化生活新局面。深圳（国际）科技影视周与“一带一路”国际音乐季、深圳设计周、深圳国际摄影大展、深圳国际文化周、中国图片大赛等重点“菜单”活动成功举办，市民参与度高，社会影响广泛，营造了浓厚的文化活动氛围，成为一项新的国际性影视活动品牌。

三　创新规划：统筹开展来深剧组摄制服务

《上海影视拍摄指南》是上海市2014年10月为来沪拍摄单位提供服务而编制的一本实用手册。上海市广播影视制作业行业协会受上海市文化广播影视管理局委托，承担上海影视摄制服务机构的运营职能。成立4年来，上海影视摄制服务机构已为来沪拍摄组提供摄制咨询协调服务超过4000件次，事项受理率为100%；近3000家单位接受影视摄制咨询服务；超过500家剧组接受影视摄制协调服务，其中上海剧组约300个，市外、国外剧组超过250个。《上海影视拍摄指南》每年更新，最新版已覆盖上海16个区的影视摄制服务工作站，近200个取景地。

深圳改革开放的传奇故事、海滨都市的美丽景观，每年吸引着大批影视剧组在深圳拍摄，这些剧组有着迫切的配套服务需求。统筹开展影视剧组摄制服务是一项系统工程，涉及面广，协调难度大，必须专职负责、分步推进相关工作。

借鉴上海、苏州等地摄制服务机构的经验，经市委宣传部批准，深圳市新闻影视中心统筹开展全市的影视剧组摄制服务。自2018年下半年，影视剧组摄制服务的前期工作启动，部分汇总整理深圳城市概况、摄制服务相关信息资料，协调多部由中宣部、国家广电总局、中央电视台、中央新闻电影制片厂等单位立项或组织拍摄的重点作品，赢得了口碑和认知度。

2019年初，深圳计划正式启动全方位剧组摄制服务。工作内容包括常规开展咨询服务、外联协调服务，赴剧组探班解决实际问题。实地外景勘察，征集和拍摄全市取景地照片，部分采用 AR（增强现实技术）制作。全面汇总整理深圳城市概况、相关影视政策、摄制服务流程、影视摄制配套机构、交流交易平台、取景地等信息资料，完成制作《深圳市影视摄制服务指南（2019 版）》以及《深圳影视制作文明公约》。整合影视上下游资源，实现快速提供器材租赁、后期制作等服务；与市内外艺术院校、演艺机构合作，建立深圳演艺人才资源库，提供经纪人、导演、演员等专业人才。实地外景勘察，征集和拍摄全市取景地照片，部分采用 AR（增强现实技术）制作。针对性发放《深圳市影视摄制服务指南（2019 版）》。联合保险公司、法务咨询公司，提供保险和法律服务；代办影视制作公司注册、广播电视节目制作许可证、剧组设备报关等业务；与各大银行沟通，代办剧组专用账户绿色通道；提供税务申报服务；引导影视公司入驻文化创意产业园。

同时，制定“深圳取景地拍摄指导价格表”，区分重点取景地和一般取景地，取景地主要包括学校、医院、公园、码头、地铁、火车站、机场、海滩、山岭、超高建筑、历史旧址等。开展对外合作，把摄制服务工作向市外延展，与佛山、东莞、惠州等粤港澳大湾区城市签署外景拍摄基地项目协议，实现资源共享、优势互补。结合城市外宣工作，争取协调国内外商业大片来深取景拍摄。

探索牵头成立深圳演员自律协会。全国特约演员主要集中在北京、横店、深圳三个地方，北京和横店以古装戏居多，深圳是现代戏的绝佳外景地。据不完全统计，深圳的特约演员约 4000 人，模特约 3000 人。为规范管理影视剧演员、模特，计划以自愿加入、行业自律的管理形式，由深圳市新闻影视中心造册登记在深演员、模特，制发演员证、模特证，择优推荐给来深剧组。

四　彰显特色：建设改革开放历史影像资料库

2018 年是改革开放 40 周年。作为全国改革开放的“试验田”，深圳率先进行大胆探索并取得成功经验，充分发挥了辐射带动和示范作用，为探索中国特色社会主义道路做出了重要贡献。深圳每天演绎着原创的、鲜活的改革开放故事，并不断创造新的资源。在改革开放历史文物、文献资料的征集、收藏和陈列等方面，深圳已经积累了较丰富的成果和经验。但是，在改革开放历史影像资料的系统摄制、保存和利用等方面，深圳仍然存在较大空白，亟待填补。经调查发现，深圳市档案局主要保存照片，市史志办主要编纂文字资料；深圳广电集团主要制作时政新闻，虽然也摄制保存了一部分涉及改革开放的影像资料，却未能按照改革开放的主题及时进行编辑整理，更谈不上充分利用。出现问题的原因是这些单位限于职能设置，未能聚焦改革开放历史影像工作。系统拍摄、征集改革开放最重要、最具文献价值的影像并建立资料库，是服务于市委市政府中心工作的重要举措，能够进一步巩固和提升深圳在中国改革开放中的权威地位，也为今后涉及改革开放主题的影视制作、历史研究及各类活动积累素材、提供便利。

改革开放历史影像资料库建设工作主要分为拍摄、征集和利用。按照重点突出、先易后难、逐步推进的原则，以宣传文化系统为重点，覆盖经济建设、政治建设、文化建设、社会建设、生态文明建设等多个领域。影像资料库拍摄、征集的主要内容包括：历届市级党代会（含纪委会议）、人代会、政协会议；地厅级以上领导干部重大时政活动；改革开放建设发展进程中的重大事件、活动（如文博会、大运会等）。同时，建立常态化、规范化利用机制，包括：紧扣时政形势，利用素材资料制作相关专题片；面向市内外开展对外提供影像素材资料的服务。2019 年初正式启动搜集入库，至 2019 年 12 月 31 日初步建立系统完备的改革开放历史影像资料库。

深圳创造了城市发展史上的奇迹，其跨越式增长源自其根植于基因里的创新密码。2018 年深圳设立目标，努力建设全球区域文化中心城市和国际文化创新创意先锋城市，面对成绩和不足，守正不渝、创新不止，以奋斗谋求新的发展成为推动深圳影视再出发的应有之义。

B.9

艺术介入与空间实践

——以“深港城市\建筑双城双年展”为个案*

钟雅琴　徐天博**

摘　要： “深港城市\建筑双城双年展”集中体现了深圳作为新兴城市在城市文化构建中的努力和尝试。“深港城市\建筑双城双年展”突破了双年展在建筑艺术领域的局限，立足所在珠三角地区急剧城市化的地域特点，关注全球普遍存在的城市问题。本文借由对其艺术介入和空间实践的策略分析，揭示其在整体运作中的文化想象。

关键词： 艺术介入　空间实践　双城双年展

“深港城市\建筑双城双年展”（以下简称“深双”）是目前全球唯一以城市及城市化作为固定主题的双年展。“深双”2005年起源于深圳，2007年起由深圳与香港这两个边界相连、互动密切的城市协作举办。“深双”迄今成功举办七届，已成为东半球最重要的城市与建筑双年展。“深双”诞生于深圳“文化立市”和建设“设计之都”等城市文化战略出台的背景下，意在打造兼具专业交流和公众互动功能的文化交流平台，形塑及推广城市文

* 本文为2018年国家社科基金青年项目“‘比较文本媒介’理论视域下的文学跨媒介生产研究”（项目编号：18CZW005）阶段性研究成果。

** 钟雅琴，深圳大学文化产业研究院特聘副研究员；徐天博，深圳大学文化产业研究院硕士研究生。

化形象。借此，“深双”突破了双年展在建筑艺术领域的局限，立足所在珠三角地区急剧城市化的地域特点，关注全球普遍存在的城市问题。城市与城市化的主题和具有全球多元背景的策展团队给予“深双”广阔的研究视野，使双年展具有了国际性、跨学科性和公益性的特征。本文试从艺术介入与空间实践两方面分析“深双”的运作策略，以揭示其整体文化想象。

一　艺术介入

双年展（Biennial），是当代国际视觉艺术的重要展示活动，是世界各国推出新艺术成就的重要窗口。近年来，双年展已越来越成为以城市为单位展开文化竞争的舞台，不同国家和地区的城市都希望通过举办双年展宣传城市文化，打造城市品牌。“深双”之所以一开始就采取“双年展”这种具有艺术属性的展览形式，亦是出于其影响力方面的考量，希望借助双年展艺术吸引力强、跨地域性和跨文化性强的优点，拓展展览的视野，扩大展览的社会影响力和国际影响力，打造国际化的交流平台，活跃城市文化氛围，激活城市文化动能，让双年展和“设计之都”共同成为深圳的城市品牌和对外交往的名片。上述诉求决定了“深双”对展览艺术性的坚持。

（一）扬弃：艺术设计介入建筑改造

艺术性代表了建筑对审美和文化方面更高层面的追求，建筑与艺术主要契合的地方在于形象和表现的多样性以及所反映的民族性和地域性，历史性和时代性。建筑改造是建筑通过历史性和文化性跟艺术实现交合的一种常见手段。

在“深双”中，对旧建筑的介入改造占有相当大的比重。第一、二届展览对华侨城到期工业区进行了转型改造，第五、六、七届则分别对原浮法玻璃厂、蛇口大成面粉厂和南头古城展场进行了介入式转型改造。其中，第六届“城市原点”主题展览中，展方对蛇口大成面粉厂进行了

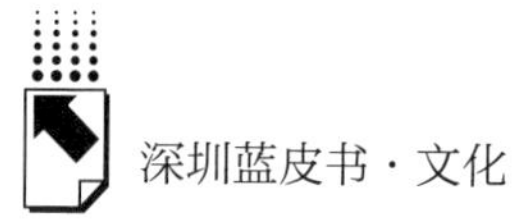

设计改造。大成面粉厂厂房本身属于特色鲜明的工业建筑，设计师保留和强化其空间原汁原味的特性，置换新功能，对于标准化厂房，挖掘和激发原有空间的潜力与活力，以较强势的方式介入，使其特质最大化，力求实现建筑空间的丰富性和层次性。设计上力求保留和还原工厂原貌，并在其中创造独特的公众参观流线，为城市中的每个人提供近距离接触工业繁荣印记的机会。[①]

在第七届双年展中，展方对20世纪80年代建造、曾经作为工业巨人而后衰败的原浮法玻璃厂进行了改造升级，让其以全新的“价值工厂”形象展示于公众面前。改造希望带有更广泛的保育（conservation）的普适性意义，具备实际的使用功能，而不是单纯的修旧如旧的保护（preservation）。通过不拆除的方式，为没有特色但有时间价值的旧建筑，带来面积的增量以及功能的更新，创造出独特的空间特色，给时代带来更加丰富的公共性的内涵。正如设计师刘珩所说，策展人希望只是“轻轻的触碰”，不改变就是改变，甲方却希望它是一颗种子，给未来带来一种可生长可使用可持续的寓意，同时能创造出更多的实用面积。[②] 项目就在这保留和生长之间落成，在强调艺术存在感的同时力求保持建筑原有的自然形态。

在对旧建筑介入改造的过程中，艺术发挥了它独特的历史记录功能，通过介入把建筑独特的历史和文化形态保存了下来，不是采取体制和资本常使用的毁灭或大拆大改策略，而是以艺术独有的诗意的视角，从现存的质量开始，识别它们、强调它们、戏剧化它们，用艺术家的直觉、敏感和浪漫情怀，指导观者沿着当前视角展开的希望，去探索建筑未来的潜力，开始一个社会和城市更新的新实践。[③] 这就是“深双”通过不拆除的方式着重强调的观念：通过保留来创造价值，给予历史和遗迹赦免与新生。

---

① 刘珩、黄杰斌、关裕韬、史学源：《深圳蛇口大成面粉厂改造暨2015UABB展场设计，深圳，中国》，《世界建筑》2017年第3期。

② 刘珩：《“浮云”——2013深港城市/建筑双城双年展浮法玻璃厂主入口设计改造》，《时代建筑》2014年第3期。

③《城市边缘》，UABB官网，http://2013uabb.szhkbiennale.org/Explaning/default.aspx?id=1。

（二）活化：艺术语言介入展览叙事

“深双”一直尝试在展览叙事的各个方面落实艺术性。首先，在展览整体空间叙事方面，展方尝试用艺术性叙事取代一般展览生硬的说明书式叙事。比如在第三届双年展中，策展方采用学术性的策展论述和展览叙事结合的策展方法，把展览空间以艺术化的方式组织起来，用文学的形式把策展的思想要点穿插在个人故事中，建立展览叙事的线索，鼓励读者按照策展方文学化的导览去实地参观每个建筑，改变一般建筑展览只能看模型而没法亲身体验建筑空间的缺点①，借此弱化展览的工具属性。其次，在展场布置方面，通过灯光、桌椅、背景板的艺术化运用，设计出许多富有艺术形式感的展台，以第七届双年展《亚洲连线——城市微观设计实验》展厅为例，展厅设计成全黑，墙面上的展板上用灯光展示出各种语言和字体组合拼贴而成的展览名称，细长的白色桌子拼成曲折的过道，映射展览“连线”的意味，依过道而设的几列展灯强烈凸显了桌面上的展示资料，让人耳目一新。

同时，“深双”一直致力于把建筑和城市问题用更为艺术化的方式进行呈现，用艺术的生动性和趣味性，去平衡知识技术展示的严肃性和枯燥性。以第七届双年展为例，展览以新数字影像和音频的形式，向观众展现了建筑师和艺术家们对城市化问题的观察与思考，艺术性的文字和画面表达，令展览清晰明了且富有趣味。《西村—贝森大院》项目，通过纪录片的方式呈现出所展建筑工程从设计到正式运营的全过程，富有美感和震撼力。作品《一楼宇·动物园》运用艺术化的叙事手法，以动物性暗喻人性，以人的故事带动观众对城市、建筑进行思考，唤起社会对多元发展给予更多关注及人文关怀，展区通过镜面、灯光、手绘图案、声音装置的相互作用产生丰富的观展效果，让观众仿佛置身于一个具有活力、让人感觉温暖，又可以产生思辨的童话式的城中村。此外，在文献资料的展示方面，双年展也进行了艺术化的尝试，出于对新思想孵化的重视，“深双”一直在进行文献资料的收

---

① 《深港双年展策展访谈》，《世界建筑导报》2013 年第 6 期。

集，希望将世界各地汇集而来的经验和智慧真正转化为推动城市发展的动力。这些展览文献和图册保存在文献资料库中，以艺术化的展览的形式进行呈现，使人对展览的学术性产生认可。

（三）互动：当代艺术作品成为展品

建筑是打造人生活空间的艺术，它需要与人产生互动，有了人的参与，建筑才有存在的意义，但是因为其本身相对固定和庞大立体的体态，容易让观者从外观上产生距离感，缺少与人之间的真正互动。艺术与其正好相反，具有生动、形象、互动性强的特点，可以与建筑实现功能互补，艺术美或有趣的艺术形式能够吸引大众眼球，帮助建筑展览生动活泼起来，触发更多受众参与互动，引起话题讨论，进而引导受众重新思考展览所处空间的价值和意义。

在“深双”中，当代艺术作品作为展品，呈现为纪实摄影、装置艺术、绘画、录像艺术等多种艺术形式。艺术家利用当代艺术自由的创作空间，借助新媒介进行个人体验的表达，通过对社会和文化现象的批判，把艺术作品作为实现异质文化间沟通的手段和全球规模对话的途径。以第七届双年展的展品为例，以《城·村——一个时代变迁的症候》为主题的系列纪实摄影作品，以时代性和地域性为线索，真实生动地反映了作者眼中中国城市变迁的过程，具有较强的艺术感染力和历史感染力。《平衡一理解中国》是一幅绘制在厂房外立面的大型壁画作品，西班牙壁画组合鲍尔·米斯图拉利用了绘画这种能引起各阶层、族群和年龄层的人们强烈共鸣的力量，以巨大的尺寸和强烈的色彩对观者产生巨大的视觉冲击，画上的词既像“传统”也像“发展”，使得每次观看都变成了一场游戏。《你的表情是我的符号》是一组绘制在城中村围墙上的壁画作品，作者将采集到的城中村丰富、平等、独特的“表情”呈现在朴素常见且载有时间和生活印迹的灰色墙壁上，这些“表情与符号”和城中村有关，也和时空的想象有关，作者相信黑白是底色，“你”和“你的日常生活”才是彩色，当然这是所有人的介入和共同参与促成的。

建筑艺术与当代的装置艺术都可以理解为空间的实践，双年展中有大量作品带有艺术装置和建筑模型的双重属性，以第七届双年展中的装置作品为例，《WEGO》是一件在极限尺度下，探索基于需求而产生设计可能性的装置作品，提出了一种“生成模式完全属于使用者”的城市模型，是一个生活的马赛克拼图，更是一个生活梦想的魔方。而《Mapping 南头古城》则通过对各种空间和用品的观察，重审南头古城乱糟糟的日常、背后的原因及隐藏的秩序，解析城中村移民乡情圈的文化特色和社会组织链，见微知著，很好地演绎了展览“城市共生”的主题。①

二　空间实践

“深双”从确立之初，即以城市问题的探讨和解决为使命，问题意识和艺术形式本身带有的自由和批判性使“深双”无论是在“双年展”的维度还是“城市”的维度上，都代表了一种空间的实践性。“空间实践”是列斐伏尔在提出“社会空间”概念时提到的一个概念，涉及空间组织和使用的方式，在新的资本主义环境中，空间实践使日常生活和城市现实之间体现了一种紧密的联系，以艺术和建筑的视角去关注城市的日常生活，探讨城市问题的整个过程即是一种空间实践。在当今时代背景下，对城市问题的研究不应分离或拔高它，使之脱离日常的工作生活，而应使之不带上光环和神奇因素，将其放进日常的语境下重新思考。

（一）实验：展览让空间成为装置品

“深双”是以建筑和艺术为主题的展览，对城市问题的关注为建筑和艺术赋予了话题性和地域性，让艺术和建筑以从实际地域或问题出发，写作“话题作文”，引导展览回归公众的日常生活，在一定程度上影响公众的认

① 《2017 深港城市＼建筑双城双年展（深圳）获奖名单大揭幕》，UABB 官网，https：//mp. weixin. qq. com/s/7Xo8HE8rh_ YTD7tVVxI7gg。

知和价值取向，让公众的生活环境及其生活本身变得丰富且有深意，而双年展也借此得以保持先锋性与独立性。

当代艺术范畴的装置艺术与建筑一样，都可以理解为艺术空间的实践。当装置艺术介入建筑空间，一方面艺术的美或有趣的形式能够吸引大众眼球，帮助建筑展览生动活泼起来，触发更多观众参与互动；另一方面，也能帮助空间探索尺度过大，服务及活力不足问题的解决方法，延续和提高公共艺术作品及公共空间的公共价值，引导观众重新思考展览所处空间的价值和意义。

第三、四届双年展的策展思路是让双年展成为一个老百姓可以参与的去政治化的空间，策展人把深圳市民中心作为主展馆，在其中放置艺术装置，甚至把装置放置在人流密集的购物中心，把现代派建筑林立的市民中心区域变成一个巨大的后现代艺术装置。在第三届双年展中，荷兰建筑组合设计的由数十个色调素雅、状如超大台灯罩的装置组成的《树亭》成为观众、游客的歇脚地。法国建筑团队设计的《城市下的蛋》为好奇的观众提供了参与互动的机会，流线型的圆蛋设计，憨态可掬地趴在广场路面上，圆蛋内部被掏成有座椅、有桌子的迷你空间，让小观众们忍不住钻进去体验一把。成都建筑师刘家琨用若干枚红色的氦气球吊起一面黑色的编织网，并在编织网下面摆放着上百只藤椅，尽管椅子经常是空的，却让人对一个看不见的会场浮想联翩：众声喧哗，可以开大会，可以开小会。建筑师朱锫用竹子搭了一个海螺状纱笼，海螺静静地躺在粗沙上，在它四周散乱放着几只同样是竹子做的条凳，一对小情侣坐在条凳上，搂着彼此的肩膀用手机自拍。①

在第四届双年展中，深圳市民中心广场成为橙色安全锥构成的“万花阵”装置的所在地，滑轮少年在安全锥组成的障碍跑道中穿行，这个巨大的仪式性公共空间被这种街道上的普通物件所改变。这样的装置实验，一方面便于市民就近参观，为市民中心前后空旷的公共空间注入公共艺术的内容

---

① 石岩：《城市广场就该属于市民》，《南方周末》2009年12月17日。

和活力；另一方面，将城市里的日常空间变成展览空间，也创造出了具有强制观看意味的体验性视角。展览中的装置可以理解为装置艺术作品或室内建筑作品，但是它们不是传统意义上的公共艺术，强烈的后现代性和互动性使它们与所处的现代建筑环境格格不入。作为一群“闯入者”，它们身上独特的艺术元素把整个空间变成了一个装置艺术作品，艺术的形式和表达赋予了观众一探究竟的兴趣，极大地提高了大众对展览的关注度和参与度。

（二）落实：建筑展览回归日常生活

当装置艺术介入建筑空间，通过展览把建筑空间变成装置品，一定程度上就完成了一次以景观反景观化的后现代空间实践，通过空间前后的变化带动观众展览前后视角的变化。展览是临时观看的，建筑是人生活的空间，通过把建筑展览介入建筑，让建筑装置在建筑语境中发出自己的声音，不论是异议还是重申，都将起到空间实践的独特作用。但是单纯的城市装置仍具有展览的局限性，它虽然以互动的形式激发了受众共鸣，进而激发了展览的活力，但是仍未摆脱传统展览中场地、观众、作品的三元关系，其游戏化的互动手段容易使得作品所涵盖的观念在和观众的价值交换中被弱化。正如格罗伊斯在《装置的政治》一文中所明确的：装置对改造展示空间的意义，是强制性地让人们进来，不是看什么参与什么，而是把空间全丢给观众。装置本身的象征意义大于传达意义。

城市装置通过后现代的手段完成了一次次对现代性的反叛，但这还远远不够。展览本身的反结构化的诉求将使其开始反对后现代的消费和商业逻辑。较之单纯的城市装置展示，“深双”更倾向于生产性的展示，希望突破作品化的消费模式，突破简单的城市装置的游戏性，将空间变成真正可用的或者直接用真正可用的空间和实在的物质产品去和公众做意识交换。实现真正的反景观化，用生活介入的方式突破旧有展览模式，强调展览在展览之外，展览应具有生活沉浸性。如策展人王衍所言：任何实践都可以产生展示，甚至越是普通的，越是和公众贴身的实践，越能与公众产生张力。展示和行动其实无处不在，我们没有必要把展示变成行动，或者把行动变成展示。其实展示的关键，在于展示之外的行动。[①] “深双”不局限于场地的平民化和艺术的趣味性、游戏性上，更注重真正切入民生，深入市民的生活空间，以文化传统、个人记忆和历史为链接，实现展览和城市人的真正互动。

第七届双年展从之前的旧厂房、旧仓库、公共性政治空间来到离城市生活最近的、生活气息最浓的城中村，选址南头古城。展场本身的生活性为展览的一切空间实践提供了沃土，策展人和设计师得以与当地居民进行充分的沟通，在深入了解当地风土民情的基础上，即使是来自国外的设计师，其作品也开始具有了当地的元素。展览周围民居墙上的绘画图案均是设计师在了解当地村民的喜好的基础上而作，艺术家在城区草坪上、民居中设计的展品，大多具有自由流动的预设，让它们自己随着城区自然生长或消失。主展馆里的作品也同样包含展方与当地充满生活气息的互动，《城中村家具交换计划》用购置的新凳子交换城中村居民自己制造的“野生”凳子，从中选出 50 张有代表性的样品放置到展场中以供参观者体验或购买收藏，这些凳子作为文献展现了城中村居民的日常生活智慧，同时让更多人关注城市发展进程中底层人民的生存，从生活经由展览又回到生活，充当了生活传声者的角色。《火焰美食家俱乐部》是一件建在城中村厂房间的艺术介入装置，以独特的建筑材料和形式将城中村内大量的植物垃圾和沿街生火做饭的生活习惯联结起来，形成一条本地资源利用的生态链，从远处看是一排悬挂在空中的大烟囱，烟囱下面则是一个公共集会场所，鼓励人们参与社会生活，强调“集体”的概念。《祝您好运》是艺术家结合当地风俗虚构的南头艺术彩票站落成时的庆典仪式，启动仪式结合开幕计划进行，让观众以及古城居民能够参与并在此互动。《南头照相馆》是艺术家在一个民居里模拟的一间老式照相馆，展览期间免费为城中村居民拍摄家谱照片，打印后送给村民或张贴在照相馆的一面墙壁上，形成深圳家谱南头档案，参与到影像深圳家谱的艺术事件中。[②]

---

① 《深港双年展策展访谈》，《世界建筑导报》2013 年第 6 期。

② 《2017 深港城市 \ 建筑双城双年展（深圳）获奖名单大揭幕》，UABB 官网，https://mp.weixin.qq.com/s/7Xo8HE8rh_YTD7tVVxI7gg。

（三）独立：边缘和流动策略的背后

艺术是一种具有高度自由性的人文实践形式，自由性也赋予了其批判性，同时，建筑作为制造生活空间的一种公共艺术，与当代公众的文化情境直接相关，包含了设计者对于人类文化、城市空间和社会主体之人的生存价值的思考。展览的定位决定了“深双”具有的问题意识以及批判视角，这些都让展览更加自由，可以专注于学术性、先锋性和公益性。但是双年展这种可贵的自由性需要许多层面的努力来维持，除了要借助标准化运作机制来控制政治和经济等要素的参与程度，还需要通过特殊的策展形式和策展定位方面进行维护。

在策展形式方面，“深双”采用特殊的流动策略，通过展场激活实现其对城市具体区域和地点空间的激活，每更换一个场地就激活一个地区，通过双年展活动对物质环境进行改造和整治，实现对场地重新定义和再利用的目的。这种特殊的策展形式，一方面可以为空间实践提供源源不断的素材，激发不同区域的发展潜力；另一方面，有利于展览实现“去中心化”，保持展览的独立性和深刻性，避免被政治和资本所操控，成为以国际化和精英化为包装的市场游戏。历届“深双”的场地选择都表现出对城市特定地区（如空置厂房市政广场、公园街道等）的介入再利用以及重新定义。[①] 双年展对所在展场地具有催化发展的功能，首届和第二届“深双”分别带动了华侨城到期工业区的转型和人气，成为“深双”催化激活城市片区的经典案例。

在策展定位方面，“深双”通过“中心/边缘”混合策略实现去中心和反叛，关注具有边缘性、异质性的城市空间，记录深圳城市生长的异质空间和活化样本。

---

① 张宇星：《城市中的展览介入与诗意化建构：深圳 · 香港城市 \ 建筑双城双年展（UABB）述评》，《世界建筑》2013 年第 21 期。

三 文化想象

建筑师屈米认为，我们不能体验和思考我们所体验的，空间的概念并不存在于空间的自身中，因此，解决理性主义和经验主义的矛盾的唯一方法就要从对客观对象自身的研究转向对发展过程的关注……才能摆脱因精神空间和真实空间之间的分歧所带来的关于空间认识的障碍。[①] 社会空间作为精神空间和物质空间之间的连接，具有探讨的必要性，而在探讨中，站在过程性角度进行分析，适当进行概括和想象，可以为我们认识空间带来更前瞻的视野。

“深双”的意义就在于为城市发展的过程分析和城市未来的文化想象提供交流的平台。用公共活动创造政治经济文化附加值，用建筑和城市问题激发其他相关问题的讨论，而其初衷是对未经检验的思考和尝试给予公共测试。经过展览方多年的不懈探索，自上而下发动的展览已经进入自下而上自主生长的阶段。在第七届双年展中，南头古城作为展场给予了展览无限的创作素材。城中村本身“具有现代化城市不具有的传统村落的优势，即自发性、不确定性以及交流性，在这种不确定的构想中，建造者是村民本身”，“他们能够根据自身生活方式的功能占比以及需求多少调整自己所拥有的空间”，适应性极强。[②]

詹姆逊曾提出：在当今后现代主义的文化背景下，我们必须为自我及集体主体的位置重新界定，需要一种新的和到目前为止还未想象的阶级意识，以寻求新的空间性发展，应对后现代超空间对于主体的破碎和分裂。“今天，全球资本主义的阶级意识的强化要求强制性地使得社会成为一个整体的观念，然而资本主义的物化与工具化却又使得社会生活的各个层面和社会组织碎片化从而破坏了总体性，这就是资本主义自身具有的矛盾。后现代超空

---

① 汪原：《关于空间的生产和空间认知范式转换》，《新建筑》2012 年第 2 期。

② 杨琦、谢龙飞：《2017 深双视角下的未来城市空间多样性趋势探讨》，《美与时代》2018 年第 2 期。

间已经被压缩在‘全球地方化’中”。[①] 双年展需要警惕成为“全球地方化”的展台。而双年展应该探索的，是一种新的空间关系，关注建筑如何在文化、社会、环境层面获得品质和公平。[②]

此外，学术性为双年展的自由性及文化想象的实现贡献颇大。除了第五届“城市边缘”是由主办方给定题目，其他几届“深双”的主题都是由策展人自己决定，赋予了策展人极大的自主权，而策展人多元的文化和行业背景也丰富了他们思考城市问题的维度，通过担当双年展的总导演，策展人调动了全球的思想和智慧，共同探讨当下全球化背景所面临的紧迫问题，不仅为深圳的发展提供了可资借鉴的经验，也为学术界针对城市问题创造了对话、交流甚至创作的机会。双年展一直致力于打造公共教育平台，专业论坛和讲座面向公众开放，将展览中的展品和研究通过活动、表演、工作坊等多种通俗易懂的方式展现给观众，活动的内容也不仅限于城市、建筑领域，而是延伸到任何可以对城市文化产生影响的事件，让市民得以更加了解自己所生活的城市。

---

① 黎庶乐：《詹姆逊的后现代超空间理论及其意义》，《哲学研究》2016 年第 2 期。

② 黄伟文：《看不见的城市：深双十年九面》，《时代建筑》2014 年第 4 期。

B.10 传统文化与创意经济联动发展策略研究

袁 园*

摘 要： 近年来在中央的大力推动之下，传统文化的传承发展成为一个热点议题。传统文化在当下的复兴拥有一个独特的文化、经济背景，就是创意经济的潮流。传统文化可以借助创意经济介入具体生活的脉络获得当代的生命力，而创意经济也可以大力借用、转化传统文化中的优秀民族文化资产和精神内核，以求在世界性的创意经济竞争中获得差异化发展的优势。通过对来自泰国、日本和中国的三个代表性案例的分析，本文提出了三个传统文化与创意经济联动发展的可能路径，具有很强的现实指导意义和理论探索意义。

关键词： 传统文化 创意经济 联动发展

一 传统文化与创意经济联动发展的可能性

（一）文化发展的需要

1. 传统文化作为问题的提出

2017 年，中共中央办公厅、国务院办公厅印发了《关于实施中华优秀传统文化传承发展工程的意见》，使得传统文化复兴的议题上升为“国策”，

* 袁园，深圳市特区文化研究中心副研究员。

成为时下文化界的一个热词。然而，谈论“传统文化”在当今的时代语境下，并不是一件容易的事。首先，文化的含义在当代被无限地扩大了，究竟什么是“文化”，本身就是一件颇具争议而没有确切结论的事；其次，何为传统？如果将传统文化理解成与现代文化相对的过去的文化，那么传统文化要如何在历史的演变中找到它的新形式与新角色？

2. 文化以及传统文化的框架的定义

2018 年 11 月，熊澄宇教授在成都举办的中国创意管理论坛上，将文化归纳为以下五种不同维度的文化形态：①可视可触的物质符号体系；②可知可感的精神价值体系；③规范行为的社会制度体系；④地域特征的综合文化形态；⑤科学生产力与文化生产力。这是一个对“文化”所做的较为翔实的全方位归纳。如果我们再将其概括之，可以将其总结为，广义范围的“文化”包括：符号体系、价值体系、制度体系、地域特征、科技文化。这五点之中，制度体系和科技文化是最具有历史性特征的，是最易随着时代的变迁而发生巨大变化的，而其他的三项——符号体系、价值体系和地域特征则在历史中相对来说能够保持一定的稳定性，或者说在文化形态的历史性演变当中，比较能够保留其核心的文化价值并进行传承，因此本文将广义文化中的这三个具有显著“传承性”和相对“稳固性”的面向作为本文定义“传统文化”内涵的具体坐标，以便展开面向具体发展策略的讨论。

3. 传统文化在当下发展的语境

“传统文化”并不是一个新的概念。早在 19 世纪和 20 世纪之交，当中华文化首次遭遇西方文明冲击之时，中国与西方的文化差异，就被传统与现代的论述方式取代。传统文化在那个激进变革的年代，成为需要被“扬弃”的对象。

然而，随着中国等亚洲国家在经济、政治上逐渐完成从传统向现代的转型、过渡，对自身文化的主体性意识也变得越来越强。而自新千年后，不断加速的全球化进程，使得西方文化以一种先发现代性的优势，通过影视、广告、日常消费，而不断渗透进亚洲国家民众的日常生活，成为当代全球化趋势下越来越具有侵略性和同质性的强势文化。

相对而言，本土在地文化的发展与传播空间遭遇挤压和压缩，成为需要被保护的文化遗产。因此，传统文化在当下的再度提出，正是对这种经济全球化语境下，文化全球同质化境况导致的在地文化认同、文化身份危机的回应。从另一个方面而言，也是作为已然在政治、经济上崛起的大国，在全球重塑独特文化主体性的自觉意识的体现。

而全球化时代的文化播散，由于数字网络和信息技术的普及，不再可能是单方面的单向权威式传输。文化的受众，很大程度上是借助于媒体传播、影音产品、文化旅游、创意产品等文化经济消费形式来完成文化的选择和认同。因此，在当下的历史发展语境下，传统文化的发展需要借助创意经济的发展。

（二）经济发展的需要

工业时代的经济发展主要依靠制造业，主要目标也是满足人们的基本生存需要。进入后工业时代之后，以信息技术和文化创意为代表的知识经济为经济发展提供了新的增长要素和动力。创意经济这个概念在全球的兴起来自传统制造业经济的低迷。英国新工党在 1997 年上台后，推出“创意产业”的概念，提出这一概念是为了提振英国经济，另外也是为了增加青年的就业。国家通过制定一系列的激励政策，促进创意产业发展，大大促进了经济的增长，从而被全世界各地政府引鉴。亚洲的韩国、日本、泰国、中国台湾和中国香港等国家和地区在 1997 年的亚洲金融危机之后，也将注意力转移到创意经济领域，相继将其推举到国家战略的层面，成为化解经济危机的一个出口。

而创意经济原本就是一种以创意、知识、价值观念等无形资产为重要发展要素的经济形式，差异性、新奇性都是重要的创意经济资源。因此，在这样一个创意经济发展的语境下，来自本土传统文化的创意成为一个新的经济生长点以及生产力要素，对于开发差异性的竞争产品具有重要意义。因此，创意经济的发展也需要进一步地开发传统文化资源。

二　传统文化与创意经济融合发展的几种策略及案例

传统文化与创意经济的融合点在于“文化创意”作为生产力要素对经

济发展的促进。由于创意经济包含的范围很广，因此从策略角度而言，本文将选取上文“文化”定义中五个形态维度中与传承相关的三个——符号体系、价值体系和地域特征来作为融合发展的切入点。

（一）利用物质符号体系进行融合发展的策略及案例

物质符号可以说是最容易携带民族在地文化特色的面向。在创意经济的门类中，手工艺品是最直接与本土传统文化相关的。手工艺品承载着先民的生活方式、审美取向、地质物产等一系列在地文化的元素，是传统生活很重要的组成部分，也是一个地域文化心理和文化传承的物质化体现。在后工业时代，人们对于工厂机器制造的千篇一律的功能性产品逐渐厌倦，而手工艺品所表现的地域特征、人文温度成为时下强调生活方式的人群所热衷于追逐和消费的对象。然而，手工艺品的发展由于不具备规模效应，其生产的个体化、地域化、多样化又不易管理品质，没有品牌的竞争力也不容易获得具有资源优势的渠道，因而相对而言，凭借自发状态来发展，又具有明显的难度。因此，国家政策的介入就显得格外重要。在这个领域中，泰国“一村一品”计划所取得的巨大成功值得我们借鉴。

案例　泰国“一村一品”（One Tambon One Product）产业计划

该计划在2001年由他信政府在泰国王室的支持下开始推动。泰国政府拨给全国4.5万个自然村每个村100万泰铢（约20万元人民币）作为周转资金，由村庄自主决定开发何种产品，政府协助他们开拓市场，帮助参与计划的村民增加就业机会和收入，其主要目的在于推广泰国传承多代的精致手工业，将泰国乡村多样化的传统商品推广行销到国际市场。该计划主要分为五个部分：一是帮助地方建立长期的产业发展计划；二是协助地方选择一项产品发展，该产品需考量到基础原料的可行性、技术程度与地方认同感，三是协助地方建立可操作的行销策略；四是收集全国OTOP业者的资讯，予以分级，按照“适合外销者”“适合内销市场者”“局限于地方性销售”进行分类；最后，鼓励OTOP业者对特色产品进行知识产权登记，以防止仿冒或剽窃情况发生。

在整个手工业产业链条中，泰国政府在生产环节、通路环节和销售环节乃至知识产权备案环节全程进行辅导和辅助提升。在生产制造端，邀请全球知名设计师提供建议给OTOP产品制造；在通路端，对适合不同市场的产品进行分类考核；在销售端，积极帮忙打开国际市场。例如，诗丽吉王后在重要的国事活动中，不遗余力地推销泰国的工艺品，将其作为文化外交的重要手段，包括在美国举办泰国传统工艺美术和促进中心手工艺品的展览，在法国举办主体为“水与地球”的“泰国工艺美术的瑰宝”展览，在中国举办泰国名家设计师的时装秀，展现泰丝服装，惊艳了各国参展者和政坛高层。泰国以手工艺为代表的文化工艺复兴，离不开诗丽吉王后的不断努力推动。事实上，泰国王室和政府对传统手工艺保护和传承的支持是早期乡村手工艺OTOP发展的源头，包括以下阶段：

第一个阶段是1972年由诗纳卡琳皇太后捐助10万泰铢设立“泰国山地手工艺品基金会”；第二阶段是1975年由泰国诗丽吉王后亲自设立的“泰国诗丽吉王后扶持基金会”，其宗旨是扩大行业并提供相关技术支持服务，创造就业机会，同时保护和复兴濒临消亡的泰国古老手工艺；1981年，诗丽吉王后艺术职业培训中心成立，培训内容涵盖了藤草编织、缝纫、泥塑、泰式糕点制作、插花、皮革工艺、玻璃工艺等，培训对象为16岁到50岁的泰国各地农民。在曼谷的吉拉达皇宫成立了“SUPPORT”计划的培训中心，并由王后亲自接见农民，挑选合适的人选，在负责他们食宿的前提下，让他们自主选择受训项目，这个培训中心的成功有力地促进了泰国各地手工艺培训基地的发展；第三个阶段是1995年由泰国诗琳通公主发起的“Phufa职业促进项目”，主要目的是关注和保护泰国贫困地区儿童和青少年的成长，让这些家庭能够开展作坊式的手工艺产品生产，并组织团队帮助他们在曼谷和其他城市宣传和销售产品。在他信总理上台之前，王室所做的这些推动乡村发展、复兴传承手工艺的铺垫，奠定了很好的发展创意产业的基础。

（二）利用精神价值体系进行融合发展的策略及案例

精神价值体系是一个民族文化中的核心内涵，是文化中的隐性基因，在很大程度上决定了民族文化的外显性特征。从某种意义上来说，这是代表着从根源处区别于西方文化的“另类”差异化文化内核。但由于精神价值体系的无形性，以及随着历史的发展而不断演化的特征，要将这部分的传统文化在当代发扬光大，又是更困难，更有挑战的。因为，时代的不同一定会造成某些价值观念的相应改变，但是价值体系背后的哲学观念和精神向度的取向却可以通过新载体或新表现形式的创造，而得到传承和宣扬。而这种新形式的载体所生成的产品，也会由于这种“与众不同的”差异性更凸显其经济上的竞争力。因此，对于创意产品的现代生产者来说，需要找到一套对传统精神内核进行现代形式转化的方法，使得新的创意产品既有传统的文化意涵，又同时具有现代经济的竞争活力。

案例　日本时尚品牌三宅一生的成功之路

日本时尚品牌三宅一生（Issay Miyake）自20世纪70年代在日本创立以来，一直以不断的颠覆性创新惊艳国际时尚界，至今不衰。其创办者三宅一生不仅在20世纪80年代，与川久保玲、山本耀司，一起被西方称为Japan Shock，更被誉为“能与整个西方服装设计界相抗衡的设计师”。那么三宅一生究竟是如何运营民族元素的？又是如何将日本传统文化“再现”于时尚设计当中，并且使之在世界时装界独树一帜、长盛不衰的？

三宅一生1938年出生于日本广岛县，大学毕业后前往巴黎服装公会学校学习服装设计，毕业后在纪梵希的工作室做过助手。1970年归国后在日本创立了三宅一生时装设计所。1976年，他在东京和大阪推出的“三宅一生与十二个黑姑娘”的时装表演，轰动日本，6天内观众达15000人。1983年，他在巴黎参与的服装展示，因选用鸡毛编织的面料而震惊了巴黎的时装界，自此在国际上崭露头角，以后便不断推出具有革新和轰动效应的时尚系列。包括“一块布A-POC”系列、“一生褶”系列、“IN-EI阴翳”系列、“Bao Bao”系列、“一生之水”系列等。每个系列都自成一格，不仅充分体现东方的传统文化意涵，而且又具有征服现代国际消费者的巨大魅力。其市场受欢迎程度使得系列设计都逐渐发展成独立的子品牌。

虽然如今创造了庞大的时尚帝国，三宅一生所有的设计却是从“一块布 A-POC”开始的。他对服装设计的理解，并不是在西方已经奠定的现代成衣框架中做小范围的局部创新和突破，而是从人体与服装根本的关系上进行思考。他质疑西方那种“由外向内”的设计传统——把面料铺在人体模型上，然后通过裁剪、缝制和褶皱等方式雕塑出理想的女性线条。而是从日本传统和服“由内自外”处理身体与衣服间的关系出发，认为布料是人的“第二肌肤”，应该“一块布成衣”。这种最深层的思想意识，是真正影响品牌灵魂的基因构成，在此基础之上，三宅通过对衣服结构、面料、剪裁的革新，创造了一个个具有概念和形式突破性的系列。

其中最为著名的是“一生褶”（Pleats Please）系列。通过对布料特殊的工艺处理，使褶皱永远不会消失。三宅一生的思考是，人们需要的是随时可以穿的、便于旅行的、好保管的、轻松舒适的服装，而不是整天要保养、常送干洗店的服装。因此，三宅一生设计的褶皱面料可以随意一卷，捆绑成一团，不用干洗熨烫，要穿的时候打开，依然是平整如故。这是服装面料史上的一次革命性事件。1993 年 3 月到 1997 年 3 月，光是“一生褶”系列的品牌线，就售出了 68 万件外套，除此之外，每年还有约 21 万件其他系列的服装在全世界售出。1997 年，三宅一生的门面总数就达到了 109 家。

2010 年 10 月三宅一生发布了“132. 5”系列。这是三宅一生品牌在服装面料和结构方面的再一次实验和自我突破。该系列从日本折纸中吸取灵感，每件时装都由一块布料剪裁而成，并且可以折叠成一个完全规则而富有美感的平面几何图形，完美地跨越了二维与三维之间的界限。系列名称中的数字，看起来不明所以，其实是对这个系列设计概念的完美阐释：“1”代表一整件面料；“3”代表三维立体；“2”代表折叠后的二维形状；“5”代表全新的立体体验。2012 年 4 月 24 日，该系列赢得了伦敦设计大奖，大赛组委会认为“132. 5”系列体现了时装在概念上的突破。他的设计理念汇总融合了多元的现代元素，服装既能够按照固定的折线折叠起来，展开也拥有特有的 3D 结构，并且其所用面料采用了日本化纤纺织界巨头——帝人 Frontier 株式会社开发的再生纤维，是用回收而来的塑料制作而成的，体现了后现代“再生环保”的思想。

从以上简短的对三个代表系列的分析中，我们可以发现三宅一生对日本传统文化的高超“转化”，是其赋予当代设计独特东方魅力的重要技术。其主要着眼点和手法可以概括为：（1）将服装、灯具等实物设计先还原到对其本质的抽象思考，进而进入到民族文化对服饰、器物在哲学文化或审美倾向层面的理解，把握住传统文化的“神韵”和主要的表意蕴含；（2）在当代的材料创新方面，进行积极而扎实的投入，将日本本土服饰产业链上的优质企业进行有效整合，例如：与日本化纤纺织界巨头帝人 Frontier 合作，使用其最新研发的环保材料，达到特殊的设计效果；（3）善于整合日本国内最顶尖的数字科技力量，运用数字模型软件进行设计，方能创造出“132.5”系列令人震惊的二维到三维的转化。

（三）利用地域文化特征进行融合发展的策略及案例

地域文化特征是一个地方基于特殊的地理风貌、生活方式和民间习俗而形成的具有相对地域差别的文化特征的总和。这种地域性的差别使其先天就带有与西方输出的普适性文化相异的文化形态，成为传统文化得以便利、集中传播的极佳手段和空间展示形态。从某种意义上来说，只要通过恰当的现代化管理和品质管控，各个地域都具有一定程度的可开发性。

案例　陕西咸阳袁家村乡村游典范

袁家村位于关中平原北部，属于陕西省咸阳市礼泉县，是一个只有 62 户 286 人的小村，全村土地不足千亩。1970 年之前，袁家村是当地出了名的落后村。直到十年前还只是中国几十万个村落中一个默默无名的小村，而且属于典型的关中贫瘠旱地，就农业经济来看，并无特殊的发展优势。然而自 2007 年开始做乡村旅游以来，逐渐成为陕西省乃至全国最受欢迎的乡村旅游胜地之一，被誉为“关中第一村”。近年来，连续三年每年吸引 300 万游客，年营业额超过 10 亿元。在这里，有年利润 300 万元的粉汤羊血，有单日营业额高达 29 万元的酸奶铺。据客流统计数据，袁家村的客流量平日里达到 4 万 ~5 万人次/天，周末达到 6 万 ~7 万人次/天，国庆及春节等特殊节假日，最高客流量可达20万人次/天。2015年国庆黄金周，日接待量18万人，超过“兵马俑”，居陕西省首位，被封为乡村旅游的典范。

据不完全统计，在陕西陆陆续续复制“袁家模式”的乡村就有70多个，这其中有做成的，有在做的，还有将要做的。袁家村做乡村旅游并没有像江南水乡那样的先天自然环境优势，何以能在十年的时间内迅速崛起、持续发展而不衰？它不但让关中民俗文化通过旅游向全国游客进行传播，重新回到大众视野，并且还能带动周边大大小小十余个村共同致富，创造了“袁家模式”。通过详细的案例研究，我们可以发现这一切都与袁家村村领导清晰独到的战略决策和精细管理分不开。

首先，在项目开发的战略定位上，虽然袁家村距离著名景区昭陵（唐太宗李世民的陵墓）仅4公里，以村书记为代表的村领导团体却并没有将昭陵观光配套服务当作自己的特色，而是另辟蹊径，提出“关中民俗文化”的概念，以展示地地道道的关中农村生活作为旅游开发的主题。而其中，又尤其以“民以食为天”的饮食，作为开发的重点。拉近了旅游目的地、游览内容与普通民众生活的关系，也使得“民俗文化”可以在日常生活内容中得到“润物无声”的传播。

其次，与通常的乡村旅游开发做成收门票，规定时间进出入的“封闭式景区”不同，袁家村虽然拥有4A级景区资质，却是免费开放，不收门票、自由进出入、自由逗留的旅游景区。游客可以免费参观袁家村村史馆、观看民俗街上的各种民俗表演。但除此之外，游客的吃、住、行、购、娱都是收费的。因此，对这些收费项目的品质管控就成为袁家村管理的重中之重。

对景区经营业务的品质管理体系，可以说是袁家村区别于其他景区的重要因素所在，也可以看作“袁家模式”的核心组成部分。袁家村没有像其他景区那样，将一片封闭的地区划成开发区租给开发公司，而是跳脱了简单粗暴的“卖地模式”或地产开发模式，一开始就将全村人的共同致富视为最终目标，由村支书郭占武作为整个“袁家村关中印象”项目的总设计者，将全村人动员起来，将自己的生活尤其是小吃餐饮做成旅游项目中的重要吸睛要素。在一条小吃街上，如果有100个商户，就有100种小吃，保证小吃不重复的方法在于进行事先规划，让有兴趣开店的村民来认领，如果出现一家门店有好几家来报名的，就进行现场手艺比拼，看谁做得最好吃，就让其认领门店。与此同时，每个月都统计销售量的后五名，并由管理团队帮忙调整经营方式，找到解决方案，如果调整不过来，就考虑换人或换产品。由于袁家村原本只有62户人家，50多户农家乐，如果只是限于本村人参与经营的话，则很难达到现今的规模和人气，经营者也很难获得这样高的收入。因此，袁家村村委会在景区经营项目管理上的第二个重要手段是明确地将“打造平台”作为自身发展的手段。通过搭建农民创业平台，不仅让袁家村村民家家有生意，而且还吸引周边的村民或外地人来此经营。如今的袁家村，经营农家乐、小作坊、酒吧等不同业态的经营者已经多达3000多人，其中外村人占了很大比例，也可谓带动了周边村民共同致富。而为了让共同致富的理念得到具体的贯彻落实，袁家村又创造出“全民股份制作坊街”的创新性公司管理模式，通过将收益好的优势项目做股份制管理，让大家都能入股享受收益，很好地平衡了收入差距问题。

最后，在成功的基础上对可持续发展模式进行不断探索。袁家村在乡村旅游和新农村发展模式上创造的现象级成功，是旅游小镇在“乌镇模式”之外的另一种创新。随着时间的推移，“袁家模式”已经经历了近十年的繁盛不衰，这并不是一件一劳永逸的事情。在这个过程中，还呈现了项目管理者和设计者的深谋远虑，对袁家村可持续发展模式的不断开拓。袁家村村支书曾谈到，自2007年至今，袁家村的发展经历了三个阶段的递进——从单纯地做关中民俗旅游开始，到发展乡村度假游，再到发展农副产品产业链，其根本目标是要打造百年袁家村，而其关键还不在于旅游景区小吃店的店面流水，更重要的是要做产业的发展。为了达成这样的战略设想，他们首先认识到对农民进行“再教育”的重要性，并将其放在第一位，成立了农民学校，并专门设立了“明理堂”，由德高望重者主持，村干部、村民和商户代表参加，谁有问题都可以上明理堂，讲明道理，化解矛盾，解决问题，让每一个村民对于村子的发展都有主人翁的意识和自觉；然后，在业态的布局上，逐步超越单一的小吃街模式，有意识地培养新的业态，丰富袁家村旅游的内容，例如发展乡村度假，引进酒吧街、艺术街、回民街以及祠堂街等不同的特色街道，不断开拓新的产业发展空间。一方面提高陕西及周边省份居民的回游率，另一方面也往“民俗创意文化”的纵深度做设计和战略开发，期望打造出系列化、高端化、个性化的文创产品，提高袁家村品牌品质的同时，也可以在将来“走出去”。这种举措的战略性表现在“尽管这些产业现状可能赔本经营，但从长远来看，营造的这种文化氛围实际上是增加了乡村的造血功能，是一种大业态的完善、村里所有的艺术家都是袁家村的无形财富”[①]；再有，将明确的“三产融合”发展策略推广到全国，由于始终将品质把控放在对自身核心竞争力的定位上，多年以来捍卫食品安全被视为袁家村发展的“生命线”，不仅每一道小吃的制作按照传统的工艺保留，而且规定所有的原料都统一由村里的作坊供应，不得私自外采，一旦发现即取消经营资格。这种严格的管控一方面把握了小吃店的出品品质，而且还带动了第二产业的发展壮大——包括袁家村自营加工厂、调味品厂、酸奶厂、油厂、面粉厂等关键的原材料加工厂——而这些农副产品小品牌也因为袁家村的品牌保障而获得了全国消费者的信赖。农副产品全国增量的扩大，也将带动袁家村及周边第一产业种植业的发展。这就是袁家村村支书郭占武所谓的“三产带二产，二产带一产”的可持续发展战略。

① 《对话袁家村掌门人，揭秘真实的袁家村》，搜狐网，http://www.sohu.com/a/168406730_460435。

文化设施与公共服务

Cultural Facilities and Public Services

B.11 深圳与国内外先进城市博物馆事业的比较分析

任开碍*

摘　要： 博物馆是城市文化的重要组成，在城市发展和公共文化服务中占有重要地位。衡量一座城市博物馆事业是否与城市发展目标和地位相匹配，不仅要从城市自身的社会、经济、文化等方面考察，还应有更宽的视野，从与其他城市的比较分析中找出差距和问题。本文对深圳与国内外先进城市博物馆事业进行尽可能量化的比较分析，以期为深圳博物馆事业发展规划提供参考依据。

关键词： 博物馆事业　深圳博物馆　藏品

* 任开碍，深圳市特区文化研究中心助理研究员。

经过30多年的快速发展，深圳博物馆事业初步形成以国有博物馆为主体、非国有博物馆为补充，类型多样、举办主体多元的博物馆体系。截至2017年底，全市依法注册博物馆47家（含非国有博物馆31家），其中国家一级博物馆1家，三级博物馆5家。全市博物馆藏品登记总量88995件（套），其中三级以上珍贵文物13073件（套）；在编员工总数为429人（高级职称员工59人），登记注册志愿者2385人。2017年，全市博物馆除基本陈列外，举办临时展览82个，年观众达430万人次。博物馆教育、收藏、展示功能日益凸显，受到全社会的关注和欢迎，对实现文化遗产保护成果惠及民生、丰富人民群众精神文化生活、加快文化强市建设发挥了积极作用，为促进经济社会发展做出了重要贡献。

总之，纵向来看，30多年来，深圳博物馆事业快速发展并取得了重要成就。但深圳博物馆事业发展现状，是否与我们城市目前地位相契合？是否能够满足城市文化功能发展需求？是否与我们未来追求的“全球区域文化中心城市”“现代化国际化创新型城市”等城市发展目标相匹配？为回答这些问题，还必须把深圳的博物馆事业放在国内、国际先进城市的视野中进行比较。

关于比较对象的选择。从国内来看，深圳是国务院定位的全国性经济中心和国际化城市。从经济总量和人口总量方面来看，深圳已成为国内排名稳居前五名的国家区域中心城市和超大城市。即使从全球范围来看，深圳也已成为在国际上有重要影响力的城市，特别是近年来深圳的发展后劲和持续竞争力受到越来越多的肯定。

基于深圳目前的城市影响力以及城市未来的发展定位，关于深圳博物馆事业比较参照的对象，国内应选择一线城市和主要发达城市，国外应选择与深圳排名接近的主要城市，这样才有可比性。但由于相关资料数据的缺失，要想在一个理想平台上比较，难度较大，因此我们只能在现有资料的基础上，尽量考虑可比性原则，从规模、档次、结构、类型、社会影响、投入等有关方面，对深圳与有关城市博物馆事业进行尽可能量化的比较分析，以期为深圳博物馆事业发展提供有益的借鉴和启发。

一　博物馆总量比较分析

博物馆的数量规模是衡量一个国家或城市博物馆事业发展水平最直观的指标。在发达国家和世界先进城市，博物馆事业起步早，积累丰富。以美国为例，美国虽然建国历史不长，但十分注重历史、有着丰厚的文化积淀，全国共有各类博物馆35144家，这个数字远远超过麦当劳餐馆（1.4万）加上星巴克连锁店（1.1万）的总和。按人口数量计算的话，不到1万人就有一家博物馆。[①] 世界主要城市不到3万人就拥有一座博物馆，美国华盛顿特区8700人就有一座博物馆（详见表1）。

表1　世界主要城市博物馆数量和覆盖率

城市	伦敦	巴黎	纽约	华盛顿特区	东京	北京	深圳
常住人口(万人)	783	1180	818	65	1316	2151	1253
总量(座)	300	400	500	75	500	150	45
拥有量(万人/座)	2.61	2.95	1.64	0.87	2.63	14.34	27.8

资料来源：《上海市博物馆发展“十三五”规划（草案）》，上海市文化广播影视管理局提供，2015年8月。

深圳2016年有正式注册的博物馆45座，按目前1253万常住人口计，平均27.8万人才拥有一座博物馆。[②] 这一水平远低于世界发达城市水平，仅与全国平均水平（据《2017中国文物统计提要》最新统计，2016年，全国博物馆总数达到4692家，平均29万人拥有1家博物馆）相当。与《国家文物事业发展“十三五”规划》明确要求的“到2020年，全国博物馆公共文化服务人群覆盖率达到每25万人拥有1家博物”也有一定的差距。

与国内其他先进城市相比，深圳的博物馆总量上也有很大差距。根据国

① 《美国博物馆数量是星巴克咖啡店的三倍》，凯迪网，http：//m.kdnet.net/share。

② 此为深圳2016年数据，考虑本文其他对比城市2016年及以后的数据不完整，为保证可比性，深圳取2016年数据，其他对比城市取2015年数据。

家文物局网站公布的《2015 年度全国博物馆名录》统计①，目前我国城市博物馆发展迅速，北京、上海、成都、西安等城市，总量都已超过了 100 家，其他主要城市早在 2015 年博物馆数量也都超过深圳 2016 的拥有量（详见图 1）。

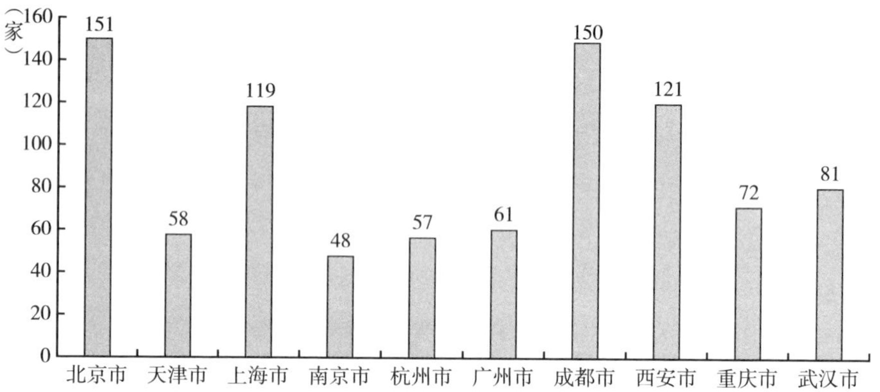

图 1　2015 年我国主要城市正式注册的博物馆数

总之，仅就博物馆拥有量看，深圳与国内外先进城市相比差距巨大，特别是对照深圳目前的经济发展水平、人口规模、城市地位和城市对文化软实力的追求，大力发展博物馆事业显得更加必要和紧迫。

二　博物馆档次级别比较分析

我国自 2008 年正式实施博物馆分级制，从综合管理与基础设施、藏品管理与科学研究、陈列展览与社会服务 3 个大项，几十个细项对博物馆进行评判，将博物馆分为一级博物馆、二级博物馆、三级博物馆及无级别博物

① 南京博物馆实行总分馆制，南京市博物馆总馆在《2015 年度全国博物馆名录》统计中只算一个馆，实际其包括南京市博物馆、南京市太平天国历史博物馆、中共代表团梅园新村纪念馆、南京市民俗博物馆、南京渡江胜利纪念馆、南京市江宁织造博物馆、南京六朝博物馆 7 个自成体系的独立博物馆。

馆。[①] 博物馆分级是依据博物馆综合实力指标来分的，一座城市拥有一、二、三级博物馆的数量（特别是一级博物馆的数量）的多少，是体现一座城市博物馆事业发展水平的重要指标。2015 年底北京市有一、二、三级博物馆合计 32 家，其中一级馆就多达 17 座，因此当之无愧是国内博物馆事业发展水平最高的城市。据国家文物局网站公布的《2015 年度全国博物馆名录》统计，2015 年我国主要城市拥有的一、二、三级博物馆数量（深圳为 2016 年数据）详见图 2：

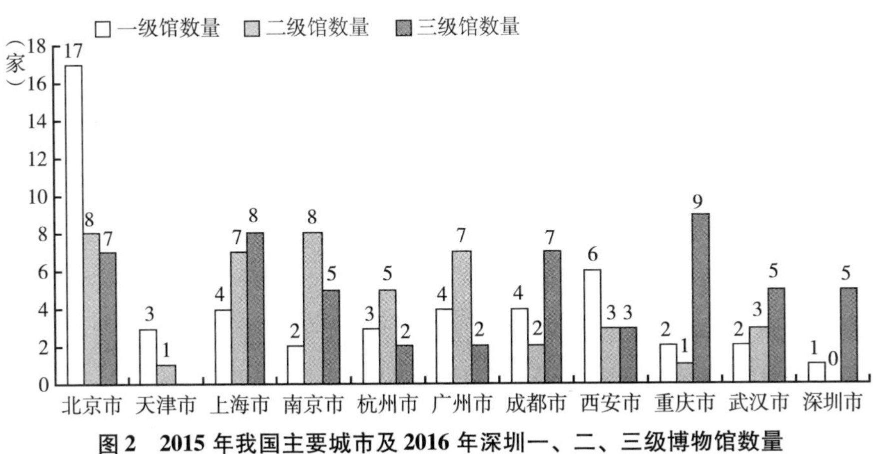

图 2　2015 年我国主要城市及 2016 年深圳一、二、三级博物馆数量

从图 2 中可以清楚地看到，与国内其他主要城市相比，深圳无论是级别以上博物馆总数，还是能明显体现博物馆事业实力的一级馆数量（仅 1 家）都是这些城市中最少的，特别是二级馆缺失，预示近几年要在一级馆数量上实现提升几乎是不可能的。

三　博物馆结构类型比较分析

博物馆事业发达的国家和城市，除了博物馆数量众多和拥有具备超强影响力的著名博物馆外，博物馆的结构类型也呈现多样性。比如美国，除主流

---

① 参看国家文物局官网，http：//www. sach. gov. cn/。

的历史博物馆外（据美国驻华大使馆的数据，历史博物馆占美国所有博物馆总量的55.5%），各类博物馆应有尽有，比如汽车博物馆、海洋宠物博物馆、恶心艺术博物馆等。在美国，儿童博物馆就有400多家，年访客量超过3000万人次，而中国目前只有3家儿童博物馆，和美国儿童博物馆数量的差别非常大。[①] 国内博物馆事业发达城市往往也是拥有比较丰富的博物馆结构类型。此外，在国内一些高校集中的城市，除了普通博物馆外，众多的高校博物馆也极大地增强了城市博物馆的整体实力（详见表2）。

表2　国内主要城市及2016年深圳高校博物馆情况

单位：家

城市	北京	上海	西安	南京	武汉	广州
高校博物馆数	65	31	33	24	28	24

资料来源：参看城市高校博物馆地图，http://map.baidu.com/? newmap=，2017年最新数据。

考虑到目前博物馆的分类的复杂性以及数据不易获取，对不同城市博物馆的结构类别进行系统的比较难度较大。本文采用目前国内文博系统统计时通用的简单分类法进行比较分析：即将博物馆分成文物类、行业类和非国有博物馆三类，前两类是国有博物馆，文物类博物馆由文博系统直接管理，行业类博物馆由国企或其他国有性质的组织（如高校、行业协会）等管理，除此以外其他由社会力量利用或主要利用非国有文物、标本、资料等资产设立的博物馆均归入非国有博物馆类别。据国家文物局网站公布的《2015年度全国博物馆名录》统计，2015年我国主要城市以上三个类别博物馆的数量和占比情况（深圳为2016年数据）详见图3。

从图3分析可知，不同城市三类博物馆的分布呈现不同特点；上海、西安等博物馆强市三类博物馆发展比较均衡，成都市非国有博物馆发展

① 《儿童博物馆中美数量3∶400　它如何推动教育变革?》，搜狐网，http://www.sohu.com/a/137007487。

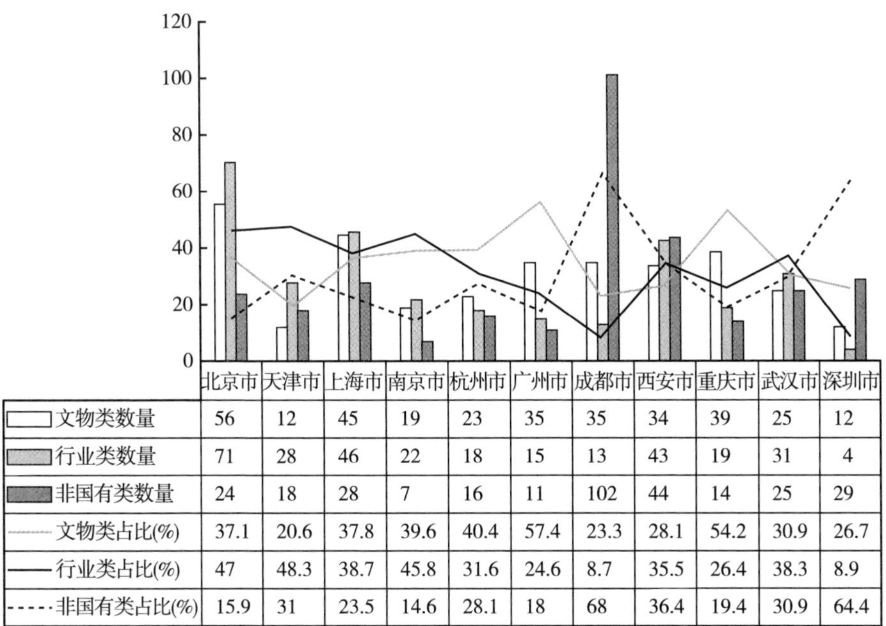

	北京市	天津市	上海市	南京市	杭州市	广州市	成都市	西安市	重庆市	武汉市	深圳市
文物类数量	56	12	45	19	23	35	35	34	39	25	12
行业类数量	71	28	46	22	18	15	13	43	19	31	4
非国有类数量	24	18	28	7	16	11	102	44	14	25	29
文物类占比(%)	37.1	20.6	37.8	39.6	40.4	57.4	23.3	28.1	54.2	30.9	26.7
行业类占比(%)	47	48.3	38.7	45.8	31.6	24.6	8.7	35.5	26.4	38.3	8.9
非国有类占比(%)	15.9	31	23.5	14.6	28.1	18	68	36.4	19.4	30.9	64.4

图3　2015年我国主要城市及2016年深圳三类博物馆数量分布与占比情况

在全国多独占鳌头，非国有博物馆总数达102家，占全市总数的68%（成都非国有博物馆的发展质量，仍有待观察，根据2015年8月至12月国家文物局组织各省区市文物主管部门统一开展的2014年度非国有博物馆运行评估结果，包括成都在内的四川全省非国有博物馆合格率仅17%，在全国排名最后①）。2016年深圳的非国有博物馆为29家，占到了总数的64.4%，仅次于成都，在10个城市中居第二，排名全国前列。值得注意的是，深圳的行业博物馆仅4家，占比8.9%，在11个城市中排名倒数第二。博物馆发展的历史经验表明，行业博物馆不仅反映了行业本身的历史流变和兴衰，也折射出与行业相关的社会行为和社会活动，涉及社会的政治、经济、文化、技术以及审美、习俗和宗教等人文方面的各种知识，对今人和后人从事生产活动和科学研究都具有重要的借鉴和启迪作用，是博物馆体系的

① 参看弘博网，http：//www. vccoo. com/v/。

重要组成部分。[①] 上海等地行业博物馆发展实践表明，行业博物馆的筹建黄金期，应在行业发展三四十年的时候，太早难以发现文物价值，过迟则文物容易流失，征集困难。[②] 深圳是中国新兴产业发展最好的城市，一大批行业龙头企业的总部设在深圳，深圳市建立已有30多年了，也到了梳理历史的黄金期，应充分发挥行业优势，大力发展行业博物馆事业。

四　博物馆藏品比较分析

藏品是博物馆的灵魂和核心，是博物馆发展的关键，一个城市博物馆的影响力说到底要以丰富的藏品为支撑。世界著名博物馆莫不以丰富的藏品闻名于世，其藏品总量动辄以百万件、千万件计。如大英博物馆藏品超过600万件，大都会艺术博物馆（Metropolitan Museum of Art）藏品超过300万件，维多利亚和阿尔伯特博物馆（Victoria and Alebert Museum）藏品数量超过800万件，美国国家自然历史博物馆（American Museum of Natural History，AMNH）藏品竟超过3200万件，包括来源于全球各地的天文、生物、矿物、植物及人类标本，由于藏品数量众多，有机会可以展出的仅是其中约10%的部分，成为世界藏品最多的博物馆。[③] 国内主要博物馆的藏品数量与以上拥有巨量藏品的博物馆相比还有一定差距，但藏品总量也都超过了10万件，故宫博物院藏品总量已经超过了100万件，跻身世界巨量藏品博物馆行列（详见图4）。

比较博物馆的藏品除了要关注总量外，藏品的等级和质量也是关键。如法国的卢浮宫博物馆，目前藏品总量40余万件，在世界著名博物馆中，藏品总量并不突出，但因其拥有被誉为“世界三宝”的断臂维纳斯雕像、《蒙

① 王建平、张怀记：《我国行业博物馆的现状及未来发展方向》，载李象益主编《中国科协2005年学术年会论文集》，山西省新闻出版局，2005。

② 曹济南：《关于行业博物馆建设的思考和上海商业博物馆筹建的几点建议》，《上海商学院学报》2014年第5期。

③ 参见《世界博物馆藏品哪家最多》，乐途旅游网，http：//www. lotour. com/zhengwen/2/l。

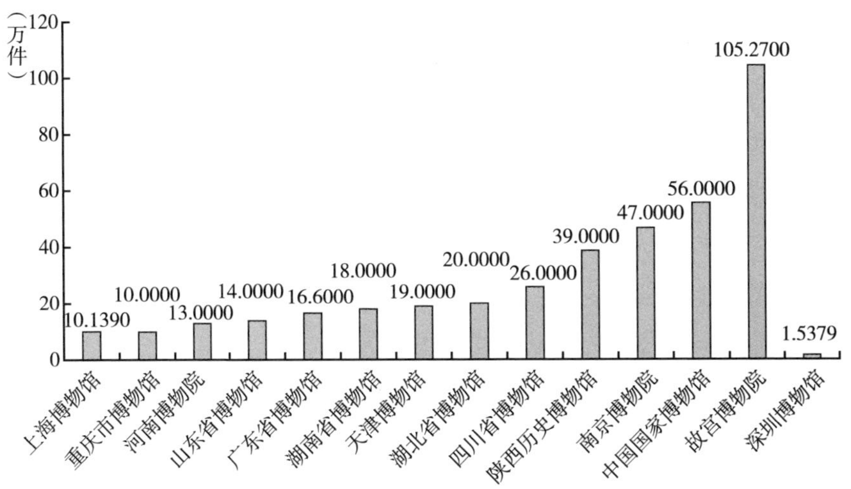

图 4　国内主要博物馆藏品总量

资料来源：参看《中国二十大博物馆排名》，木雅文化，2014 - 06 - 24，http：//mp. weixin. qq. com/s。

娜丽莎》油画和胜利女神石雕，以及雕塑、绘画、美术工艺及古代东方、古埃及和古希腊、古罗马 6 个门类的众多典藏精品而成为世界最具影响力的博物馆之一。

我国博物馆藏品实行分级管理制度，列为一、二、三级的藏品属于珍贵文物，博物馆等级以上特别是一级文物的数量能够比较客观地反映一个博物馆的藏品档次和质量，目前国内拥有一级文物最多的博物馆是故宫博物院，一级文物数量达 8023 件，其他主要博物馆一级品文物数量如图 5 所示。

深圳建市时间较短且文物资源贫乏，但 30 多年来，通过馆际调拨、社会捐赠、本地征集、私人购买、本地文物发掘整理等多种途径，博物馆藏品方面已经有了一定程度的积累，根据 2016 年深圳博物馆有关数据统计，截至 2016 年底，全市 45 家博物馆合计藏品总量为 88995 件，其中达到文物等级的 64681 件，珍贵文物（一、二、三级文物）13186 件，一级文物 951 件、二级文物 3014 件、三级文物 9221 件。由于缺乏城市之间的整体数据，市域之间的比较难以进行，但从图 4、图 5 可以看出作为深圳博物馆事业骨

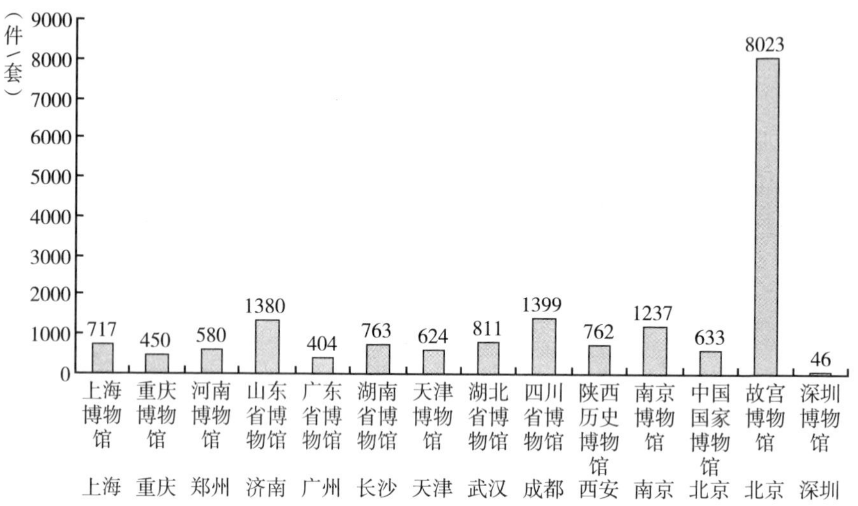

图5　国内主要博物馆馆藏品一级文物数量

干的深圳博物馆与其他城市主要博物馆在藏品数量和质量上的巨大差距，许多城市一个主要馆的藏品总量和一级文物数量已经超过了深圳所有45个博物馆的总和。深圳博物馆不到2万件的藏品总量和仅有46件一级文物的事实，表明深圳博物馆要成为国内一流博物馆，要走的路还很长。深圳要想成为博物馆强市，应充分发挥整体经济优势，不断创新思路，走出一条博物馆藏品快速积累的新路。

五　博物馆展览、活动、观众情况比较分析

20世纪60年代以后，新博物馆学运动逐渐兴起，博物馆功能开始了由“藏品为中心”向“以公众为中心”转化的过程，展览和活动成为博物馆连接公众的主要方式，并越来越受到重视。[①] 以“公众为中心”的博物馆办馆理念，极大地拓展了博物馆的社会教育功能，博物馆不再属于少数人的地

① 王紫枢、孙霄：《试论博物馆的职能定位与科学发展》，《中国博物馆》2007年第2期。

盘，观众得以成倍增长，博物馆的参观人数也因此成为衡量博物馆影响力的最重要的指标。

大型博物馆蓬勃发展，很大程度上得益于其策划、举办具有轰动效应的展览和活动。以法国各大博物馆为例，2014 年，奥赛博物馆推出的凡·高展吸引 65.5 万观众；大皇宫举办的妮基·桑法勒作品展吸引 50 万观众；巴黎马尔莫丹博物馆精心策划的两部临时展览“日出·印象”和“私人收藏印象派画展”使其访客数量从 2013 年的 24 万增长到 2014 年的 40 万。

总体来看，世界各地区博物馆游客量的增长率自 2012 年以来一直处于 2% ~3%，其中亚洲地区博物馆贡献了大部分的增长率，过去几年高达 9%。全球 TOP 20 的博物馆在 2016 年创造了 1.08 亿游客人次的新高，实现了 1.2% 的增长。

我国博物馆展览和活动近年来也呈较快的增长势头。根据国有“十二五”文物事业发展报告，2006 ~2016 年，全国文物单位每年举办的展览数量从 1.9 万个上涨到近 2.5 万个，增长 31.6%。博物馆陈列展览水平和传播能力也在不断提升，为群众提供了更优质的公共服务。特别是 2008 年我国实施博物馆免费开放政策以来，观众人数激增。2011 ~2016 年，全国文物单位接待参观人次从 5.7 亿发展到 10.1 亿，增长 77.2%，增长迅猛。[①]

关于深圳市博物馆的展览、活动和观众情况，不同的资料之间存在矛盾。根据深圳市文物管理办公室提供的《广东省 2016 年深圳博物馆有关数据统计表》，2016 年深圳全市博物馆共举办展览 172 个，其中常设展 90 个，临时展 82 个，策划教育项目 145 项，实施教育活动 740 次，观众总人次约 428 万，其中未成年观众约为 85 万人次。以这一统计结果对比广州、成都

① 参见《官方公布“十二五”发展报告　多图看懂中国文博事业最新大数据》，搜狐网，http://www.sohu.com/a/190655110。

和上海市的数据[①]（由于统计年份、统计口径有出入，数据的科学性仍有待核实，其他城市的数据由于获取困难，目前仅能与这三个城市做比较），深圳的差距和劣势还是比较明显的（详见图6、图7）。

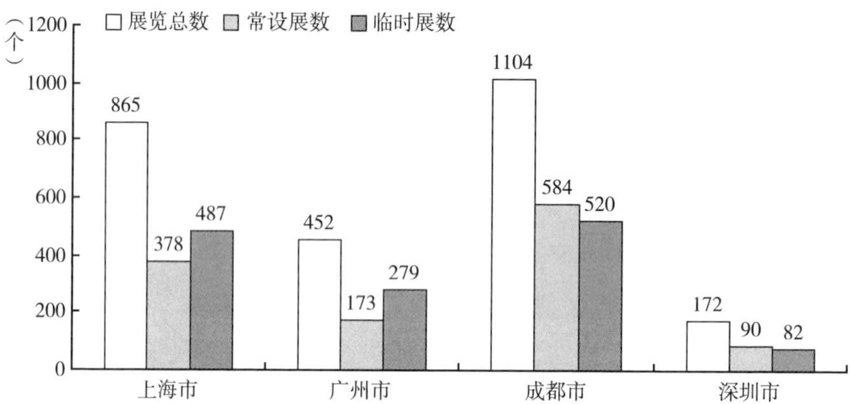

图6 深圳与上海、广州、成都博物馆展览数量比较

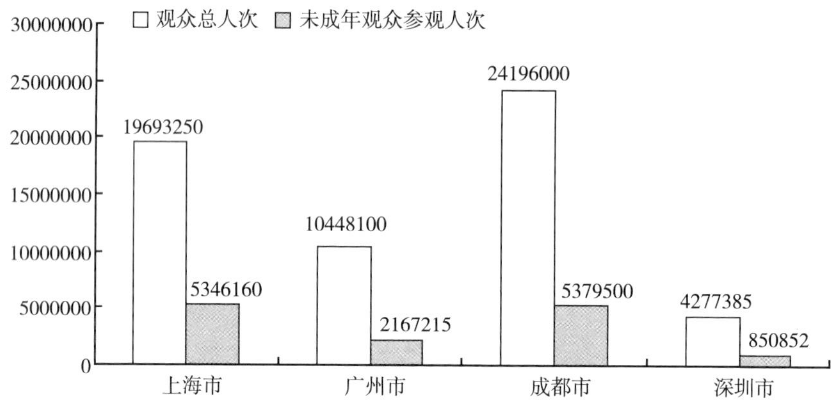

图7 深圳与上海、广州、成都博物馆观众数量比较

① 深圳数据来源于深圳市文物管理办公室提供的《广东省2016年深圳博物馆有关数据统计表》；上海数据来源于《上海市2014年文化、文物事业统计资料》，上海市政府官网，http://www.shanghai.gov.cn/；广州市数据由广州市文物局提供，为2016年数据，不包括省级博物馆数据；成都市数据由成都市文物局提供，为2016年数据。

六　博物馆资金投入情况比较分析

资金和投入是博物馆正常运转和谋求发展的保障，博物馆是需要充足经费作为保障的事业，无论是建设、运转、活动、藏品征集等都需要经费支持，若经费缺乏，博物馆发展将面临困境。以法国为例，2002 年后的 10 年间，国家对卢浮宫的拨款从每年 4300 万欧元增加到 1.14 亿欧元，而政府拨款一般仅占其总资金来源的 60%，年经费开支十分庞大。而一旦经费匮乏，博物馆发展将举步维艰，如法国政府 2015 年至 2017 年间削减对地方拨款的政策首先触及文化机构，95% 的市镇计划削减文化预算，导致地方文化遗产机构的发展遭遇瓶颈，一些机构，如里昂布艺和装饰艺术博物馆、萨尔特瓷器博物馆、尚贝里自然历史博物馆等面临关门的困境。[①]

发达国家博物馆，无论是公立的还是私立的，都有很多资金管道用以维持博物馆的运营、典藏。除了政府拨款外，博物馆的经费主要来源于各种民间基金，比如社会捐助、艺术基金、企业或私人赞助等。例如美国大都会博物馆在 2014～2015 财年，总资金为 6.32 亿美元，其中政府赞助 1800 万美元、私人捐款 2.59 亿美元、其他收入 3.55 亿美元。[②]政府通过税收政策和法律因素鼓励捐赠行为，如美国多数博物馆属于“501C3”机构，向“501C3”机构捐赠的个人或机构可抵消相应的纳税基数。有一些人因付不起巨额遗产税而将父辈遗赠的房屋、艺术品捐赠给博物馆。据统计，美国人平均每年向非营利组织捐款总额超过 2500 亿美元，其中文化和艺术所得捐款占 5.4%。捐款 74.5% 来自个人，10.9% 来自基金，9% 来自个人遗赠，5.6% 来自企业赞助。研究表明，最富有的 4.2% 的美国人承担了对艺术领域捐赠的 93% 的份额，而“富

① 刘望春：《法国博物馆的新态势》，《文化上海》2015 年 7 月 20 日。

② 肖庆：《美国重要城市博物馆与北京博物馆服务比较分析》，载《北京文化发展报告（2015～2016）》，社会科学文献出版社，2016。

中之富”的1.2%的美国人捐款占了其中的60%[①]。此外，门票收入以及围绕馆藏文物资源开发文化创意产品销售，实现“以藏养藏”也是重要的经费来源之一。[②]

我国国有博物馆的财务状况比较简单。新中国成立以来，在计划经济体制下，作为社会公益性事业单位的博物馆，其经费完全由上级主管部门按批准的预算拨给。

关于深圳市博物馆的资金和投入情况，由于缺少有效的统计数据，目前对总量和结构情况难以分析，现将市文物管理办公室最新提供的市一级有关博物馆的费用情况列表如下，仅供参考（详见表3）。

表3　深圳市文物工作（有关博物馆资金部分）情况

单位：万元

项目经费	2015年	2016年	2017年
博物馆工作经费	3376	3718	4955
市、区发改立项项目(2010年至今)			
项目名称	立项时间	立项金额	实施情况
深圳博物馆自然馆建设项目	2016年1月	130000	已取得选址意见书和用地预审,完成前期调研、环评备案,正在进行可研报告编制、展览大纲编写、标本征集方案编制等前期工作
深圳博物馆老馆维修改造工程	2012年10月	12359.20	项目已移交市建筑工务署,目前已完成施工图设计,准备进入施工阶段
深圳大鹏咸头岭遗址公园及其博物馆项目	2016年6月	20000(暂列)	市文体旅游局会同大鹏新区研究另行选址建设遗址博物馆,深圳博物馆继续推进展览大纲编制和文物整理工作
深圳博物馆新馆LED高清显示屏工程	2013年3月	239.59	已完成

资料来源：根据深圳市文物管理办公室提供的《文物工作情况调查表》摘录。

① 刘秀华：《以加州为例看美国博物馆》，《文博中国》2017年2月14日。

② 《博物馆收购国宝“很差钱”，全年经费仅够起拍价》，文博圈，http：//finance. ifeng. com/money/special/。

其他城市对博物馆事业总体资金投入数据也比较缺乏，城市间博物馆资金投入总量的比较难以进行。虽然不能进行市域之间的比较，但通过深圳博物馆和其他城市博物馆经费投入情况比较，也大致能判断深圳博物馆事业投入的处境。深圳博物馆与中央地方共建博物馆经费具体对比情况详见表4：

表4　深圳博物馆与中央地方共建博物馆经费比较

博物馆名称	总经费情况	经费分项情况
深圳博物馆	1.02 亿元	①人员经费 5000 万元，包含补交单位和个人养老保险及职业年金等；②行政办公经费 2400 万元，包含场地维护、安全保卫、律师费、会议费、计算机和空调购置费等；③展览展示费用 1265 万元；文物运输保险费、展览布展、书刊印刷、借展费以及相关临时展览展示费用；④专项费用 1000 万元，主要是非遗经费、工会经费、文物保护性经费、基建前期经费、免费开放补助等；⑤藏品征集费用 500 万元；⑥教育推广经费 50 万元
上海博物馆	2.1 亿元	其中中央财政拨付 1518 万元共建经费，4000 多万元免费开放补贴，3000 万元日常征集（还有特殊申请）
首都博物馆	1.81 亿元	其中教育推广 1000 万元以上。另北京市总体征集经费 1 亿元
辽宁省博物馆	1.2 亿元	其中中央财政拨付 1500 多万元共建
南京博物院	大于 1 亿元	其中中央财政拨付 2000 万元共建，免费开放补贴 300 多万元
浙江省博物馆	6000 万元左右	其中中央财政拨付 1900 万元共建，运营费 2000 万元（其中包括免费开放补贴 300 多万元、市宣传口拨付 430 万元），人头费 2000 多万元，展览支出 1000 多万元
重庆中国三峡博物馆	1.5 亿元	其中中央财政拨付 1900 万元共建，4200 万元人员费，3000 多万元运行
河南博物院	6000 多万元	事业收入（展览、讲解、修复）1000 万元、人头费 1400 万元（含合同制人员）、开放补贴 625 万元、央地共建 600 万元、运营费 1300 万元、文物征集 400 万元、图书购买 40 万元、展览 1000 万元、教育推广 200 万元
陕西历史博物馆	大于 1 亿元	其中 2000 多万元共建费
湖北省博物馆	大于 1 亿元	其中中央财政拨付 1809 多万元共建，免开补贴 400 多万元，文化大发展大繁荣基金每年增加 2000 多万元
湖南省博物馆	约 1 亿元	其中免费开放补贴最多 3000 多万元

从深圳博物馆与中央地方共建博物馆经费对比中，大致可以看出，深圳与其他城市相比博物馆资金投入并不占优势，这对作为一个经济超强而文化匮乏的城市来说的确值得深思。

从以上并不完整的对比分析中初步可以得出以下结论：无论是深圳市博物馆的整体状况，还是作为城市代表的深圳博物馆，从总量、档次级别、结构类型、藏品、展览、活动、观众、资金投入各方面评判，与国内外先进博物馆相比都存在巨大的差距，必须加大投入，创新体制机制、广泛调动全社会各力量，才能实现弯道赶超，缩小差距，将深圳建设成与自身城市地位相称的博物馆强市。

B.12 关于推动深圳博物馆事业快速发展的对策研究*

毛少莹 等**

摘　要： 大力发展博物馆事业，是深圳"十三五"及未来相当长一段时期内"弥补历史欠账"和城市发展短板的必然选择，是深圳能否建成全球区域文化中心城市和文化创新创意先锋城市的关键，也是深圳能否真正起到粤港澳大湾区核心引擎作用，建成"中国特色社会主义先行示范市"和"社会主义现代化强国城市范例"的重要内容。本文即从人、财、物，软件（制度、管理）、硬件（设施、用地）等十个方面提出旨在推动深圳博物馆事业快速发展的若干对策建议。

关键词： 深圳　博物馆事业　法人治理结构

当今时代，随着文化全球化以及全球文化创意产业的迅速发展，加快建设博物馆已经成为世界各地推动文化发展的共识，全球性的博物馆热引人瞩目。①

---

* 本文为深圳社科基金"十三五"规划课题"博物馆事业发展与深圳国际化城市建设研究"（项目编号：135B005）之阶段成果。

** 本文为课题成果，课题负责人为毛少莹，成员为刘涛、郭学雷、任开碍、杨立青、梁文婷；欧阳进雄、王军等也对本文有贡献。

① 毛少莹：《以博物馆化提升城市文化内涵和形象》，载王为理主编《深圳文化发展报告（2018）》，社会科学文献出版社，2018。

改革开放40年来深圳博物馆事业取得了很大成绩，截至2017年底，全市依法注册博物馆47家（含非国有博物馆31家），其中国家一级博物馆1家，三级博物馆5家。2017年，全市博物馆除基本陈列外，举办临时展览82个，年观众数量达430万人次。博物馆教育、收藏、展示功能日益凸显，受到全社会广泛关注和欢迎。但与国内外城市相比较，深圳从博物馆总量、档次、结构、藏品数、展览、观众、资金及人力资源等各方面，都存在巨大差距。这不仅与深圳一线城市的地位严重不匹配，也远远适应不了深圳经济社会高速发展的需求。随着中国特色社会主义进入新时代，社会的主要矛盾已经转换成“人民日益增长的美好生活需要和不平衡不充分的发展之间的矛盾”。中央于改革开放40周年之际对深圳提出了建设“中国特色社会主义先行示范市”和“社会主义现代化强国的城市范例”、承担粤港澳大湾区建设引擎的新要求、新期待。因此，加快博物馆建设，推动深圳建设“全球区域文化中心城市”和“文化创新创意先锋城市”对启航新时代的深圳具有“时不我待”的紧迫性。

针对深圳博物馆建设存在的机遇及面临的种种挑战①，我们在广泛借鉴国内外博物馆发展经验的基础上，结合深圳城市未来定位，提出如下对策建议。

一　加强学习，提高对博物馆事业重要意义的认知和相关理论政策水平

1. 加强中国特色社会主义理论体系和文化发展理论、相关政策法规的学习，充分认识博物馆发展的重要意义

要认真学习贯彻党的文化方针政策，尤其是十九大以来关于文化发展的系列重要报告和领导讲话，充分认识“文物承载灿烂文明，传承历史文化，维系民族精神”中不可替代的作用，树立高度的文化自觉与文化自信。加

① 杨立青：《深圳加快博物馆事业发展的意义、机遇与挑战》，载王为理主编《深圳文化发展报告（2018）》，社会科学文献出版社，2018。

快推动博物馆事业发展，让“收藏在博物馆里的文物、陈列在广阔大地上的遗产、书写在古籍里的文字都活起来”。同时，加强对新出台的《公共文化服务保障法》《文物保护法（修订）》《国务院关于进一步加强文物工作的指导意见》《关于进一步推动非国有博物馆发展的意见》《关于推动文化文物单位文化创意产品开发的若干意见》《文物建筑开放导则（试行）》等政策法规的学习，不断提高领导干部、博物馆从业人员乃至整个社会对博物馆发展重要意义的认识。

2. 加强对现代博物馆制度、博物馆发展规律和有关专业知识、科学技术和管理技能等的学习和研究

21 世纪以来，随着“新博物馆运动”的实践，博物馆理论得到多角度发展，各国各地积累了丰富的经验，值得深圳学习借鉴。此外，现代数字信息技术等日新月异，在博物馆领域的应用日趋广泛，作为高科技城市，相关从业人员应加强对科技知识的学习和应用，大幅提高深圳博物馆的“科技含量”。

二　统筹规划、加快建设，构建与城市定位相匹配的博物馆体系

1. 找准战略目标和路径，加快建设，促进各类博物馆协调发展

深圳博物馆事业的总体发展目标应为：推动博物馆事业与深圳未来城市发展总体战略目标相匹配。这一目标决定了对深圳博物馆事业较高的质和量的要求。就“质”（定性）方面看，深圳的博物馆发展应与中国特色社会主义文化发展方向和深圳城市文化精神特质相呼应。应坚持以社会主义核心价值观为导向、坚持创新精神、坚持开放包容、重视体制机制创新与现代博物馆制度建设、坚持追求卓越。就“量”的方面看，深圳应参照全国平均水平，立足深圳的实际，重视跨地域的文化资源整合，确立合理的数量指标。深圳应争取至 2023 年，全市博物馆总数为 80 ~ 100 座。其中国家一、二、三级博物馆增加到 20 座，占全市博物馆的比例为 20% 左右，接近或达到全

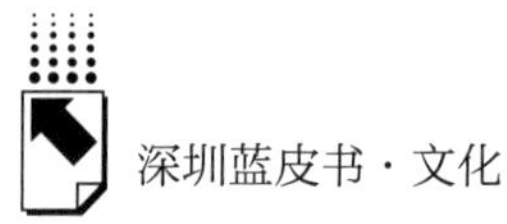

国平均水平。[①] 博物馆公共文化服务人群覆盖率明显提高，从目前约 29 万人拥有 1 座博物馆发展到约 15 万人拥有 1 座博物馆。[②] 到 2035 年，全市拥有 150 家左右的博物馆，在全市形成以国有博物馆为主体，各行业和各种所有制形式博物馆为重要补充，协调发展的博物馆体系。

2. 发展博物馆“增量”，构建深圳博物馆骨干网络

考虑博物馆的公益属性，应新建一批适应深圳城市地位的具有国际化、现代化、创新型文化特质的大型国有博物馆。考虑深圳目前除南山外，大部分行政区（功能区）区级博物馆尚未设立。为适应公共文化服务均等化要求，应推动各区至 2035 年至少建设一座区级博物馆等。考虑我国文化体制改革的大方向，上述博物馆的投资兴建、管理运营，可在政府主导之下，探索尝试采用 PPP 等灵活方式，与社会共建、允许符合条件的社会力量依法参与博物馆基础设施建设、藏品提供、运营管理等，探索多元主体合作办馆、国有与非国有合作等新模式，实现各级各类博物馆的高质量快速发展，搭建博物馆基础骨干网络。

3. 盘活博物馆的“存量”，做好国有大型博物馆的优化重组；精准扶持非国有博物馆，重点打造一批一流博物馆

随着深圳自然博物馆、改革开放博物馆等新建项目的启动（目前均由市博物馆统筹推进，力有不逮），相关组织保障工作亟待加强。建议现作为市博物馆“分馆”的深圳自然博物馆、改革开放博物馆等，择机独立建制；建议时机成熟时将现有的古代艺术博物馆从市博物馆中分离出来，独立运营。通过体制机制的优化重组，实现专业化管理运营，为大型博物馆发展提供更好的组织保障。

---

① “十二五”期间，国家一、二、三级博物馆占全国博物馆总数的 18%。文化部《博物馆事业中长期规划纲要（2011～2020 年）》提出，到 2020 年，国家一、二、三级博物馆占全国博物馆总数的比例达到并稳定在 30%。

② 截至 2017 年 7 月，深圳正式注册的博物馆有 47 座，按 2016 年深圳常住人口 1380 万计，平均约 29 万人拥有一座博物馆，远低于世界发达城市水平。国家文物局《国家文物事业发展“十三五”规划》提出，到 2020 年，全国博物馆公共文化服务人群覆盖率达到每 25 万人拥有 1 座博物馆。

选择基础较好的若干国有和非国有博物馆，如深圳博物馆、宝安（深圳）劳务工博物馆以及正在筹建的深圳自然博物馆、中国改革开放博物馆、金石艺术博物馆、望野博物馆、和畅园博物馆等，加大资金和政策扶持力度，创新管理模式，进一步提升其专业化、现代化运营水平，将其建成在海内外有影响的一流博物馆，示范引领、带动全市博物馆事业跨越式发展。

4. 打造博物馆群落，推动博物馆与公园等公共空间相结合，发挥集聚效应，提升城市文化内涵

针对深圳非国有博物馆规模较小、位置偏僻、人气不足等问题，同时考虑吸引更多的非国有博物馆资源向深圳集聚，建议规划建设 1 ~ 2 个博物馆群落，如“安托山文博公园”，努力解决非国有博物馆的馆舍难题，通过业态互补，形成集聚效应，实现良性循环。鼓励城市更新项目及区位条件优越的公园等大型公共空间，适度引进文博资源，创新建馆模式，建设与自身环境、业态相协调的各类专题博物馆，全面提升城市文化内涵。

5. 大力发展行业博物馆和社区博物馆

行业博物馆和社区博物馆是当代博物馆发展的新趋势，这类博物馆可发挥城市行业优势、彰显地方特色，对行业进步和社区发展具有良好的促进作用，有些还可取得可观的经济回报。作为经济中心城市，深圳拥有众多优势行业，如电子科技、信息技术、创意设计、影视动漫、服装家具等，作为移民众多的新兴城市，深圳更需要促进邻里沟通、社区特色营造，建议深圳大力发展行业博物馆和社区博物馆，营造这两类博物馆的深圳优势。

6. 加强社会动员，挖掘各类资源，促进博物馆事业全面发展

博物馆建设是一个社会系统工程，需要全社会的合力。深圳应加强社会动员，破除“博物馆建设是文化部门的事”的狭隘观念，动员相关政府部门以及各类企业、高校、行业协会、社区、社会团体等积极支持博物馆事业发展。挖掘深圳在妇女儿童保护（如兴建儿童博物馆）、口岸（如兴建口岸博物馆）、金融（如兴建金融博物馆）、物流（如兴建物流博物馆）等方面的办馆优势，共同推进深圳博物馆事业发展。

7. 充分重视民间积累，推动文博资源跨地域整合

社会收藏历来是博物馆事业发展的重要资源。改革开放以来，国内及港台等地区文物艺术品收藏持续升温。对此，博物馆本土资源较为匮乏的深圳应予以高度关注，及早做出有效应对，出台相关鼓励政策，吸引藏家将藏品以捐赠或其他方式放到深圳办馆或展览，实现文博资源的跨地域整合。

三　深化文化体制改革，规范管理，发挥国有博物馆骨干作用

1. 全面落实博物馆法人治理结构①

目前深圳部分博物馆虽已建立了理事会制度，但并未能严格按照法人治理结构的要求开展工作。应切实贯彻中宣部、文化部等7部门联合印发的《关于深入推进公共文化机构法人治理结构改革的实施方案》部署②，按照政事分开、管办分离要求，建立以理事会为主要形式的法人治理结构，吸纳专业人士、各界群众等参与管理，落实由“一个人”管理博物馆，向“一群人”管理博物馆的根本转变。

2. 发挥国有博物馆龙头骨干作用

加大对深圳国有博物馆硬件、收藏、人才培养、研究、展览及教育等方面的投入，逐步缩小深圳国有博物馆与国内各大博物馆的差距，强化国有博物馆在深圳文博事业中的主导地位，利用国有博物馆的专业优势和运营经验，发挥其对非国有博物馆的示范和引领、帮扶作用，带动全市博物馆事业的健康发展。

---

① 文化事业单位法人治理结构，是指公共图书馆、文化馆、博物馆等提供公共文化服务的事业单位，以实现服务宗旨为目标，以依法独立运作、自我管理和承担职责，实现事业单位宗旨和职责为目标，由利益相关方共同参与治理的组织架构和运行机制等相关制度安排。

② 中宣部、文化部等7部门联合印发《关于深入推进公共文化机构法人治理结构改革的实施方案》，2017年9月8日。

四 加大资金投入，推动经济优势向文化优势合理转化

1. 进一步加大政府公共财政对博物馆事业的直接投入

考虑到深圳与国内外发达城市的博物馆发展的现状存在较大差距，未来，应发挥深圳公共财政实力相对雄厚的优势，进一步加大财政投入力度，高起点、高标准建设博物馆。通过推动“数字博物馆”“智慧博物馆”建设等方式，增进博物馆的公共服务能力，提升公共服务水平；调整国有博物馆文物购置专项经费使用办法，激活多年沉淀的文物购置财政资金，并在现有基础上实现逐年有所增长；应加大深圳市宣传文化事业发展专项基金、市文化产业专项资金等对博物馆公益项目、文创产品开发等的支持力度。

2. 鼓励更多社会资金对博物馆发展的投入

社会资金是博物馆经费的重要来源。持续 30 多年的经济繁荣让深圳积聚了非常可观的社会财富，社会力量参与博物馆发展潜力巨大。应积极出台政策，鼓励社会资金进入博物馆等文化领域，参与基础设施建设、管理运营等。发挥深圳“总部经济”集中、民营经济发达的优势，鼓励和支持国有、民营企业和社会组织投资兴建各类博物馆。

五 加强对非国有博物馆的扶持力度，促进其健康持续发展

1. 进一步规范非国有博物馆准入、退出制度与认证、分级管理扶持等标准，建立支持非国有博物馆发展的长效机制

2018 年，国家文物局就进一步推动非国有博物馆发展提出明确意见①，除明确提出加快现代博物馆制度建设、提高博物馆办馆质量的指导意见外，更首次提出完善培育机制、建立差别化支持体系、加强专业人才培

① 《关于进一步推动非国有博物馆发展的意见》（文物博发〔2017〕16 号）。

养、开展政府购买、探索多元主体合作办馆、落实土地和财税优惠政策七个方面的扶持政策。深圳应修订出台非国有博物馆扶持管理办法，结合深圳实际，重点抓好准入、年检、藏品退出条件等重要环节；同时，就土地使用、房租减免、免费开放补贴、等级评定、银行信贷、职称评定、陈列展览、免费开放、文创产品开发、绩效评估等各个方面，全方位加大对非国有博物馆的扶持与规范管理力度，建立促进非国有博物馆繁荣发展的长效机制。

2. 设立“扶持非国有博物馆发展专项资金”，加大政府对非国有博物馆的资金扶持力度

在国家7部委颁发的《关于促进民办博物馆发展的意见》的推动下，各地政府积极探索扶持非国有博物馆的具体措施，上海、杭州、成都、西安、北京等地相继设立非国有博物馆发展专项资金。与上述城市的扶持力度相比，深圳显得相对落后，如2013年西安市GDP只有4000多亿元，年度补贴非国有博物馆达1600万元；当时深圳市GDP总量是西安市的三倍，而全年市级财政补贴非国有博物馆为211万元，仅为西安市的1/8。2016年全年市级财政实际补贴非国有博物馆仅为650万元。建议探索适当的方式，设立“深圳市非国有博物馆发展专项资金”，专款专用于非国有博物馆的门票、展览、文物维护等补贴项目，切实减轻非国有博物馆的负担。鼓励各区加大对非国有博物馆的扶持力度。

3. 鼓励非国有博物馆享受国家综合扶持政策，加强国有博物馆与非国有博物馆的帮扶互动，推动管理服务体制创新

支持非国有博物馆依法申请登记为慈善组织，接受社会捐赠并享受相关税收优惠、金融政策支持；支持非国有博物馆开发文创产品享受相关文化产业优惠政策；支持国有博物馆对非国有博物馆开展专业指导和业务帮扶；加强非国有博物馆自身建设，健全以理事会、监事会为核心的法人治理结构；加强博物馆行业协会建设，鼓励非国有博物馆加入协会，促进行业自律；鼓励企事业单位、社会团体及个人向非国有博物馆提供捐赠；支持非国有博物馆参与公共文化服务类和国民教育类项目的政府购买，开展非国有博物馆进

校园、进社区活动；把非国有博物馆列入公交规划和旅游规划，开辟“博物馆之旅”游览线路；鼓励把非国有博物馆列入爱国主义教育基地和社会综合实践基地；鼓励义工参与非国有博物馆公共服务。

六　加强博物馆人才队伍建设

人才是博物馆事业发展的保障。博物馆作为专业机构和公共文化服务的重要组成部分，既需要聚集一批有专业和学术研究能力的学者，又要有一批优秀的有经验、有职业热情的运营管理者，博物馆拥有人才的数量和质量，决定着博物馆是否能实现科学、专业和规范的管理，决定着博物馆向社会提供文化服务的规模和效益。截至2016年，深圳45家博物馆合计有在编职工429人，其中副高以上职工59人。总体来看，深圳在博物馆事业方面人才匮乏，存在诸多问题，必须加强博物馆人才队伍建设。

1. 疏通人才渠道，创新体制机制，确保人才增量

一是依据全市博物馆事业发展规划，系统测算博物馆人才合理规模，制订详细可行的人才引进培育计划，确保全市博物馆人才满足事业发展需要。二是制订深圳博物馆事业与全国知名高校博物馆专业的馆校联合培养计划，打造博物馆后备人才培养基地。三是充分利用国家和省市有关人才政策，努力造就一支高素质专业化博物馆从业人员队伍。

2. 加大培训力度，建立激励机制，盘活人才存量

一是完善培养培训体系。深圳博物馆基层从业人员总体偏年轻，要鼓励“在干中学，在学中干”的做法，不断提高他们的专业水平和实践能力；将人员培训经费列入政府预算，加强对业务骨干、学术带头人和馆长（特别是非国有博物馆馆长）的培训力度。二是不断改革创新，建立博物馆人才激励机制，促进人才的“正向流动”。三是促进馆际现有人才合理流动，促进国有博物馆人才对非国有博物馆的人才指导的帮扶，使深圳市博物馆现有人才发挥最大效益，以提高全市博物馆办馆水平。

3. 制定资格标准，实施准入制度，优化人才结构

一是根据博物馆知识密集型文化教育机构的属性和定位，制定博物馆从业人员资格标准，建立健全人员准入制度，严把人员入口关，提升人员整体素质。二是加强高端人才的培养和引进，使深圳博物馆领域拥有一批优秀的博物馆管理经营、藏品研究、文物鉴定、陈列展示设计、教育传播、文化创意、国际交流合作等的中高级专门人才和领军人才，不断提高博物馆高中级人才比例。三是重视复合型人才的培养和引进。适应现代博物馆“以藏品为中心”向“以人为中心”的转变，应培育引进一批懂历史、懂文物、懂外语又能掌握现代技术的复合型人才，形成深圳博物馆人才特色。

4. 扩大招募、规范管理，充分发挥博物馆志愿者队伍作用

截至 2016 年底，深圳市博物馆系统共有登记注册志愿者 2385 人，与发达地区相比还有一定差距，并且 95% 集中在深圳博物馆（2250 人），最缺人手的非国有博物馆往往没有志愿者。建议加强招募，利用长期招募和短期招募相结合、日常服务与季节型服务相结合等多种形式，不断扩大志愿者规模，弥补小馆和非国有博物馆人力资源的不足。

七　发挥科技优势，促进新技术在博物馆领域的应用

1. 加快藏品数字化建设，尽快建成深圳馆藏资源数据库

深圳市博物馆藏品资源数字化已经有了一定的进展，目前全市藏品数字化率在全国处于中等水平，但距离建设完备的馆藏资源数据库还有很大差距。应加快博物馆数字化建设，力争在 2020 年前后，全市博物馆藏品数字化率超过 98%，建成信息全面、层次清晰、结构合理的全市性博物馆藏品资源数据库。

2. 借力科技，创新服务方式、拓展服务空间，探索博物馆公众服务的“深圳经验”

与其他城市相比深圳博物馆年观众量存在较大差距，占深圳庞大人口体量的比例更是微不足道。深圳博物馆应不断创新服务方式、拓展服务空间，

探索博物馆公众服务的“深圳经验”。一是利用新技术创新展览和导览方式，让展览和“文物”活起来，与观者产生更多的沉浸式互动体验，拉近博物馆与以年轻人为主体的公众群体之间的距离，增加博物馆的吸引力。二是通过新技术不断拓展博物馆服务空间和广度。随着数字化技术的广泛应用，博物馆参观空间的定义正发生质的改变，线上观众规模日益扩大。应重视博物馆线上观众的开拓，扩大博物馆的受众面和影响力。三是应用新技术、新媒体加强与公众的互动，增加公众与博物馆的“黏性”，拓展博物馆服务的深度。

3. 探索新技术在博物馆管理和藏品保护、研究、修复等方面的应用

一是根据科技新进展，及时完善和更新博物馆 OA 办公系统、安防系统、门禁系统等日常管理软硬件，保持深圳博物馆日常管理技术的先进性。二是善于应用大数据、云计算等新技术，对观众的构成、需求、心理、动机、观众反馈等各类数据进行搜集和分析，为博物馆推出的展览和服务提供决策依据，提高博物馆的运营管理效率和科学性。三是针对深圳市博物馆文物藏品的特色和地方自然环境等因素，与高校和本地高科技企业合作，开展科技研发，在文物藏品保护、研究、修复方面形成深圳的技术优势，进而形成影响力和辐射力。

八　创新发展思路，确保博物馆用地

1. 探索将博物馆建设与大型市政公园、绿地相结合，即“公园＋博物馆”的模式

深圳市政公园数量众多，地段分布合理，多面积阔大，但一直面临文化内涵不足的困扰。据了解，市城管局正在联合市社科院、市政协开展“公园文化内涵提升”的专项研究。公园人流量大，布局合理，设立文化设施非常便于市民使用和参与，若能在大型公园里面或边上，选择合适地块建设博物馆，将一举两得，既能解决（新建）博物馆没地兴建的问题，也能解决公园缺乏文化内涵的问题，有助于其最大限度地发挥社会效益。

2. 将博物馆与其他大型公共设施相结合

深圳现有大型设施很多存在剩余空间可供利用，如市民中心、火车站、机场、大运会场馆等，未来是深圳建设现代化国际化创新型城市及粤港澳大湾区建设的关键机遇期，多项大型设施正在规划兴建，如国际会展中心、大型地铁枢纽站等，可考虑以灵活多样的方式，引导行业博物馆等与大型设施“剩余空间”相结合。

3. 将博物馆与大型商业设施结合，即“博物馆 + 购物中心”的模式

一方面，随着跨界融合趋势的发展，“商厦 + 博物馆 + 艺术展”正成为一种广受年轻人欢迎的时尚新做法——如北京的“芳草地”（商业 + 当代艺术展），上海的“环球贸易中心”（商业 + 博物馆）、香港的“K11”（商业 + 当代艺术展）都是成功案例。另一方面，随着电商的发展，深圳诸多大型商业综合体面临招商不足、空间闲置的问题，建议政府适当引导、撮合（如政策、资金等方面的优惠），鼓励探索以“博物馆 + 购物中心”（shopping mall）的模式，解决其馆舍困难的问题，促进业态融合。

九　最大限度发挥博物馆的教育功能，将博物馆纳入全民教育体系并实现法制化、制度化

参照发达国家经验，以特区立法形式将博物馆教育纳入全民教育体系。建议深圳制定“深圳经济特区博物馆教育促进条例”，将博物馆纳入全民教育体系并使其制度化、法制化；在此基础上，深化博物馆与教育机构合作，全面建立与院校合作为基础的博物馆教育拓展体系。建立长效的馆校联系制度，将博物馆教育纳入中小学历史、艺术、科学、自然、思想道德等课程和教学计划，创造与教学内容互补的教育活动项目品牌。开展博物馆教育示范点建设，利用博物馆的教师培训项目、与中小学课程体系的融合、博物馆课堂、学校拓展等形式，使馆校合作的范围、深度得以不断加深。

以建设智慧博物馆为契机，在博物馆研究团队的深度参与下，充分运用物联网、多媒体、新媒体等技术手段，建立联通学校、社区与博物馆的网络

教育平台，使其称为公众参与博物馆教育的永不落幕的课堂。通过智慧博物馆、远程教育网络和文化信息资源共享工程，使博物馆教育惠及更多民众。

十　鼓励博物馆加强对外文化交流与合作，积极参与区域合作和国家战略

1. 加强与内地及粤港澳地区的交流合作

随着粤港澳大湾区战略的实施和“一带一路”倡议等的推进，深圳应进一步扩大对外开放，加强区域合作。博物馆应走出目前单一的互换展览、联合办展的模式，加强与内地尤其是与粤港澳大湾区各城市的合作，在历届粤港澳文化合作会议签署协议的基础上，进一步拓展博物馆业务的深度合作，主动参与粤港澳大湾区建设。

2. 加强与友好城市、“一带一路”国家与地区博物馆的交流与合作

鼓励深圳博物馆积极参与双边、多边和全球性、区域性博物馆合作，尤其是与国际友好城市及“一带一路”沿线国家与地区的合作。组织参与更多内容和形式的博物馆国际合作项目，不断提高深圳博物馆事业的国际化水平。

总之，深圳未来应贯彻习近平新时代中国特色社会主义思想，尤其是习近平总书记对广东提出的“四个走在全国前列”以及深圳建设中国特色社会主义先行示范区、创建社会主义现代化强国的城市范例、打造粤港澳大湾区建设中核心引擎等重要要求，省委省政府以及市委市政府关于深圳建设全球区域文化中心城市和国际文化创新创意先锋城市等要求，充分认识博物馆在宣传社会主义核心价值观、弘扬优秀传统文化、服务公众需求、共建精神家园、提升全民素质、激发社会团结奋进、促进中华文化创造性转化、加快文化创意产业发展、打造城市文化品牌、提升城市综合竞争力等方面的重要作用，解放思想，改革创新，尽快补上历史短板，使深圳博物馆事业为城市整体发展战略目标的实现发挥应有的作用。

B.13
深圳构建公共文化服务均等化的探索实践

——以“深圳市文化馆联盟”建设为例

舒阳　刘兴范*

摘　要： 均等化是衡量公共文化服务体系发展质量的重要标准，也是保障公民基本文化权利的核心指标。三年来的实践证明，深圳市、区文化馆所探索的联盟制模式能够有效促进公共文化服务均等化、标准化进程。

关键词： 公共文化服务　均等化　资源流动　文化馆联盟

一　公共文化服务均等化的提出及意义

基本公共服务通常是指公共服务中最基础性的服务，是保障公民基本权力、维护社会正常运作，“以政府作为责任主体，通过一定的制度安排和作用机制，为本国国民提供经济福利的国民生活保障和社会稳定系统”。[①] 2001年我国批准加入联合国《经济、社会和文化权利国际公约》之后，公民文化权利得到进一步重视，文化开始正式成为基本公共服务的构成部分。

“均等化”最初作为经济学概念得到运用，随后逐渐被引入政治学、法

---

* 舒阳，深圳市文化馆事业发展部部长；刘兴范，深圳市文化馆馆长。

① 国家发展改革委宏观经济研究院课题组：《促进我国的基本公共服务均等化》，《宏观经济研究》2008年第5期。

学和管理学领域，在基本公共服务领域的理论及实践运用较晚。从已有资料来看，自20世纪30年代便已开始实行“均等化”的加拿大，是较早并取得成功的典型案例。

对基本公共服务的“均等”概念，国内学界有着多种定义：陈海威等[①]认为“基本公共服务均等化的内涵是全体公民享有基本公共服务的机会均等、受益大体相等，同时具有较大自由选择权”。江明融[②]认为“是指政府及其公共财政要为不同利益集团、不同经济成分或不同社会阶层提供一视同仁的公共产品与公共服务”。张启春[③]等认为“是为全体公民提供公平可及、大致均等的公共产品与服务”。蔡放波[④]则认为是指“大致均等地满足人们的基本物质文化需求，使宪法所规定的公民基本权利得以实现”。尽管学者在机会均等、结果均等、条件均等上有着不同的侧重，或强调过程的公平、或强调结果的均等、或聚焦权力的平等，但对公民在享有相近的基本公共服务上具有平等权利和均等机会则有着共识。

我国公共文化服务均等化的提出，首见于2006年《国家“十一五”时期文化发展规划纲要》，纲要要求依照“普遍均等原则”保障公民基本文化权益和基本文化需求。“均等”概念被纳入国家政策之后，逐渐成为指导公共文化服务的基本原则。

2014年，党的十八届四中全会明确提出，要推进文化立法，制定公共文化服务保障法，促进基本公共文化服务标准化、均等化。2015年1月，中共中央办公厅、国务院办公厅印发《关于加快构建现代公共文化服务体系的意见》，指出要“按照一定标准推动实现基本公共文化服务均等化，促进基本公共文化服务标准化、均等化”。2016年12月，《公共文化服务保障法》（以下简称《保障法》）颁布，首次从法律层面对公共文化服务均等化

① 陈海威、田侃：《我国基本公共服务均等化问题探讨》，《中州学刊》2007年第5期。

② 江明融：《公共服务均等化论略》，《中南财经政法大学学报》2006年第3期。

③ 张启春、山雪艳：《基本公共服务标准化、均等化的内在逻辑及其实现——以基本公共文化服务为例》，《求索》2018年第1期。

④ 蔡放波：《完善公共服务体制与实现基本公共服务均等化》，《学习与实践》2008年第9期。

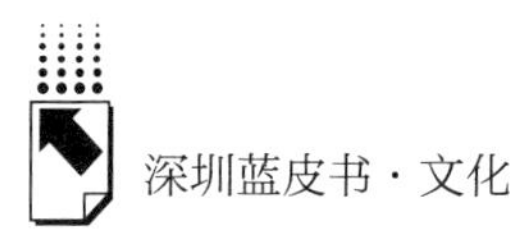

予以界定和保障，是我国文化立法的重大里程碑。

《保障法》从法律层面界定的“均等化”主要包含三个层面的均衡：

首先是经济层面的均衡，即无论发达地区还是欠发达地区，在国域内实现全局均衡。通过转移支付等方式，重点扶助革命老区、民族地区、边疆地区、贫困地区开展公共文化服务，促进公共文化服务均衡协调发展。

其次是体制层面的均衡，即破除城乡二元结构，实现公民权利、资源的公平一致。通过重点增加农村公共文化产品供给等方式补齐短板，保证城乡居民有着均等的公共文化服务条件和相近的服务产品。

其三是权力层面的均衡，即所有公民无论性别、民族、年龄，在文化权利方面均享有平等的权利。《保障法》规定应当根据未成年人、老年人、残疾人和流动人口等群体的特点与需求，提供相应的公共文化服务。通过整体均等，但有差别化的服务，更好满足不同人群的文化需求。

《保障法》是我国文化领域内首部综合性、全局性和基础性的重要法律，是今后相当长一段时间内我国公共文化服务事业发展的根本，均等化也将作为检验公共文化服务建设成果的重要指标，在公共文化服务上发挥重要作用。

二　深圳文化馆行业与公共文化服务均等化

“十二五”时期，深圳坚持“文化强市”战略部署，公共文化服务体系建设取得显著成效，但文化建设成绩与深圳的社会发展水平及深圳在全国的经济地位还不匹配，离市委市政府建设“现代化国际化创新型城市”的要求还存在明显差距。具体表现为：原特区内外文化发展很不均衡，基层（尤其是新分区和新分街道）文化设施网络还不健全，公共文化服务的广度和深度、质量与水平仍需进一步提高，多元化文化供给的格局尚未形成。

1. 文化馆是实现公共文化服务均等化的重要渠道

在公共文化服务领域，文化馆有别于世界各国都拥有的博物馆、图书馆、美术馆等公共文化设施和机构，我国各级政府依据宪法设立文化馆，根据《保障法》进行文化馆建设与管理，文化馆承载着满足人民文化生活需求、提升公民文化素养、塑造社会价值观的重要职能和使命，是发展中国特色社会主义文化事业、走中国特色社会主义文化发展道路的重要标志。

自20世纪50年代起，文化馆系统几经变迁、调整，但一直都是公共文化服务的主干力量。遍布各地的文化馆站，构成了我国公共文化设施网络的主体，是各级政府提供公共文化服务的重要阵地，也是实现公共文化服务均等化的主要渠道，在丰富人民群众文化生活、保障其基本文化权利上发挥着重要作用。

2. 文化馆推动均等化进程的潜力更大

相较于公共文化系统内的图书馆、博物馆等机构，政府赋予文化馆的职能更加宽泛、灵活，能用更加多元的服务产品、服务模式满足不同人群的文化需求。除了常规公共文化产品及服务供给职能，文化馆还承担着参与地方重大活动、重要节庆活动，辅导民间文化艺术创作等方面的职能，文化馆通过及时创作主题文艺作品、组织主题文艺表演等，更加及时、有效地在全社会范围内引导文化方向、发掘和培育民间艺术人才、提升城市文化品位。

文化馆的服务载体是专业文化艺术人员，在文化馆所组织实施的各类表演、展示、展览、培训、阅读、讲座等活动中，专业人员通过与广大群众面对面的直接接触，传授正确的艺术知识、提升市民艺术鉴赏能力和综合素养；以润物无声的方式灌输正确的世界观和人生观，传递社会主义核心价值观，弘扬社会主旋律。

可见，现阶段，文化馆行业是国家构建公共文化服务体系的重要抓手和主要力量，文化馆职能是否得到充分发挥一定程度上影响着公共文化服务均等化能否得到实现。

近年来，随着各级党委政府对文化事业发展的不断重视，各级文化馆的阵地条件都在得到不断改善和提升，仅在深圳范围内，2019年就将有南山、盐田和坪山三个区的文化馆新馆投入使用。其中南山区文化馆和坪山区文体服务中心文化馆为新建，盐田区文化馆为扩建、改造后重新开放（见表1）。文化馆场地和硬件条件的不断改善，也为其开展公共文化服务活动提供了必要的硬件基础。

表1　南山区、盐田区和坪山区文化馆面积及开放时间

场馆名称	原占地面积(平方米)	现占地面积(平方米)	开放时间
南山区文化馆	0	27000(含地下停车库)	5月份完成装修,年内开馆
盐田区文化馆	15600	19200	已完成建设,待消防验收后开馆
坪山区文化馆	0	占地面积4000,建筑面积3000	2019年7月

2017年，在由市政府办公厅印发的《深圳文化发展“十三五”规划》中，主要任务的第一条即为“加快构建现代公共文化服务体系，不断提高市民文化福利水平”。

“十三五”期间，深圳将在市、区、街道各级建设一批“与城市地位相匹配、具有国际先进水平”的重大文化设施，同时还将大力实施文化惠民项目、广泛开展群众文化活动，在各项活动开展过程中注重公共文化服务效能的提升。全市近两千万居民能否均等地享受、参与公共文化，是检验公共文化服务效能是否得到充分发挥的重要指标。

三　深圳公共文化服务均等化探索

1. 深圳市文化馆联盟的成立背景

2014年是深圳全面深化改革的元年[①]，随着政府转变职能的速度不断加快，市文体旅游局在深入推进由“办文化”向“管文化”的职能转换的过程中，开始有意识地将原来由行政部门管办的项目交给市文化馆实际承办，一方面试图通过实践方式尽快培育出具备较强实力、能承接政府转移出来的

① 董思、长乐正：《政府职能转变为改革之“重”》，《深圳商报》2015年8月31日。

公共文化服务职能的非政府文化机构。另一方面则尝试以去行政化方式，通过文化机构引领、带动全行业以及社会各界的参与积极性，提升各项活动的举办水平和社会影响力。

2014 年深圳有 6 个行政区和 4 个功能区，共有区级文化馆（文体中心）8 家，由于市、区分级行政和分级财政，市馆无法在人员、资金、业务等方面对区馆（中心）形成统筹和支配，仅存在名义上的业务指导职能。而各区级文化事业单位均围绕本区重点工作、立足服务辖区居民开展文化活动，各单位工作相对完整、独立。全市文化馆之间交流与协作较少，各单位从业人员相互之间交流也较少，全市文化馆行业凝聚力不足。

在公共文化服务体系构建日益成为关乎亿万群众幸福生活重要因素的当下，在各级政府大力推进文化馆总分馆制建设的大背景下，如何统筹全市文化馆行业资源，促进行业发展、推动行业在公共文化服务体系构建中发挥更加重要的作用，便逐渐成为全行业共同关心的问题。

2. 成立联盟的目的

“深圳市文化馆联盟”是立足市区两级文化馆（文体中心）发展实际，推进文化馆总分馆制建设的创新举措。联盟在保证义务均等、权利均等的前提下，为各成员单位搭建了公平享有共享、交流、学习、协作机会的平台，为更好地实现全市公共文化服务均等化奠定了基础。

2014 年 9 月，为了更好地落实市文体旅游局对深圳市文化馆要打造全行业“宣传教育中心、活动组织策划中心、作品创作中心、信息汇集中心、辅导培训中心”的定位和要求，市馆组织召开全市文化馆长工作会议，并在会上正式向各区馆馆长发出了成立“深圳市文化馆联盟”的倡议，倡议得到与会人员的积极响应。

2015 年初，市文化馆组织馆领导、中层干部和事业发展部人员共同组成工作小组，用为期一周的时间赴全市十个区文体局、文化馆（文体中心）进行走访调研，在互相交流工作的基础上，研讨资源整合、共享及联盟成立相关事宜。

调研期间，以全市少年儿童为主要参与和服务对象的品牌文化活动——

深圳市第十一届少儿艺术花会正在筹备，市文化馆发挥联盟思维，与各区级文化馆（文体中心）共同策划、实施，将各单位在品牌活动中的角色，由以往被动地按通知组织参赛，转变为在通知印发前主动参与策划；同时在各项赛事评审中组织各单位副高级职称以上专家共同评审，确保赛事公平、公正。通过本次活动的运作，在联盟正式组建之前，对联盟定位和职能发挥做了一次有效探索。

2015 年 7 月 30 日，“深圳市文化馆联盟”成立大会在市文化馆隆重召开，以市文体旅游局印发通知文件的形式宣告联盟正式成立。“联盟”的成立和发展引起了上级部门和主流媒体的高度重视。联盟成立大会召开之后，《中国文化报》《南方都市报》《南方日报》《深圳特区报》等媒体予以关注报道，文化部官网、新浪网、凤凰网等予以转载。一周之后，2015 年 8 月 7 日，由中共深圳市委办公厅、市人民政府办公厅联合编印的《深圳今日信息》做了《深圳成立文化馆联盟力推公共文化服务标准化、均等化、数字化和社会化建设》主题专刊，专刊同时报送中央办公厅、国务院办公厅、广东省委办公厅和省政府办公厅。

3. 联盟模式的运作与效果

“深圳市文化馆联盟”成立之后，以“共谋事业发展、共享文化资源、共创活动品牌、共建人才队伍、共抓文艺精品”为宗旨，以在全市范围内更好地提升公共文化服务均等化水平为目标，不断进行探索实践。

（1）打造资源共享平台。通过成立联盟，在人员编制、职称职数有限的前提下，为各成员单位结合区域发展特色、打造优势项目提供资源互补，进一步推动全市公共文化服务的“标准化”和“均等化”建设。

在“数字文化馆”建设工作中，以联盟为平台构建“深圳文化馆云”，对全行业的资源进行统一数字化建设，建立并不断完善文艺资源数据库，既丰富了“数字文化馆”的内容，突出各区、各单位的特色资源，也避免了各单位的重复建设、重复劳动。2016 年 8 月，深圳数字文化馆全面上线；11 月，深圳数字文化馆手机 App 正式上线，通过 PC 端和移动端的结合，为市民提供全方位的公共文化服务，市、区级文化馆可用集成于系统中的独立服务站点开展信息发布、产品配送等个性化业务。

（2）打造人才共建平台。以联盟为平台，每年组织开展多场次、多层次、多内容的业务培训、观摩和学习活动，组织联盟主席团和各专业委员会人员集中学习，借鉴各兄弟单位的先进理念和经验；先后邀请国内外专家，从政策解读、行业指导、实践经验、专业提升等方面举办专题讲座和培训 38 场（数据截至 2018 年度），全方面地提升全市文化馆行业工作人员的综合能力和服务水平，为带动和促进全深圳公共文化事业的发展奠定坚实的基础。定期召开联盟主席团和各专业委员会工作会议，及时交流和消化学习成果，对完善联盟框架建设以及开展未来工作进行思考。

（3）打造服务品牌孵化平台。伴随着深圳文化体制改革和政府职能转移工作的不断推进，近年来深圳市各级文化馆承接的工作任务越来越多。以联盟为平台，群策群力、创新发展，共同提升每年一届的来深青工文体节、每年一届的“鹏城金秋”市民文化节、每三年一届的市少儿艺术花会等既有品牌活动的品质和影响力；结合实际，努力扩大区级活动品牌的参与范围；同时结合广大市民日益增长的文化需求开展新活动，创设“我们走进艺术殿堂”——联盟公益性文化艺术培训成果展示等新品牌，市、区联手共同展示文化馆行业重点工作。在高水平的文化活动中引入竞争机制，激活各成员单位的工作热情，提升活动的组织、发动和艺术创作水平。

（4）打造共抓精品创作平台。鼓励各区、各成员单位统筹资源、集中力量抓创作，以联盟为平台，以各项市级赛事为抓手，对应国家、广东省各类常设文艺赛事，提前一年组织选拔。优化文艺精品创作机制，确保各单位投入和产出效能比。同时以联盟为平台，组织各类优秀节目开展巡展、巡演活动，推动各成员单位之间相互采购、交流展示，让优秀的文化产品惠及更广泛的基层群众。

2017 年，在广东省第七届群众音乐舞蹈花会比赛中，深圳选送作品获 4 金、4 银、3 铜；2018 年，在广东省第九届群众戏剧曲艺花会比赛中，深圳选送作品获 5 金、3 银、2 铜，获奖成绩位列全省前茅，市文化馆和坪山区文体中心共同创作的男子群舞《创 · 空间》先后登上文化和旅游部主办的全国第十二届舞蹈展演和中国文联、中国舞协联合举办的第十一届中国舞蹈“荷花奖”现当代舞决赛舞台等。

在 2016 年 9 月召开的“第三届中国文化馆年会”上，市文化馆联盟成功承办“深圳市文化馆联盟：市、区联盟共创文化馆行业发展新模式”主题论坛，向全国推广介绍经验。年会结束后，先后有重庆市大渡口区、宁夏回族自治区、内蒙古自治区等多家省区市兄弟单位前来学习，或邀请深圳市联盟主席刘兴范前去介绍联盟建设经验，广东、内蒙古等多家省级文化馆业已组建省级“文化馆联盟”，鄂尔多斯市群艺馆申请加入“深圳市文化馆联盟”，成为联盟唯一的市外成员单位。联盟的建设经验与成果逐步得到业内同行的认可。

四　深圳公共文化服务均等化探索经验与思考

《公共文化保障法》第二十七条提出，各级人民政府应当支持开展全民阅读、全民普法、全民健身、全民科普和艺术普及。如何更好地发挥联盟平台优势，更加深入推进“全民艺术普及”实施，进一步保障全体市民享受基本公共文化服务的均等化，是现阶段我们需要着重思考的问题。

1. 争取行政部门支持是关键

联盟各成员单位在联盟平台范围内义务均等、权利均等，围绕共同的目标开展工作，但在具体工作执行过程中，各单位在经费、资源获得等方面均需要得到各自上级主管部门的许可与批准。因此，通过及时汇报和沟通，让各级文化行政管理部门了解联盟、了解联盟所开展各项工作的意义，争取行政部门更多支持是联盟职能发挥的关键。

2. 强化联盟意识是基础

进一步明确联盟的性质是统筹、交流和服务平台，而非管理机构，在成员单位和从业人员中不断强化联盟意识和主人翁意识，引导各单位在各项工作开展过程中主动向联盟靠拢，各单位可以在联盟平台均等地投放、共享资源。强化联盟意识，推动全行业凝心聚力，是联盟职能发挥的基础。

3. 提升联盟影响是核心

通过开展交流学习和理论研讨，夯实联盟建设的理论基础，结合实践找准联盟的发展方向和主要目标；通过总结，形成阶段性建设成果，借助各类公开媒体和自媒体渠道，加大宣传，既能扩大联盟的影响力，也能对各成员单位的职能和工作进行很好的宣传和促进。同时，立足本市“小联盟”基础，还可以扩大外联，逐步实现跨省份、跨区域的联动，在条件许可的情况下适当引入社会力量，进一步丰富联盟建设内容、增强联盟的合力与张力，共同推动文化馆行业发展，推动公共文化服务均等化实现。

经过3年多时间的完善运作，实践证明，深圳市文化馆联盟是文化馆总分馆制建设的创新形式，是符合深圳文化馆事业发展现状的合理模式，是强化行业职能、扩大影响力的有效途径。联盟已经成为市、区两级文化馆（文体中心）资源共享、沟通协作、促进提升的重要平台，成为推动全体市民均等化享受公共文化服务的重要平台，也为国内各地级以上市推进文化馆总分馆制建设提供了可借鉴的经验。

文化体制机制创新

Innovations in Cultural System and Mechanism

B.14

2018年深圳文化体制改革综述

刘文斌*

摘 要： 2018年，深圳进一步深化文化体制改革，加快推进文化创新发展，重点领域改革取得积极进展和明显成效。国有文艺院团深化改革实现实质性突破，推出一批文艺精品力作，为深圳文艺繁荣奠定坚实基础。国有文化集团启动新一轮改革，持续推动传统媒体和新兴媒体深度融合，转型发展、融合发展、创新发展迈出新步伐。构建文明城市创建长效机制，城市文明建设逐步实现长效化、常态化。公共文化服务体系建设稳步推进，文化行政管理规范有序，管理能力和服务质量进一步提升。

* 刘文斌，中共深圳市委宣传部副部长。

关键词： 深圳文化 体制改革 媒体 文明城市

2018年，深圳继续以《深圳文化创新发展2020（实施方案）》为总抓手，深入推进文化体制机制改革创新，全面提升城市文化综合实力，取得了积极进展和明显成效。

一 国有文艺院团深化改革实现实质性突破

2018年，《深圳市深化国有文艺院团体制改革实施方案》的推动进入实质性阶段，重点理顺隶属关系，推进融合发展，完善工作机制，激发艺术活力，取得了一系列成果。3月28日，深圳歌剧舞剧院正式成立，左青、印青、应萼定等一批文艺名家担任艺术总监和顾问，文艺深军又添新生力量。国庆前夕，深圳歌剧舞剧院举行首场精彩演出，展示了新生院团的全新风貌。5月29日，深圳市交响乐发展基金会理事会成立，马蔚华、任克雷、谭盾等19位知名企业家、艺术家当选理事会成员，深圳引入社会资源和社会力量推进院团改革、支持高雅艺术发展走出新路。深圳粤剧团与深圳戏院融合发展，粤剧艺术传承保护中心筹建进展顺利，粤剧艺术焕发新的活力。同时，加大对传统戏曲和文艺院团的支持力度，有效落实国有文艺院团公共文化服务经费补贴政策，提升院团的文艺精品创演能力和公共文化服务能力。

在推进文艺院团改革的基础上，深圳紧紧围绕党的十九大、改革开放40周年等重大节点，策划创作了一批精品力作。2018年9月20日晚，庆祝改革开放40周年大型综艺晚会《追梦——改革开放再出发》在市民中心广场举行，2019年除夕和大年初二，央视春晚深圳分会场在中央电视台惊艳亮相，艺术与科技完美结合，创新与创意交融会聚，现代、科技、时尚、创意的丰富元素令人耳目一新，精彩纷呈的节目赢得国内外观众的“点赞”。六集纪录片《创新中国》在中央电视台推出，用鲜活而真实的故事介绍中国高速发

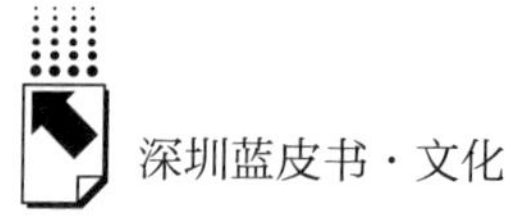

展的高新科技，豆瓣评分达9.1分，位居科技类纪录片第一。八集纪录片《深圳故事》以深圳为样本，记录、展示、解读中国改革开放的伟大历程。

2018年起，深圳着眼于吸引汇聚文化艺术人才，大力开展“深圳文艺名家推广计划”，通过举办展览、音乐会、研讨会，出版画册和专著，媒体宣传报道等多种渠道和方式，逐步推介著名画家王子武、著名钢琴教育家但昭义、著名文艺理论家胡经之、著名表演艺术家祝希娟等一批德艺双馨的文艺名家，全方位呈现他们的成就、风骨和情怀，体现深圳对名家大师的尊重与爱护，营造尊重人才、吸引人才、培育人才、用好人才的良好环境。

二　国有文化集团新一轮改革全面启动

按照市委市政府的部署和要求，市委常委、宣传部部长李小甘先后五次主持召开专题会议，研究深圳报业、广电集团改革工作，明确提出了改革核心、改革定位、改革路径和改革举措等具体要求，加快推进深圳报业、广电集团改革发展中的重大项目建设，启动新一轮改革。

深圳报业、广电集团新一轮改革的核心是以习近平新时代中国特色社会主义思想为指导，认真践行新时代党的新闻舆论工作48字职责使命，坚持正确的舆论导向，强化主流媒体的价值引导功能，不断增强传播力、引导力、影响力、公信力。改革的目标定位是加快建设与全球区域文化中心城市和国际文化创新创意先锋城市相匹配的一流媒体集团。改革要有系统性、连贯性，对上一轮改革推动解决的机构臃肿、人员冗杂、媒体同质化、“造血”功能不足、舆论引导能力弱化等主要问题要揪住不放，对解决这些问题要持之以恒。新一轮改革要找准着力点，要在推进优化资源配置、促进媒体深度融合、增强内容生产能力、转换经营管理机制、打造新的营利模式上狠下功夫。在资源配置方面，要认真梳理整合内部资源，实施统一管理，推进专业化整合，提高业务和资源集中度，消除内部无序竞争，提升资源配置效率和整体竞争力。在媒体融合方面，要创新流程、机制，向移动端倾斜，加大现代传播技术的运用和新传播平台的建设投入，推动信息内容、技术应用、平台终端、人才队伍、管理服务共享融通，探索建立统一、独立的新媒体中心和统一指挥调度的多媒体采编平台，打造新媒体龙头产品。在内容生产方面，要着眼于“内容为王”，把内容创新、内容建设作为创新发展、融合发展的第一要务，踏踏实实出精品，把新闻越做越专业，把节目质量越做越好，以内容建设的成效集聚用户，打造高效率的传播平台。在经营管理方面，要建立现代治理结构，优化用人机制，严格控制成本支出，加强风险管理和内控机制建设。在增强盈利能力方面，要强化资本运作，用好品牌资源，盘活集团资产，为长远发展培育和储备一批好的项目，形成新的经济增长点。

按照新的改革思路和要求，深圳报业、广电集团对改革总体方案做了进一步优化完善，并扎实推进改革举措的落地实施。深圳报业集团对长期亏损、扭亏无望的企业坚决“关停并转”，8 家“僵尸企业”已完成注销，4 家进入收尾阶段。下属企业妥善推进富余人员分流，共分流减员 300 多人。完善全面预算管理和目标考核管理，管理效能进一步提升。深圳广电集团推进组建卫视中心、融合媒体中心、广播中心和专业频道运营中心“四大中心”，做强数字电视、文化金融、产业园区、会展影视“四大运营板块”，从经营、人力、技术、管理等多个方面优化体制机制，取得初步成效。

在促进媒体深度融合方面，深圳报业、广电集团大力推进媒体融合从相“加”阶段迈向相“融”阶段，努力打造有全国影响力的新媒体品牌。深圳报业集团“读特”客户端用户数达 200 万，是上年同期的 3.3 倍；“读创”客户端用户数达 60 万，是上年同期的 4 倍。深圳广电集团“壹深圳”客户端用户数达 385 万，是上年同期的 2.1 倍，影响力日益扩大。

在加强内容建设方面，2018 年，深圳报业集团、广电集团围绕中心，服务大局，聚焦改革开放 40 周年，从市委六届九次、十次全会和九大战略任务的宣传，到住房制度改革、营商环境改革、审批制度改革、高层次人才培养和引进等全面深化改革事项的报道，以深圳为案例，通过高质量的新闻报道和专题专栏，生动解读中国改革开放和创新发展的成功之路，也让世界更加了解改革创新的深圳。

在资本运作和多元化经营方面，深圳报业集团一本投资公司成功投资4个项目，累计投资1.03亿元。广电集团前海天和基金完成投资项目5个，累计投资额6375万元，并获得财政部5000万元出资。报业集团与深圳地铁集团成功组建报业控股的地铁传媒合资公司，平面广告资源约占深圳轨道交通总线网的80%，广电集团与深圳巴士集团合资组建了公交电视网络传媒公司，推出“智慧大屏”公交电视服务，打造了未来较为稳定的经济增长点。

2018年，深圳出版发行集团以推进公司制改革为重点，修订形成《深圳出版集团有限公司章程》，对改制后党委、董事会、监事会和经营管理机构设置提出方案，报经市委常委会审定并有序推进实施，集团已完成公司制企业工商注册变更，企业名称变更为“深圳出版集团有限责任公司”。在运营管理方面，出版集团加快推进“一区一书城、一街道一书吧”建设，深圳书城龙岗城2018年7月开业，深圳书城模式实现了从“文化创意书城”到“智能化书城”的又一次升级，目前深圳已拥有大型书城5座，公共服务型书吧41家。深圳书城还积极走出深圳，外溢发展，2018年，深圳出版集团与开封市合作建设运营的开封中心书城建成开业，合肥中心书城、哈尔滨中心书城也在加快规划建设之中。

为支持国有文化集团深化改革，深圳市委市政府进一步加大扶持力度，从2018年起，市财政给予深圳报业、广电集团的转型发展专项补助资金提高至每年各2亿元，并延续至2020年，用于支持集团传统媒体改革、舆论阵地建设、媒体融合发展和精兵简政、“瘦身”发展等重点改革项目。作为准公共文化设施，由市财政给予深圳出版集团“一区一书城”建设项目总投资50%的资金补助，并由市、区给予公共服务型书吧建设运营补贴，用于支持利用书吧资源开展公共文化服务项目。

三　加快构建文明城市创建长效机制

2018年，深圳在深入总结文明城市创建工作的成功经验和有效做法的基础上，围绕文明创建活动的长效化、常态化，改进工作方法、提升工作实效，初步构建起文明城市创建的长效机制。

一是以法治促进文明。不断加强文明立法、执法和普法，通过出台《深圳经济特区文明行为促进条例》《深圳市义工服务条例》《深圳经济特区道路交通安全违法行为处罚条例》等多个文明领域综合或专项法规，为市民行为划定了法律边界，也为有关部门激励文明行为、惩戒不文明行为提供了法律准绳和利器，从而将文明纳入法治的刚性框架。

二是以机制保障文明。近年来，深圳先后出台了《中共深圳市委 深圳市人民政府关于建立长效机制全面提升文明城市建设水平的决定》，以及《深圳市民文明素养提升行动纲要（2017～2020年）》《文明过节工作暂行办法》《大型活动文明提升工作指引》《深圳市道德模范礼遇和帮扶制度（试行）》等一系列文件和规范，为市民提升素养、践行文明做出具体指引，有效激励各类善行义举。同时，定期开展交通文明、环境卫生、行业服务满意度等文明指数监测，为把握创建工作态势，提高针对性和实效性提供了精准数据支撑和强有力的制度保障。并将精神文明建设成效和“文明城市创建”纳入绩效考核，定期开展精神文明创建成果奖评选表彰活动，推动各项工作落到实处。

三是以科技助推文明。运用智能科技手段和大数据，提升城市管理精细化程度和智慧化水平，如深圳交警在全国率先建立了视频实景4KS指挥作战平台，使路面管理做到精确制导。强化互联网思维，将文明元素植入互联网现代生活方式，创新开展随手公益、捐赠步数、文明骑行等文明实践活动。一系列精神文明创建领域的科技研发与成果运用，让新兴科技有力推动了深圳社会文明的进程。

四是以文化滋养文明。开展一系列品牌文化活动，国际化、高水平的文化活动形成高质量文化供给，陶冶了市民的文明情操，深圳原创的文艺精品则充分发挥了文学艺术温暖人、鼓舞人、启迪人的作用。同时，开展新入户市民文明培训计划，切实增强他们成为一个深圳市民的归属感、荣誉感，提升了市民的文明程度。

五是以共建共享文明。坚持文明创建为民惠民，针对市民关注的热点难点问题，大力推进生态环境治理、城中村综合整治、城市安全发展等民生工程、民心工程，动员市民参与文明管理，引导市民参与文明实践。民生福祉的增进不断激发市民踊跃参与文明创建，争做文明的传播者、践行者和推动者，使文明创建成为“民意民愿”。

六是以传播弘扬文明。着力在讲好故事、让市民喜闻乐见上下功夫，大力开展文明传播，丰富传播内容、创新传播方式、拓展传播渠道，通过接地气、暖人心的传播内容和方式，使文明如春风化雨、润物无声。

四　公共文化服务体系建设稳步推进

2018 年，深圳聚焦于推进公共文化设施规划建设和打造品牌文化活动，大力完善公共文化服务体系，切实增强市民的文化获得感、幸福感。

一方面，对照现代化国际化城市标准，规划建设“新十大文化设施”、提升改造“十大特色文化街区”，掀起新一轮文化建设高潮。制订出台《深圳市加快推进重大文体设施建设规划》。重点规划建设深圳歌剧院、深圳改革开放展览馆、深圳创意设计馆、中国国家博物馆·深圳馆、深圳科学技术馆、深圳海洋博物馆、深圳自然博物馆、深圳美术馆新馆、深圳创新创意设计学院、深圳音乐学院“新十大文化设施”，改造提升“十大特色文化街区”，打造国际一流水准的城市文化新地标。

另一方面，不断丰富完善“城市文化菜单”，打造国际化的品牌文化活动。自 2017 年起，深圳在全国率先推出“城市文化菜单”，集中打造国际化、标志性的品牌文化活动。2018 年的“城市文化菜单”聚集了 31 项品牌活动，较 2017 年的 28 项更加丰富多彩。2018 年“一带一路”国际音乐季期间，来自 40 个国家和地区的 700 位艺术家带来了 18 场风格多元的舞台艺术盛宴；深圳设计周吸引了 25 个国家和地区的 1000 多名设计师参展参会，带来设计作品超过 2500 件；深圳国际马拉松、WTA 深圳国际女子网球公开赛、第二十八届书博会、深圳国际魔术节等，不仅为市民带来“月月有主题，全年都精彩”的丰富文化生活，而且不断提升了深圳的国际影响力和美誉度。全球最具知名度的旅行指南《孤独星球》公布了2019年世界最佳旅行目的地，在十大最佳旅行城市榜单中，深圳位列第二，其推荐深圳的关键词有：设计、创新、科技、音乐、文化、独特的艺术区。

此外，2018年深圳在文化馆图书馆总分馆制建设、公共文化服务工作考核、强化基层服务保障、文化艺术资源数据库建设等方面也都取得了积极进展，公共文化服务标准化均等化水平进一步提升。

最后值得提及的是，深圳深化文化体制改革还体现在文化行政管理更加科学规范上。2018年，深圳进一步优化文化类规范性文件制定发布流程，推出官方网站规范性文件查询专栏，建立行政决策信息发布和公众参与平台。完成规范性文件清理和公平竞争审查，废止规范性文件1份，修订政策文件4份，文化市场管理政策不断完善。持续推进简政放权，编制事中事后监管清单31项。加强文化类社会组织管理，登记前置审核、年审等工作进一步规范。推进证照分离改革，试点实施改革事项和监管措施17项。全面推进政务服务事项标准化，所有政务服务事项办理时限压缩50%以上，网上办理事项增加至71个，网上全流程审批事项增加至6个，行政许可即来即办事项增加至7项，即办率达17%，行政审批与服务更加高效便捷。

B.15

改革开放40年我国文化资助机制发展逻辑及展望

任 珺*

摘 要： 改革开放40年来，党和政府对文化建设在国家现代化发展布局中的地位和作用的认知在不断深化。国家宏观政治、经济制度对文化政策选择产生了影响，国家发展战略及其之下的文化发展战略决定了不同时期文化政策的定位及目标指向，并影响着文化资助机制的运行方式及特征。我国充分考虑国情特点和文化建设的价值取向，初步形成了有助于传承优秀传统文化、培育文化创造活力的文化资助制度体系。但从长远看，制度设计方面还亟待完善，政府应逐步从公共文化产品的生产者、提供者角色向资助者角色转换；文化资助机制也应具备适应市场竞争和全球环境变化的韧性。

关键词： 文化政策 资助机制 制度设计

改革开放是中国的一项基本国策，属于方向性的“元政策”。40年来我国以经济建设为中心，从计划经济向市场经济转轨，这是一个制度变化的过程，由此开启了新时期现代化道路。其发展模式是：通过经济制度转型深化改革、推动社会制度的创新和社会秩序的确立，进而建成社会主义现代化强

* 任珺，深圳市社会科学院文化研究所研究员。

国；在融入世界经济体系和经济全球化进程中实现全面对外开放格局。从历史发展逻辑来看，改革开放前30年的制度建设及文化建设为改革开放后文化发展提供了根本的政治前提及中国社会主义基本制度基础，并为制度变迁中形成良性“路径依赖”提供了保证。改革开放是制度继承与自我完善的发展路径。国家宏观层面的政治、经济顶层制度设计对文化政策价值理念及文化领域的制度安排产生了绝对的影响。体现在国家发展战略及其之下的文化发展战略，决定了不同时期文化政策的定位及目标指向，文化政策也因应国内外形势变化不断调整发展重心，并影响着文化资助机制的运行方式及特征。文化政策调整、文化体制创新是文化资助机制演进的动力因。

学界普遍认为，历届中国共产党全国代表大会报告和每年人大政府工作报告中涉及的文化建设内容，处于文化政策领域最高地位。它们对文化领域基本政策和具体政策具有指导价值和意义，是文化政策的“元政策”。本报告将以此作为划分文化政策发展历史阶段的“关键节点”，分别以党的十一届三中全会、党的十六大及党的十八大报告内容作为判断依据。这一历史阶段划分与文化体制改革发展进程的阶段划分基本是一致的。本报告尝试通过对文化政策发展历史阶段的现象分析，考察改革开放40年制度变迁对文化政策选择产生的影响及文化发展的动力机制。辨识我国文化资助机制演变轨迹及发展思路。结合新时代发展要求及内外部环境挑战，就未来我国文化资助机制创新方向做出科学分析及展望。

一 我国文化政策40年改革与发展

在中国当代社会发展语境中，狭义理解的文化政策总体上是由集体的政治决策决定的。[①] 从中国文化政策发展历程来看，党和政府对文化建设在国家现代化发展布局中的地位和作用的认知在不断深化，文化的地位也在不断

① 胡霁荣、张春美：《治理视阈下中国文化政策的转型脉络》，《福建论坛》（人文社会科学版）2014年第8期。

提升。党的十六大以前，文化同教育、科技、卫生并列；从十六大开始，文化同经济、政治、社会相提并论；在党的十八大提出的“五位一体”总体布局中，文化仍是重要部分。文化政策决定了文化发展的方向、措施及文化资源配置方式，不同阶段的文化政策呈现出不同的政策目标及特征。

（一）转轨调整阶段的文化政策时期（1978～2002年）

1978 年党的十一届三中全会确立了党和政府的工作重点转移到社会主义现代化建设上来，以经济建设为中心，实行改革开放。我国文化政策也逐步摆脱了政治化思维，转向从社会现实需求中寻找立足点。[①] 早期党和政府是以精神文明建设统领文化建设的。文化建设要适应转型社会，既要符合精神文明建设需要，又要符合艺术自身发展规律。邓小平强调：“我们要在建设高度物质文明的同时，提高全民族的科学文化水平，发展高尚的丰富多彩的文化生活，建设高度的社会主义精神文明。”[②] 所谓的精神文明，“不但是指教育、科学、文化，而且是指共产主义的思想、理想、信念、道德、纪律，革命的立场和原则，人与人的同志式关系，等等”。[③] 此时的文化建设，相对而言还是一个次要的领域，成为一种辅助性社会资本，其功能是为经济建设提供支撑。[④] 直到 1997 年《文化事业发展“九五”计划和 2010 年远景目标纲要》出台，文化建设才被单独强调——“社会主义文化事业是社会主义精神文明建设的重要内容，也是社会主义现代化建设的重要组成部分”。

随着文化体制改革的逐步深入，党和政府认识到文化的“双重属性”，

---

① 周正兵：《我国文化政策演变历史研究——基于意识形态的视角》，《中国出版》2013 年第 23 期。

② 《在中国文学艺术工作者第四次代表大会上的祝词》（1979 年 10 月 30 日），《邓小平文选》第 2 卷，人民出版社，1994，第 208 页。

③ 《贯彻调整方针，保证安定团结》（1980 年 12 月 25 日），《邓小平文选》第 2 卷，人民出版社，1994，第 367 页。

④ 谢秋山、陈世香：《我国文化政策的演变与前瞻》，《中南大学学报》（社会科学版）2014 年第 4 期。

即在意识形态属性之外还有经济属性。1988 年国家政策中确立了“文化市场”概念，1998 年国家文化部设立“文化产业司”，正式将文化产业发展纳入政府的管理范畴。2001 年底中国加入世界贸易组织。这一开放过程带来全球化对中国经济、政治、文化的影响，尤其是中国再也无法回避文化市场的全球整合趋势，全面进入全球化文化生产和文化消费格局中。2002 年党的十六大报告提出“文化产业”概念，第一次把文化分成“文化事业”和“文化产业”。文化的经济属性获得了国家层面的合法认定。

文化领域的市场化改革，在丰富文化产品的生产主体、繁荣文化市场的同时，也带来大量市场失灵现象，文化商品市场经营活动一度出现了混乱。这段时间文化部出台了大量规范性文件，以加强文化管理上的引导，规范文化企业的经营行为。国务院也先后颁布了一系列文化经济政策文件。转轨调整阶段的文化政策，其目标是从根本上改变计划经济体制下文化产品按计划生产，管理机制缺乏活力的问题。通过“以文养文”的方式为文化事业发展提供经济来源，通过“事业单位企业化经营”的方式增强文化事业的自我发展能力，通过逐步整合社会力量推进社会主义文化建设。由于这一阶段处于转型期，政策工具使用较为单一，仍以行政管制为主，还带有一定的计划经济色彩。

（二）改革探索阶段的文化政策时期（2002～2012年）

2002 年党的十六大明确提出经济建设、政治建设和文化建设“三位一体”的战略布局，并从适应市场经济体制的要求出发，对文化体制改革新任务、新举措予以了政策引导。随后，2003 年出台的《关于文化体制改革试点工作的意见》，标志着全国文化体制改革全面铺开。李河、张晓明认为，这一阶段开启的文化体制改革以其全面和深刻程度，可看作新中国建立社会主义制度，40 年前开始市场经济体制改革以来最重大的一次“文化政策变迁”。[①] 文化体制改革既是对文化行政管理模式的重新设定，同时也需

① 李河、张晓明：《当代中国文化政策十年》，《中国社会科学院院报》2008 年 5 月 8 日。

要进一步理清文化发展的内容及目标，重构与社会主义市场经济体制相适应的文化管理体制机制，以及相关的政策环境。党和政府对文化生产逐步从直接干预转为间接干预，通过文化政策措施激发其他行为主体的作用，让社会成员获得自主性，获得自身的创造活力。

文化现代化的发展推动文化成为一个与政治、经济、社会相对分离的领域，文化的独立性、重要性日益凸显。文化的审美价值、社会价值、经济价值、伦理价值等多元价值功能被广泛运用于政策实践中。2006 年出台的《国家“十一五”时期文化发展规划纲要》，是我国第一次专门部署文化建设的中长期规划。纲要明确提出“公共文化服务”的建设目标和具体措施；将财政投入的公益性文化事业与市场驱动的经营性文化产业相区分，传统文化事业体系逐步朝着完善现代公共文化服务体系，及健全现代文化市场体系方向发展。为了弥补市场失灵，以及市场不能在公共领域高效发挥作用的缺陷，构建“覆盖全社会的比较完备的公共文化服务体系”成为文化建设重要的工作目标之一。每年大量公共财政预算经费被投入公共文化设施、文化产品、文化活动以及其他相关服务，以满足公民基本文化需求。同时，政府通过市场机制引导社会资金和金融资本支持文化产业振兴和新兴产业繁荣[①]；通过政府采购、外包、委托生产等手段，让市场机制在公共文化服务体系资源配置和使用中也发挥积极作用。

这一阶段，文化领域公共政策制定和出台的步伐越来越快，国家也在不断加大各级财政在文化建设上的投入力度。中华人民共和国文化部网站显示：从 1978 年到 2002 年的 15 年间，国家出台的相关政策法规只有 37 个，而 2003 年至 2012 年底这 10 年间出台的相关政策法规则多达 466 个。[②] 2007 年国家统计局把文化体育与传媒收支单列一项，而之前文化建设方面的公共

① 《国务院关于非公有资本进入文化产业的若干决定》（国发〔2005〕10 号文件）中新的经济政策为私人资本进入文化产业提供了法律依据。此后，出台了许多鼓励新兴文化产业发展的政策文件。

② 谢秋山、陈世香：《我国文化政策的演变与前瞻》，《中南大学学报》（社会科学版）2014 年第 4 期。

财政收支都是列在社会文教事业费或文教科学卫生事业费内。该年国家在文化体育与传媒方面的投入仅为89.64亿元，到了2012年这一数字达到2251亿元，五年间增长了24倍。改革探索阶段的文化政策，其目标是“以建设社会主义核心价值体系为根本任务”（《中共中央关于深化文化体制改革　推动社会主义文化大发展大繁荣若干重大问题的决定》），对社会行为予以引导和规范，塑造社会风尚和新的价值秩序，服务于“社会主义和谐社会”（《中共中央关于构建社会主义和谐社会若干重大问题的决定》）的总体方向。为了解决政企不分、政事不分问题，文化事业单位长期以来的双轨制问题，原有的条块分割、地区封锁、城乡分离的市场格局问题，以及对外文化贸易长期处于逆差问题，党和政府加强了对文化宏观管理体制、文化生产和服务的微观运行机制、现代文化市场体系、文化创新体系四个方面的改革。这一时期文化体制改革的重心是区分公益性文化事业和经营性文化产业，将两者区分开是为了推动国有文化单位分类改革，最终目的是让两者相联系、相结合，推动文化发展。[①] 改革探索阶段的文化政策，处于发育中市场机制与行政性干预并存的环境中，多重目标特征明显，政策工具仍偏重行政管理，轻法律手段、经济手段和技术手段管理。

（三）现代化治理阶段文化政策时期（2012年至今）

党的十八大以来，推进国家治理体系和治理能力现代化，成为全面深化改革的总目标，我国文化政策体系也迈入法治和现代治理阶段。针对“建设社会主义文化强国，关键是增强全民族文化创造活力”，党和政府进一步加强了顶层设计，推动文化领域改革创新，制定实施《深化文化体制改革实施方案》《国家“十三五”时期文化发展改革规划纲要》等政策文件，加快完善文化管理体制和生产经营体制、建立健全现代公共文化服务体系和现代文化市场体系，形成文化事业与文化产业相辅相成的格局。2013年国家

---

① 高书生：《文化改革发展的十个关键词》，微信公众号“文化产业评论”，https：//mp.weixin.qq.com/s/5yMkYXUgYMesl-3cDuWaxA。

艺术基金成立和运行，是国家艺术资助机制的重大变革，直接推动政府部门转变文化发展的资源配置方式，由办文化向管文化转变。当前，我国已初步形成了以公共财政为主导，多渠道筹资、多种资助主体、多种资助方式的多元混合文化资助机制。

面对社会转型时期的各种新矛盾和新问题，尤其客观存在的精神迷失现象和社会信仰危机，文化的社会治理功能被放到重要的位置，体现在文化建设“以社会主义核心价值观为引领”的工作导向上。虽然在党的十六大就已提出社会主义核心价值观的概念，但其具体内容到党的十八大才明确。习近平在中央政治局集体学习时强调，“核心价值观是文化软实力的灵魂、文化软实力建设的重点。这是决定文化性质和方向的最深层次要素”。如何通过社会主义核心价值观，将社会主义先进文化内化为广大人民群众内心价值信仰，仍将是未来一段时间内亟待解决的重大问题。以促进社会公平为主旨的公共政策，侧重于公民平等接触文化艺术的机会。2015 年印发的《关于加快构建现代公共文化服务体系的意见》，首次把标准化、均等化作为保障人民群众基本文化权益的重要举措提上日程。地方上也在积极探索公共文化机构规范化管理的路径。譬如，《上海市美术馆管理办法（试行）》2018 年 6 月 1 日起开始实施，试行期为两年。这是全国出台的第一个省级美术馆行业管理规范性文件，明确了美术馆是为公众提供文化内容的公益性机构。从整体上看，文化领域立法工作获得推进，《公共文化服务保障法》（2016）、《电影产业促进法》（2017）、《公共图书馆法》（2017）相继出台；《文化产业促进法》近期也被列入全国人大常委会五年立法规划。这标志着我国文化领域开启从行政维护到法律保障的新阶段，这也是提高文化领域治理能力现代化的必然要求。

鉴于文化产业在全球经济危机中对经济转型作用的显现，党的十七届六中全会及十八大将文化产业的发展提升到一个新的高度——推动文化产业建设成为国民经济的支柱性产业。我国文化产业政策确立了以市场为导向，“坚持把社会效益放在首位、社会效益和经济效益相统一”的发展原则。为了促进文化与科技融合，发展新型文化业态，提高文化产业规模化、集约化、专业化水平，2012 年起先后出台了更为细化的产业政策和扶持政策，包括与文化产业相关的综合性政策、文化与相关产业融合发展政策、文化产业资金扶持政策、文化产业税收优惠政策、文化产业园区（集聚区）认定关系相关政策等。这些政策不仅推动了文化的“产业化”，而且推动了传统产业、新兴产业与文化、创意、科技的跨界融合，从而极大地提升了相关产业的附加值。现代化治理阶段的文化政策，目标指向服务于从全面建成小康社会到基本实现现代化，再到全面建成社会主义现代化强国的战略安排。政策工具使用强调依法管理、管办分离。在重视文化社会功能和经济功能的同时，新形势下党和政府把掌握社会主义意识形态领导权，作为中国特色社会主义新时代文化建设的重要任务。

二　我国文化资助机制演变路径及发展思路

我国文化资助机制的演变，直接受国家文化发展战略及社会主义市场经济体制影响，同时也与财政体制改革和文化体制改革息息相关。从计划经济向市场经济转轨过程中，财政管理体制从生产建设型财政向公共财政模式转变，文化体制改革也逐步推动向服务型政府治理模式发展。总体上来说，我国文化资助模式特征表现为政府干预——既注重发挥市场配置资源的基础性作用，又强调政府的导向作用。以下采用文化资助机制运行分析框架，从目标指向、筹资机制、分配和使用规则三方面辨识我国文化资助机制演变轨迹及特征。

（一）文化资助的目标指向培育文化创造生产力

文化通常被视为由群体形成的一种机制。虽然个体是群体的一部分，但文化体现的不是个体的特征，文化也不是任何个体的创造，却依赖于个体创造力汇集形成群体文化特征。可见，文化的社会功能之一即注重将个体公民的审美能力、交流能力培育演化成为群体的创新能力及社会建构能力。改革开放以后，文化逐步成为社会改变和构建的主体。文化建设从辅助性社会资本，为政治稳定和经济发展提供支撑，转变成为国家现代化发展战略的重要组成部分。[①] 这一变化凸显了文化建设的相对独立地位，文化功能依然需要服务于经济、政治发展，但文化的社会性和经济性的功能被大大增强了，文化政策涉及的内容也更为丰富和全面。40 年来，党和政府正视社会主要矛盾的存在，积极促进矛盾向好的方面转化——从“人民日益增长的物质文化需要同落后的社会生产之间的矛盾”转化为“人民日益增长的美好生活需要和不平衡不充分的发展之间的矛盾”。文化政策的发展趋势必然是从保障公民基本文化权益，走向扩大民众文化参与或民众文化创造、文化教育或文化传播，并最终指向培育文化创造生产力。这就决定了我国文化资助机制的根本目标是“激发全民族文化创新创造活力，建设社会主义文化强国”。

（二）建立以财政资助为主、社会融资为辅的筹资机制

市场决定资源配置是市场经济的基本要求。改革开放 40 年经历了对政府与市场关系的认识不断深化的过程，最终确立了“使市场在资源配置中起决定性作用和更好发挥政府作用”（《中共中央关于全面深化改革若干重大问题的决定》）。市场调节的分配功能有助于提高效率，却无力解决公共产品的生产问题。因此，需要通过政府的作用加以解决。更好发挥政府作用，不是回到以前政府对文化事业大包大揽，而是推动政府职能从办文化向管文化转变，改变以往“错位”“越位”“缺位”现象。现代政府公共财政资助文化，主要基于以下三种理据：其一，保障公民文化权利及发展机会平等的同时，投资人力资本、提高公民素质；其二，维护文化生态结构的多样性；其三，延续文化传承力及创造力，维持社会文明的发展。我国是政府主导文化管理和政策的体制，公共财政的资源配置职能比成熟市场经济国家要更加广泛。因此，公共财政支持在文化资助体系中占

---

① 郭远远、陈世香：《改革开放 40 年来文化建设定位的历史演变与未来展望——基于历年国务院政策文本的分析》，《中南大学学报》（社会科学版）2018 年第 1 期。

据重要地位。公共财政发挥的调控作用主要体现在两方面。第一，政策引导功能和杠杆作用。通过财政投入和财税优惠政策，引导社会资本、金融资金进入国家政策允许的文化领域，引导内容生产和传播沿着社会主义先进文化前进方向发展，引导各种社会力量加入提供公共文化服务行列，从而提高公共文化产品供给的质量和效率。第二，结构调整功能。通过财政投入、转移支付和税收优惠等政策，引导文化资源和生产要素跨地区、跨行业、跨所有制流动，推动文化创新、文化新兴业态发展，缩小城乡和区域文化发展差距，实现文化领域公共资源配置的公平、公开、公正。[①] 近些年，基金制管理、项目化运作成为文化资助机制发展新的动向；今后如何利用市场机制调动更多力量，以多种形式支持文化发展是完善文化资助制度的重要路径。

（三）文化资助的分配和使用逐步从财政直接资助向多元化混合方式发展

我国自 1994 年实施分税改革以来，初步构建了中央与地方财政事权和支出责任划分的体系框架。文化领域公共财政资助由中央和地方共同分担，资助方式采用国家财政专项资金、专项转移支付等手段，同时拓宽文化领域资金投入渠道，逐步形成适应社会主义市场经济要求的筹资机制和多渠道投入体制。其中，中央财政主要对国家级文化机构、重大文化遗产保护项目、关系国家文化安全和文化发展重大战略意义的项目和公共文化服务平台给予直接资助。对地方文化遗产保护项目和中西部少数民族地区、贫困地区文化发展予以补助。对符合国家文化产业政策发展方向，对当地文化产业具有服务或促进作用的重点产业项目予以项目补助、贷款贴息、保费补贴及绩效奖励等。中央财政主要发挥导向性和示范性作用，带动地方财政将有限的资金投向文化领域发展的重点项目上来。而地方财政则根据量入为出的原则，在中央财政的支持下，资助并支持区域内文化发展。公共财政投入合理划分各

① 齐勇锋等：《中国文化发展战略与公共财政研究》，中国经济出版社，2014，第 5 ~6 页。

级政府在文化领域的财政事权和支出责任，明确地方主体责任，是支持文化发展改革的重要保障。无论是中央财政还是地方财政，文化领域资助方式正逐步从单一的直接财政投入向政府采购、专项拨款（全额资助、部分资助和奖励等）、补助补贴、专项贴息（全额或部分贴息）等多种直接投入和艺术基金、税收优惠等间接方式转型，从单一类型向多种组合类型方向发展。

三　对我国文化资助机制创新发展的思考

我国充分考虑基本国情和文化建设的价值取向，坚持因地制宜及自身传统和独特性，在对外开放过程中学习西方经验和教训、提升国家适应能力的同时不盲目照搬，以渐进式改革实践促发展是中国改革开放 40 年的重要启示。我们正在探索一条不同于欧洲大陆文化管理体制和英美文化管理模式的发展道路，初步形成了有助于传承优秀传统文化、培育文化创造活力的文化资助制度体系。但从长远看，制度设计方面还亟待完善，需要我们深刻理解资助机制背后的问题和脉络，及政策执行上可能遭遇到的困难，建立能因应国内外形势的灵活性机制。我们必须紧密结合时代出现的新情况、新问题，思考下一步深化改革的任务和举措。改革的目标是有效供给与需求对接问题，市场可以解决效率问题，但解决不了质量问题和价值问题。如何获得文化资助体系可持续性内生动力？对于中国当前而言仍是十分关键的任务。现阶段及未来，广大民众对转变政府职能，加快文化行政管理体制改革和文化民主的要求会日益强烈，文化政策措施要从满足文化消费权利走向促进文化参与权利和文化创造权利，从而激发市场活力及社会活力。政府应逐步从公共文化产品的生产者和提供者角色向资助者及资源的调节者角色转换。在全方位开放格局下，当今的中国更需要站在全球视角做长远展望，能够识别全球趋势与新的挑战，不断提升学习创新能力；同时还要有本地化行动能力，能够迅速回应本地社会实际需求。这就要求文化资助机制应具备适应市场竞争和全球环境变化的韧性。如何调整？以下做了三方面的思考。

首先，在经济全球化时代，任何一个国家都无法保证经济持续增长、财政收入持续增加，因此，需要建立可以补充公共财政支持文化发展的机制，拓展资金来源渠道以规避风险。除了从宏观角度审视文化资源配置及可持续发展方面的政策举措以外，我们还需要从微观管理角度寻求提高资金使用效能的切入点。当前改革仍在探索中，实践中遇到的问题及困境我们不能回避，还应针对实际情况寻求解决的办法。

其次，我们需要关注文化艺术内容的扩展对资助范围和文化服务效能的影响。在当代社会，尽管艺术家个体或群体的卓越性创作仍是艺术实践的重要内容，文化精品创作生产机制亟须创新；然而不可忽视的是艺术实践在形式上也发生了一些变化，比如与个体（群体）赋能及社会教育活动结合在一起。艺术实践中发现、学习、交流、协作的精神开始被重视，公众互动性、参与性及情感建构性被广泛运用于社会整合及治理过程中。艺术实践甚至被视为可以改善地方文化资源管理及社区能力建设，协助解决特殊社会问题或地区文化传承及经济发展问题等。由此可见，发挥文化的公共性价值，增强全民族文化创造活力，必须将文化民主化和文化民主相结合，促进民众主动性文化参与（创造），鼓励文化生产和艺术实践与地方再造、文化传承及广大人民群众的日常生活紧密相连。切实提高基层公共文化服务效能，尤需关注这方面内容生产。

最后，我们需要关注技术发展趋势对文化资助机制创新产生的影响。近十年来智能化、大数据、云计算、物联网等引发的技术变革，几乎改变了我们所有的处事方式，这些技术对实现公共文化服务的转型升级也发挥了积极的作用。我们需要重新审视创作、生产、分销、获取和享有文化产品和服务的渠道。人们在虚拟场域中的文化艺术创作是通过自我组织、自我管理，合作或联合开展的，个体贡献汇聚成整体。各种创客、平台及生态组织可能成为未来文化艺术生产主体，他们有着消费者与生产者合一的共同特征，这一特征激发了新的社会融资策略的生成。

B.16
深圳公共文化服务模式创新研究

童圆　王昭*

摘　要： 作为改革前沿阵地与重要经济城市，深圳可充分利用极佳的外部环境与丰富的市场要素，吸引社会力量共同参与公共文化服务体系构建，通过加强政策激励、变革管理模式、扩展参与途径等手段，提高有效供给比例、提升服务效能。

关键词： 公共文化　模式创新　城市竞争力　文化支撑

一　深圳公共文化服务发展历程概述

自1979年建市至今，深圳公共文化事业发展可大致分为四个阶段，每一阶段的发展均有着鲜明的时代烙印。

1982～1989年，是深圳公共文化事业发展的建设探索期。深圳建市之初，各项工作围绕经济建设展开，公共文化事业遭遇了短暂挫折，“文化沙漠”由此得名。公共文化事业的凋敝引起政府高度重视，深圳开始加大文化建设力度，新建了八处重大文化设施，创办了《深圳特区报》、深圳电视台等重要公共文化机构，组建了罗湖艺术团、上步文艺演出队等多个演出团体，文化站点和活动开始增加，公共文化事业得到恢复和发展。

1990～2002年，深圳公共文化事业进入全面发展期。深圳以国务院“四个一”工程实施为契机，在加强各区公共文化设施建设的同时，对服务

---

* 童圆，深圳市文化馆群文理论部部长；王昭，深圳市文化馆艺术活动部部长。

模式和服务机制进行了多种探索，“双轨制”“以文养文”等探索行业办文化、社会办文化的改革试验，有力地促进了公共文化事业的发展。随着经济实力的不断增强，深圳的文化发展意识开始觉醒，“文化立市”“建设文化名城”的呼声开始出现。[①]

2003～2015年，是深圳公共文化事业现代化发展期。2003年开始施行的“文化立市”战略，“把文化建设摆在深圳现代化发展战略全局的突出位置上”。[②]

2016年之后，深圳以建设国际文化名城为目标，公共文化事业随之进入国际标准建设阶段。《深圳市文化发展“十三五”规划》《深圳文化创新发展2020（实施方案）》《关于加快构建现代公共文化服务体系的实施意见（2016～2020年）》等多项政策文件的出台，标志着丰富市民文化生活、保障市民基本文化权益的现代公共文化服务体系正在稳步构建。深圳歌剧院、深圳创意设计馆、中国国家博物馆·深圳馆等一大批构筑城市人文景观、打造城市鲜明特色的重大文化项目启动建设，宣告着深圳公共文化事业发展进入全球性文化城市建设阶段。

二　深圳公共文化服务的主要模式

深圳的特殊之处在于其承担着改革“试验田”的光荣任务，几乎各个领域的改革尝试与探索，都能在深圳找到痕迹。近40年间，深圳公共文化事业尝试过多种模式，积累了许多宝贵经验。

1.“社会办文化”模式

特区成立初期，经济建设成为政府工作重心，公共文化事业未受到重视。1990年以前，深圳市属大型文化设施仅8处[③]，区级文化馆3家，区级

① 乐正、王为理：《文化立市发展战略与深圳文化建设的近期走向》，《改革与战略》2003年第4期。

② 白天：《实施“文化立市”战略　推进文化发展》，《南方论丛》2003年第1期。

③ 深圳市地方志编纂委员会编《深圳市志·教科文卫卷》，方志出版社，2014，第319页。

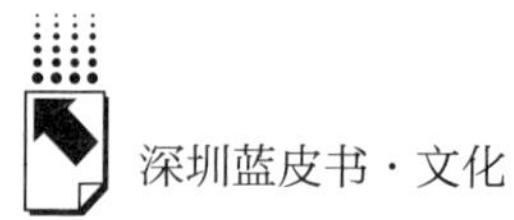

图书馆3家，基层文化站42间，而同期的商业性文化服务场所超过2600个。[①] 消费型文化经营火热，而公共文化服务严重短缺的问题已引起关注。[②]

当时深圳企业众多，消费型文化企业追求经济效益，网点分布密集；工业生产型企业为丰富职工业余生活，组建了不少职工文艺社团。政府立足实际，及时颁布了《深圳市社会文化管理暂行条例》，对这些社会资源加以适当转化，大幅提升了公共文化服务的覆盖人群及服务效能；另外，通过给予适当补贴，大力扶持、培育群众文化组织和业余文艺团体开展公共文化服务。[③]

在特定的历史时期，政府、企业、社会团体共同提供公共文化服务，有效分担了政府压力，缓解了当时公共文化设施数量少、分布不合理，文化活动少、内容较单调等困难局面，“社会文化社会办”也因此成为当时深圳公共文化服务的主流模式。[④]

2. “政府办文化”模式

1990年是深圳公共文化事业发展的转折点，以实施的国务院“四个一”工程要求为契机，公共文化体系建设逐渐在全市铺开，区、镇街一级公共文化设施纷纷启动建设。[⑤] 邓小平同志南方谈话发表之后，深圳积极落实邓小平同志“两手抓、两手都要硬”、两个文明建设都要赶超“亚洲四小龙”的指示，文化事业开始进入新一轮建设期。

90年代初期，政府曾短暂执行过“以文补文”“多业助文”政策以增加公共文化经费的社会来源，但贯穿主线的仍是“政府办文化”模式。通过实施群众文化网络规划，拓展艺术广场网络等方式，建起了以市群众艺术馆、深圳图书馆、电影放映公司、新华书店为中枢的服务网络，

---

① 深圳市地方志编纂委员会编《深圳市志·改革开放卷》，方志出版社，2014，第319页。

② 杨建和：《略谈深圳特区的城市特点和社会发展的若干问题》，《社会学研究》1986年第3期。

③ 程青：《深圳特区十年文化发展纪略》，《新华文稿》1991年第1期。

④ 云惟经、冯达才：《浅谈深圳文化建设的特色》，《现代哲学》1987年第2期。

⑤ 深圳市地方志编纂委员会编《深圳市志·教科文卫卷》，方志出版社，2004，第319页。

以及深圳公共文化服务体系的现代雏形。[①] 随着市、区、镇街文化设施的不断增添，以及“大家乐”等市民广场活动的繁荣，深圳公共文化事业也掀开新篇章。

“政府办文化”本质上体现出政府在公共文化服务体系建设中的自觉，以及对单一“经济中心”发展模式的调整。政府积极主动承担起公共文化服务职能，在加大经费投入的同时，还出台了系列文化政策，从制度平台搭建、设施网络建设、社会组织培育、人才队伍建设等方面同步推进，公共文化服务质量与覆盖面得到大幅提高。

3. “政府主导、社会参与”模式

尽管城市的文化意识开始觉醒，但由于历史原因，深圳公共文化服务仍不能较好地满足市民文化生活需求。体系建设不完善、设施总量不足、分布不均衡、服务产品单一等问题依旧突出。2003 年广州 GDP 高于深圳不足 200 亿元，但市属文化、文物事业机构总数超出深圳近一倍。[②] 相对于深圳的经济建设成就，公共文化服务的短板显而易见。[③]

“文化立市”战略是深圳持续高质量发展的必然选择，也是构建现代性公共文化服务体系的必然要求。随着现代性服务型政府的构建，“政府主导、社会参与”的公共文化服务模式也随之诞生。

政府通过制定《深圳经济特区公共图书馆条例》《博物馆条例》《深圳市基层公共文化服务规定》等条例，出台《深圳市群众性公共体育活动资助管理》《文化类民办非企业单位登记审查管理暂行办法》《深圳市民办博物馆扶持办法》等文件，启动文化事业单位改革，推行法人治理结构、改革人事制度等举措，以及加大经费投入、成立文化事业宣传基金、推行社会化采购等方式，运用政策、经济和法律手段，从宏观层面对社会文化进行管理与引导。

“政府主导、社会参与”模式下的深圳公共文化体系，在明确政府责任

① 深圳市文化局社会文化处：《建设中的深圳群众文化》，《特区实践与理论》1995 年第 4 期。

② 广东省统计局编《广东统计年鉴 2004》，中国统计出版社，2004，第 539 页。

③ 吴忠：《论深圳文化的特色与定位》，《经济前沿》2004 年第 1 期。

的同时，对社会参与共建予以了充分重视，不仅丰富了公共文化服务供给，更加快了深圳现代性公共文化服务体系的建设。至 2018 年底，深圳公共文化服务设施达 712 处，社会文化团体 284 家，覆盖全市的公共文化服务网络主体建设基本完成。

三　国际文化名城公共文化服务的主要模式及特点

对于国际文化名城这一概念尽管仍未有清晰的学术界定，但具备国际性的文化辐射力、影响力和向心力却已是必然要求。通常按照约定俗成的标准，将纽约、巴黎、东京、新加坡、香港等具有全球影响力、文化知名度高的城市称为国际文化名城。这些城市不仅文化产业发达、文化消费市场繁荣，在公共文化服务上也取得了令世界瞩目的成绩。

由于不同的政治、历史、人文背景，国际文化名城在公共文化服务模式上也呈现出明显差异。李雅、马越从管理运作维度将公共文化服务模式分为“政府主导”“民间主导”“分权化”三种；[①] 周晓丽、毛寿龙从服务供给维度，按供给方式将其分为“权威型”“商业型”“志愿型”三类；[②] 李少惠、余君萍则按照责任主体将其分为政府主导、民间主导、政府与民间组织分权三种模式。[③] 总的来说，国际文化名城的公共文化服务各有特色，服务模式和机制也多种多样，但综合考量资金来源、管理主体、运作模式等因素，不妨将其划分为政府直管、合伙人、专业托管三种模式。

政府直管模式，由政府直接领导并提供公共文化服务，充分保障了市民文化权利与公共福利，突出强调了政府作为公共文化服务主体的职责。资金、人员、管理，都由公共财政予以保障，并服从于行政意志，中、法、日、新等国目前大都是采取此类模式。以巴黎、东京为例，两城均在

① 李雅、马越：《发达国家和地区公共文化服务模式研究》，《图书馆》2017 年第 3 期。

② 周晓丽、毛寿龙：《论我国公共文化服务及其模式选择》，《江苏社会科学》2008 年第 1 期。

③ 李少惠、余君萍：《西方公共文化服务体系综述及其启示》，《图书馆理论与实践》2012 年第3 期。

文化事务局（生活文化局）等行政部门领导下提供公共文化服务，政府负责制订每年的公共文化服务工作计划，确定相关资金的分配比例。随着时代的发展，尽管社会力量的参与比重在增加，但政府的主导地位从未被撼动。

政府直管模式最明显的优点，是能牢牢掌控文化发展方向，使之按照既定设想开展，在保卫文化民族特色、扶持文化产业等方面有着极强的作用，最典型的案例是法国文化部曾大力推行的捍卫法兰西语的系列文化行动。但必须明确的是，优质、多元的公共文化服务以雄厚的财政实力为前提，如2018 年巴黎对影院剧院、博物馆的财政预算分别为 8410 万欧元、5300 万欧元，东京 2018 年公共文化服务预算为 31 亿日元，香港 2018 ~ 2019 年度文化艺术方面预算超过 48 亿港元（以上均不包括基本建设工程费用）。对于经济发展较慢的城市，这一模式未必适合。

合伙人模式，主要被推崇“一臂之距”理念的国家和地区采用，政府与团体组织有着不同的职能分工，在公共文化上，政府并不具备直接管理职能和权限，所有管理都经由具有官方色彩的理事会、委员会来执行。以伦敦为例，政府负责文化管理和政策制定，公共文化服务则由各类文化协会组织、公共文化机构、社会团体等负责提供。地位相对独立，不受行政干预的半官方的英格兰艺术委员会、博物馆和美术馆委员会等各类委员会则负责制订文化规划、审核项目资金、对文化服务进行评估与监督，实际上肩负着职业管理者的职能。一方面政府作为投资人，为公共文化服务提供经费保障；协会组织作为执行者，协助政府制定文化政策，并在职责领域内享有充分自主权。另一方面，文艺团体通过提供公共文化服务来获得艺术委员会资金，并不直接接受政府资助，能够保持艺术创造力和独立性。这种投资和运行管理彼此分离的合伙人模式，符合现代企业管理理念，不仅能够有效减少政府部门的行政支出，还大幅提升了公共文化服务的专业性、效率性，现在正得到越来越多的运用。

专业托管模式，即政府只负责提供资金和方向性指导意见，具体执行事务交给专业委员会、基金会运作，充分发挥了文化机构、社会组织的专业特长，充分调动了市场要素，有效提升了公共文化服务效率。例如纽约市文化事务部（DCLA）负责为特定文化组织提供资金，特定文化组织通过市场手段调动各类文化资源为市民提供公共文化服务。柏林由参议院管理文化事务，参议院文化与欧洲部（SCE）职责仅在于确定每年的投资方向和比例。

专业托管模式与合伙人模式的差异之处在于政府提供的运营经费、项目资金非常有限，绝大部分经费需要依靠受委托机构自行通过捐赠、赞助、商业投资、市场销售等途径募集。[①] 由于引入了市场调节和竞争，不仅使得公共文化服务供给能够有效对接文化需求，还对文化产业发展有着极好的培育与催化作用。这一模式对市场化程度、法制化程度有着较高要求，良好的商业市场氛围与完善的法律体系有利于激发社会资源对公共文化服务的参与热情，从而使公共文化服务的质量与数量得到保证。

四　深圳创新公共文化服务模式的思考

自 1980 年经济特区正式获批以来，深圳开始进入经济发展快车道，年均地区生产总值增速高达 23%。伴随着经济的腾飞，深圳各项公共服务建设也不断铺开，在公共文化服务领域的建设，经过近 40 年的持续发展，如今已取得较为显著的成绩。2017 年末，深圳全市公共文化设施总面积达 264 万平方米，公共文化服务设施总量超过 993 处，文化设施网络主体结构已经基本完成。[②] 2018 年深圳基层综合性文化服务中心的社区覆盖率为 99.07%，近五年全市举办各类公益文化活动年均超过 17 万场次，放映公益电影超过 2 万场次，市民文化福利水平不断提升。尽管深圳公共文化服务体系建设取得了可喜的成绩，但与巴黎、纽约、东京、伦敦、新加坡、香港等国际文化名城相比，还存在明显差距（见表 1）。

① 吴鹏宏：《美国公共文化服务建设的经验与启示》，《上海文化发展报告（2015）》，社会科学文献出版社，2015。

② 《深圳市人民政府关于公共文化服务情况的专项工作报告》（深府函〔2017〕167 号）。

表1　深圳与国际文化名城公共文化艺术主要设施及活动数据

类别	新加坡	巴黎	纽约	伦敦	东京	阿姆斯特丹	香港	上海	深圳
博物馆总数	54	297	140	192	272	144	40	120	43
公共图书馆	27	1047	207	352	387	80	82	312	638
剧院	14	836	637	270	236	58	45	47	46
主要音乐厅	5	16	16	10	13	5	4	4	11
艺术画廊	225	1142	1475	478	618	196	112	770	400
电影院	32	312	98	163	67	38	48	208	188
每年音乐演出	3565	31375	36192	22828	16699	3900	2542	6130	2150
每年戏剧表演	3930	21070	30576	32032	28970	—	6520	16800	3000
每年舞蹈表演	1035	1651	6292	2236	2445	104	2021	442	258
文化节庆活动	9	475	263	197	141	350	66	21	—
社区文化中心	120	280	—	234	94	—	119	202	50
城市总人口	5612300	12246200	8500000	9006352	13513734	2503000	7409800	24197000	11908400
GDP（十亿美元）	349	850	1717	879	1893	159	320	811	290
参观人数最多的前5家博物馆和画廊的年访问量	3565317	24802175	16000000	25960648	11262360	7072976	5379000	9313940	2650000

注：(1) 东京、上海两市社区文化中心数据来源分别为东京都教育厅、上海市文化广播影视管理局。(2) 欧洲城市GDP数据来自欧洲统计局，并换算成美元，http://appsso.eurostat.ec.europa.eu/nui/show.do?dataset=met_10r_3gdp&lang=en.（3）中国城市GDP数据来自政府年报，并换算成美元。

资料来源：世界城市文化论坛，http://www.worldcitiescultureforum.com/。

从表1中我们可以看出，巴黎、纽约、东京、伦敦文化指标处于领先位置，尤其是在音乐演出、节庆活动、艺术画廊、剧院等方面，巴黎、纽约具有绝对优势。新加坡文化设施总量虽不多，但考虑到城市人口和面积，其实际密度远高于香港、上海和深圳。此前，我们将国际文化名城的公共文化服务模式归为政府直管、专业托管、合伙人三种模式，纽约属于专业托管型，伦敦则属于合伙人型，巴黎、东京等城市均属于政府直管型。三种形式有着各自的优点和不足，结合表中的数据我们很难评价哪种模式更优秀。

同样都是历史悠久的城市，相对于伦敦，东京公共文化服务体系建设起步晚，但发展速度极快，政府意志在文化领域得到有效的落实，短短几十年便确立了国家文化名城地位，政府直管模式的优点可见一斑。

若对同一种模式进行内部比较，则会发现模式的效用往往受外部多种因素的影响。新加坡、香港两城经济发达，但建设现代型城市的历史都不太长，在文化、历史、市民结构上也有着显著差异，两地政府直管模式的运用有很多不同：香港的文化消费更活跃，公共文化服务与市场需求更加同步，音乐演出、戏剧表演、节庆活动的开展显得更加丰富多元；新加坡作为城邦国家，更注重意识形态的塑造，公共文化政策、规划偏重于文化认同等价值观建设。

可见无论采用哪一种模式，对提高公共文化服务质量和效率，以及提升城市活力而言并没有内在的必然性，我们应该立足于城市实际情况，对影响公共文化服务的内外因素进行综合考量，不拘泥于某一种模式，广泛吸收所有模式的优点予以组合运用。

五　深圳创新公共文化服务模式的几种途径

2016 年深圳地区生产总值为 2896 亿美元，与香港、新加坡非常接近，对标国际文化名城构建现代公共文化服务体系的经济基础已然具备。然而从文化发展以及公共文化服务实际来看，深圳距离成为国际文化名城还有很长的路要走。结合政府管理模式与社会特点，立足本地实际，创新公共文化服务模式是深圳“建设与现代化国际化创新型城市和国际科技、产业创新中心相匹配的文化强市”不可或缺的一环。[①]

① 《深圳文化创新发展 2020（实施方案）》。

1. 转变管理理念，加强政策、法律支撑

在国际文化名城中，以政策、法律增强公共文化服务的成功案例比比皆是。如纽约推行“艺术1%”计划，东京推出“东京都文化振兴”方案，新加坡实施“城市文艺复兴”系列计划，通过文化政策来指导文化发展，不仅扩大了公共文化的社会参与度和覆盖面，更提升了城市的文化实力。

政策引导之外，更需要运用法律和经济手段。在纽约、香港，向具有豁免缴税资格的组织捐赠可以免除相应赋税；在新加坡，对“致力于满足整个新加坡社区需求”的文化、教育、卫生等公益组织捐款可获得2.5倍的税收减免。由于税收政策并不指定接受捐赠的对象，捐赠者有着完全的选择权，这种选择权通常表现为对公共文化服务质量以及服务水准的要求上。以税收方式扶持公共文化服务，不仅增加了资金来源，还有效推动了社会组织的内部竞争，激励了艺术创造。

国内目前出台的《公益事业捐赠法》《企业所得税法》《个人所得税法》《公共文化服务保障法》等相关法律，存在相关条款模糊、认定标准抽象、激励措施不具体等问题，对社会资源参与公共文化服务的激励效果非常有限。如《公益事业捐赠法》只列出了财产捐赠，没有涉及非物质性的技术服务；而《企业所得税法》《个人所得税法》对于经由政府采购途径向市民提供的公共文化服务未有明确、统一的税收减免标准，社会组织、企业、个人承担着公共服务职能却并不能享受相关的非营利性税收减免政策。

因此，在国家尚未出台具体税收政策、法律之前，政府应当根据长期发展目标，结合城市的实际情况制定清晰明确、激励措施具体可行的地方性政策、条例来推动城市公共文化服务快速发展。

2. 成立专业委员会、扩大社会参与管理

在不同政治体制的国家和城市，专业委员会负责公共文化具体事务已是极为普遍的现象。在纽约，文化事务部（DCLA）通过基金、项目计划鼓励社会组织提供公共文化服务①，实际指导着公共文化服务的是纽约艺术基金

① https：//www1. nyc. gov/site/dcla/about/about-cultural-affairs. page.

会、布朗克斯艺术委员会等机构；在伦敦，政府通过艺术委员会对公共文化进行管理；在新加坡，国家艺术委员会（NAC）、人民协会（PA）对公共文化进行管理和运营。第三方机构参与公共文化服务的管理和运营，不仅大幅提升了服务效率和质量，还减轻了政府的行政负担。

长期以来，计划经济模式下的社会福利制度使得政府垄断了公共文化管理，市场未能充分发挥资源配置功用，公共文化服务质量和效率提升均很缓慢。同时，由于政府主导公共文化服务资源分配，体制内公共文化事业单位得到强化，而社会文化组织发展空间逼仄，导致城市文化缺乏自主性、多样性。

目前，深圳文化领域中的非政府组织数量较少、实力较弱，在公共文化服务上发挥的作用极其有限，不足以承担政府转移的公共文化服务职能。深圳需要有意识地培育第三方公共文化专业管理组织，以使其具备承接由政府转移的公共文化服务职能的实力。

第三方机构理事会、监事会应该由文化管理行政部门领导、文化艺术家、财政专家、市民代表、志愿者组织等多方主体构成，能够包含多元文化诉求。社会通过第三方机构表达文化诉求，政府与第三方机构共同参与治理，有助于“政府主导、社会参与”的现代公共文化服务体制早日实现。

3. 改革政府购买模式，推动良性竞争

深圳经济发达、企业众多、市场化程度高，政府在购买公共文化服务方面也积累了一定的经验。但整体来看，政府购买服务仍未充分采用市场手段配置资源，公共文化服务社会化、市场化的程度依旧不高，公共文化服务有效供给能力还不强，对社会文化组织、文化企业的催生、培育效果还不明显。

从国际文化名城的发展经验来看，各类文化组织是城市公共文化体系的重要构成部分，也是承接政府公共文化服务职能转移的主体。政府需要厘清其与市场、社会间的互补关系，改革原有的购买模式，形成良好的文化发展环境与竞争氛围。

政府应降低采购门槛，允许各类文化组织、文化企业及个人提供公共文化服务，把各类文化设施、服务，以及服务的监督考核等都纳入政府购买范围，实现公共文化服务提供主体、形式、内容的多元化。这样不仅可以丰富服务内容，还有利于培育文化组织，提升城市文化竞争力。在已有政府采购框架内，以市民的实际需求作为购买公共文化服务的主要原则，扩大订单式采购的比例，改变狭隘的保护主义观念，清除竞争障碍，鼓励社会主体参与竞争。

政府进行公共文化服务采购不能仅限于采购本身，还应使其起到培育文化组织、催发文化活力、激励文化创新、繁荣文化产业的综合作用。政府建立竞争性采购模式，能够在最大程度上整合公共文化资源，为市民提供多层次、多形式的文化产品和服务。竞争性采购模式更有助于提升公共文化服务社会参与度、激发文化组织和文化企业的创新活力，从某种意义上来说，对城市精神文明建设、文化产业发展能产生内在持久驱动力。

B.17 深圳城市化进程中对传统文化保护和发展的制度创新

宋　阳*

摘　要： 作为新兴城市，深圳要重视和保护好自己独特的传统文化资源，政府在积极制定保护政策的同时，对传统文化保护和发展要进行制度创新，依靠政府力量，带动民间力量，利用创新思维，重视基础教育，加大资金投入。

关键词： 城市化　传统文化　制度创新　深圳

在城市化的背景下，传统文化面临前所未有的挑战，像深圳这样一座新兴城市，如何在保持城市发展的同时，保护好深圳所特有的传统文化，让它们融入市民生活，在保护中发展传承下去？这需要政府在其中发挥主导作用，激发社会力量共同参与到传统文化的保护和发展中去。

一　传统文化的相关概念和城市化

传统文化，是指一个民族特有的与世界上其他民族所不同的，有着悠久历史、世代相传的物质文化和精神文化。20 世纪以来，工业化、现代化的高速发展使城市化进程加速，一方面为传统文化的开发和传播提供了更多的机会，另一方面也使传统文化受到严重的冲击和威胁。

* 宋阳，深圳市特区文化研究中心副研究员。

为了保护传统文化，维护世界文化多样性发展，联合国教科文组织、世界遗产城市组织、国际古迹遗址理事会等国际组织通过一系列国际文献，为全球保护传统文化提供了规范和标准。文化遗产是当前国际社会普遍使用的传统文化保护概念，一般分为物质文化遗产和非物质文化遗产。在我国，最初使用“文物”来指代急需保护的传统文化。新中国成立后在文化部内设立文物事业管理局，颁布了新中国第一批文物保护法令，通过法律法规把“文物”一词及其内涵固定下来。1960 年，中国第一部文物保护的法规《文物保护管理暂行条例》颁布，一直沿用至 1982 年。1982 年《中华人民共和国文物保护法》颁布，在其后的实施过程中不断得到修订和完善，2017 年已完成了第五次修订。2005 年国务院发出《关于加强文化遗产保护的通知》，首次用“文化遗产”概念取代了“文物”概念。

传统文化对于一座城市具有重要的意义和价值，冯骥才认为，“它们纵向地记忆着城市的史脉与传承，横向地展示着城市宽广深厚的阅历，并在这纵横之间交织出每个城市独有的个性”①。保存城市的记忆，保护历史的延续性，保留文明发展的脉络，是现代城市发展的需要。因此，在强调经济快速发展、城市功能更新的同时，对于城市中留存下来的传统文化我们要予以重视，城市的决策者不仅应该积极制定保护文化遗产的政策法规，还应当让传统文化保护和城市发展规划相结合，使之相互融合促进，协调发展。

面对全球化的浪潮，置身于城市化的进程中，我们对于传统文化也应当辩证地审视，对于其消极、过时的部分内容，应当进行剔除和逐步改造；对于积极的、代表中华文化悠久历史的主流传统文化，应当进行保护和传承，这是现代城市建设与发展的精神财富和不竭动力。

二　深圳的城市发展和传统文化资源

摸清一座城市的物质文化遗产和非物质文化遗产资源现状，有利于政府

---

① 冯骥才:《城市为什么需要记忆?》,《人民日报》2006 年 10 月 18 日。

有效掌握城市中留存的文化遗产现状和存在的问题，这是保护和发展城市中传统文化的第一步。

任何一座城市都有自己的历史文化，年轻的城市也不例外。深圳的城市发展历史虽然短暂，但不能简单地认为深圳的历史文化很贫乏。深圳的文明史可追溯到7000年前的新石器时代中期，在现在深圳的大黄沙、咸头岭、大梅沙、小梅沙、下洞遗址等地均发现过当时人类活动的痕迹，历史和实物记载了深圳的城市建设早在1600年前就开始了，东晋宝安县当时的管辖范围包括现今深圳、东莞、香港及邻近地区。

深圳处于南海边陲特殊的地理位置，历史上出于国家安全和治理的需要，深圳城市发展和行政建制一直以来受到国家政策的直接制约和影响。清朝的海禁政策甚至对深圳产生了巨大的破坏，导致地面建筑被摧毁、人口内迁，城市发展一度停滞。[①] 这种城市历史发展的大幅度波动是深圳历史文化的一大特点，在其他地区和城市比较少见。

深圳城市发展过程中的另一特点就是移民文化。在改革开放前，深圳历史上先后经历了五次大移民，完成了土著文化与北方文化的接触、全面的汉化、客家潮汕民俗迁入、多元民族文化融合。特区建立之后的移民，是深圳地区历史上最大一次移民。[②] 背井离乡的迁徙使来到这里的居民必须拓垦开荒、艰苦奋斗，才能在这片陌生的土地上扎根和发展，所以造就了今天深圳开拓创新、海纳百川、务实高效、团结奉献的精神。移民城市多元文化的碰撞和交融，海内外中西文化的汇集，造就了深圳独特的城市文化底蕴和文化传承。

深圳的城市发展历史及其特征使这座城市蕴含着独特的传统文化。深圳不仅有大量本土物质文化遗产和非物质文化遗产的留存，其移民城市的特点也吸引了一大批外来的非物质文化遗产落户深圳。

---

① 深圳市文物局：《深圳历史文化遗产现状与保护策略研究》，载彭立勋主编《2008年深圳文化蓝皮书》，中国社会科学出版社，2008。

② 深圳市文物局：《深圳历史文化遗产现状与保护策略研究》，载彭立勋主编《2008年深圳文化蓝皮书》，中国社会科学出版社，2008。

截至2017年12月，深圳共有不可移动文物1116处，其中古遗址、古墓葬等地下遗存140处，古建筑、近现代重要史迹及代表性建筑976处，迄今已发掘重要文化遗址20余处，遗址年代上溯新石器时代中期，下至晚清民国。全市共有文物藏品8万多件，其中三级以上文物1万多件。

截至2018年6月，深圳登记在册的博物馆共有48家，其中非国有博物馆32家，文物藏品8万多件，其中三级以上文物1万多件。深圳现有各级文物保护单位144处，其中大鹏古城是深圳的国家级重点文物保护单位，还有大万世居、茂盛世居、南头古城址等13个省级文化保护单位，咸头岭遗址、深圳革命烈士纪念碑、邓小平塑像等体现岭南特质和深圳历史的37处市级文物保护单位，以及93处区级文物保护单位。

作为记载人类文明和文化多样性的非物质文化遗产，深圳非物质文化遗产项目丰富多彩，具有极大的包容性，既有本土的岭南文化，又有改革开放后随着非遗传承人落户于深圳的非遗项目。自2008年以来，政府部门通过深入普查非物质文化遗产资源，先后公布了四批非遗代表性项目名录以及项目保护单位、非遗代表性传承人名单。截至2017年12月，深圳共有各级非物质文化遗产代表性项目名录164项，其中国家级7项；代表性传承人153人，其中国家级代表性传承人3人。非物质文化遗产涵盖民间文学、民间音乐、传统舞蹈、民间美术、民俗、传统手工技艺和传统医药等类别。

三　深圳传统文化保护和发展的最新政策

2005年，在国务院《关于加强文化遗产保护的通知》中指出，物质文化遗产保护要贯彻“保护为主、抢救第一、合理利用、加强管理”的方针。非物质文化遗产保护要贯彻“保护为主、抢救第一、合理利用、传承发展”的方针。2011年，《非物质文化遗产法》颁布，提出了指导非物质文化遗产保护工作的“两大原则”：一是保护非物质文化遗产，应当注重其真实性、整体性和传承性；二是保护非物质文化遗产应当有利于增强中华民族的文化认同，有利于维护国家统一和民族团结，有利于促进社会和谐和可持续发展。2016 年《国务院关于进一步加强文物工作的指导意见》中对于开展文物工作提出的基本原则是坚持公益属性、坚持服务大局、坚持改革创新、坚持依法管理，深入挖掘和系统阐发文物所蕴含的文化内涵和时代价值，做到在保护中发展、在发展中保护。

国家政策和方针为深圳传统文化保护和发展指明了方向，《深圳市文化发展“十三五”规划》中提出，“创新文化遗产保护机制，传承城市文化根脉”，积极推进文物保护工程建设，加强非物质文化遗产保护与利用，大力发展博物馆事业。

1. 文物保护

2017 年，深圳市政府颁布了《深圳市人民政府关于进一步加强文物工作的实施意见》，坚持“创新、协调、绿色、开放、共享”的发展理念，做到“在保护中发展，在发展中保护”。坚持公益属性原则。加快博物馆的规划建设，在坚持社会效益的前提下，博物馆可采取合作、授权、独立开发等方式开展文化创意产品开发。

2. 非物质文化遗产

2018 年，在《中华人民共和国非物质文化遗产法》《关于加强我国非物质文化遗产保护工作的意见》《关于加强文化遗产保护的通知》《广东省非物质文化遗产条例》等国家和省相关法律法规或有关政策的基础上，深圳政府相关部门积极推动《深圳市非物质文化遗产管理办法》《深圳市非物质文化遗产研究基地、传承基地、传播基地认定与管理办法》的颁布施行，完善非遗保护政策体系。

《深圳市非物质文化遗产管理办法》和《深圳市非物质文化遗产研究基地、传承基地、传播基地认定与管理办法》在内容创新上，鼓励、支持非物质文化遗产保护与民族节庆、本地民间习俗相结合，与深圳市的文化旅游项目相结合，加强国内外的合作与交流。鼓励社会力量兴建非物质文化遗产基础设施，鼓励非物质文化遗产的社会捐赠和委托公益性文化机构收藏、保管和展出。对代表性传承人和荣誉传承人的认定和评估方面也进行了制度创新。

3. 博物馆

2012 年深圳市政府相关部门制定了《深圳市民办博物馆扶持办法》，为非国有博物馆提供经费支持、场馆建设、寄展服务和业务帮扶等多方面的扶持措施。

2016 年，在《深圳文化创新发展 2020（实施方案）》中提出，推动中国改革开放博物馆、深圳自然博物馆、世界博物馆大厦的规划建设和深圳博物馆老馆维修改造，构建以公立博物馆为主体、民间博物馆为补充的博物馆体系，打造具有国际水准的博物馆群。

2018 年深圳市文体旅游局对原来的《深圳市民办博物馆扶持办法》进行了修订，出台《深圳市非国有博物馆扶持办法（征求意见稿）》，目前正在公开征求意见阶段。在提高门票补贴的基础上，新增了临时展览、社会活动补贴以及评估定级的奖励补贴，建立讲解人员劳务派遣制，鼓励非国有博物馆依法申请登记为慈善组织，以争取税收优惠政策等，进一步调动社会力量参与文化遗产保护的积极性，进一步加大对深圳非国有博物馆的扶持力度，解决其发展中遇到的困难和问题，促进深圳非国有博物馆科学化、规范化发展。

目前，深圳市政府部门正在制订《深圳市博物馆事业法发展五年规划（2018 ~ 2023）暨 2030 远景目标》，在推动博物馆数量、规模发展的同时，全面提升博物馆管理和服务水平，鼓励社会资本参与，鼓励博物馆制度创新和特色发展。

四　深圳在城市化进程中对传统文化保护和发展的制度创新

现代城市的发展要尊重和保护文化遗产，充分汲取传统文化的精髓，以此为中心将传统文化精髓提炼为城市精神，滋养和凝聚城市中的市民。深圳正在积极构建由政府、民间组织和市民共同组成的传统文化保护、发展体系，政府在其中起主导作用，通过普查并建立清单、制订总体规划、健全管理制度和完善法规，给予宣传、资助和监管，引导民间组织和市民群体积极参与到传统文化的保护和传承中。

关于文化遗产的保护和传承的理论，有抢救性保护、整体性保护、动态性保护、生产性保护、生活性保护和生态性保护等，根据深圳城市特点和传统文化资源现状，在传统文化保护和发展中要依靠政府主导的力量，吸引社会各界参与其中，处理好文化遗产保护与城市更新发展之间的关系，坚持以人为本，坚持传统与创新、保护与利用的和谐发展。

1. 依靠政府力量，带动民间力量共同参与

2016 年《深圳市文化发展“十三五”规划》提出了“政府主导，社会参与”的基本原则，引入市场机制，激发社会力量参与文化事业和文化产业的积极性，实现文化供给多元化、社会化。在传统文化的保护和传承上，深圳也秉承“政府保护与民间保护”相结合的原则。

深圳是国内非国有博物馆建设起步较早的城市之一。随着民间收藏文物的发展，深圳不少收藏家将私人收藏转为社会服务，逐步形成了一些特色鲜明的民间博物馆。1997 年，深圳第一家非国有博物馆玺宝楼青瓷博物馆向公众开放，目前全市登记注册的非国有博物馆共 32 家，在深圳博物馆的总数中占比高达 66.7%，有不少规模大、发展好、独具特色的非国有博物馆，已成为深圳国有博物馆的重要补充。在这些非国有博物馆中，既有以收藏书画、文房四宝、翡翠钟表、陶瓷、青铜器为主的艺术类博物馆，又有钢琴、印刷、海洋文化、历史影像资料等特色类、行业类博物馆，还有村史博物馆和企业发展史博物馆。

2018 年 11 月，深圳市博物馆协会正式成立，首批会员 51 个。在组织架构中，深圳博物馆副馆长担任协会会长，深圳望野博物馆馆长担任副会长之一。这种组织架构意味着深圳国有和非国有博物馆之间的紧密联动与合作。11 月 8 日“‘煌煌·巨唐’七至九世纪的唐代物质与器用展”在深圳博物馆开幕，时间长达 5 个月，展出的 169 件（套）大唐文物中，有 12 件

国家一级文物。不管是在展品级别、展出时长上，还是在社会的反响上，这次展览都引起了社会不小的轰动，这是深圳国有博物馆和非国有博物馆联手筹备展览的一次成功案例。深圳非国有博物馆虽然有丰富且有特色的收藏品，但其地理位置一般比较偏远，知名度不够，如果能有国有博物馆的联动，政府、专家学者、新闻媒体的宣传推广，不论对于深圳市民的艺术素养提升还是对于非国有博物馆自身的发展都将产生积极影响。

在深圳，企业、民间组织和个人广泛参与传统文化的保护与传承，民间力量的介入赋予传统文化更多创意和生命力。腾讯和故宫博物院已连续三年合作，共同开发了一系列蕴含传统文化元素的游戏和表情包，举办高校游戏创意制作大赛，召开国际数字文化艺术论坛和展览，成立创新实验室，举办“古画会唱歌”音乐创新大赛，将传统文化以现代科技形式展示，探索传统文化在数字时代的活化模式。博林集团下属的博林文创 2014 年启动“文化再造”计划，以全新的创作手法和表现形式，结合现代科技手段，启蒙、传承中华文化。比如，Hello Kongzi 项目以卡通的孔子形象，融合诸子百家思想精髓，通过空间、影视、娱乐和文化演艺四大板块，开展全球文化巡展，传播“仁义礼智信”等中华文化。2012 年由几位喜爱中国古典文化的金融界人士创办的深圳市诗书礼乐研究会，目前会员已超过 200 人，专注于中华经典诗书礼乐推广和传播，在深圳的图书馆、园博园、各社区街道以及各区学校开展过 300 多场公益经典阅读推广活动。

2. 利用创新思维，将传统文化融入百姓生活

一直以来处理好遗产保护和社会经济发展的关系是文化遗产保护和利用的重点和难点。2016 年《国务院关于进一步加强文物工作的指导意见》提出“在保护中发展、在发展中保护”的指导思想。对于历史文化遗产，习近平在筹建武汉中共中央机关旧址纪念馆的报告中曾做出批示，“在城市工作中要重视历史文化遗产，修旧如旧，保留原貌，防止建设性破坏”①。深

① 《留住历史根脉　传承中华文明——习近平总书记关心历史文物保护工作纪实》，新华网，http：//www. xinhuanet. com//politics/2015 -01/09/c_ 1113939176. htm。

圳在传统文化保护中遵循的基本原则即是“在保护中发展，在发展中保护”，把创新的理念贯穿到传统文化传承中。将历史建筑保护与现代城市建设相结合，活化历史建筑，合理利用，服务社区居民，对于非物质文化遗产进行创新性转化，融入市民生活，服务当代。

以深圳坪山区为例，根据整体性保护和生态性保护的理论，注重文化遗产与周围自然、人文生态的关系，政府在保护坪山区客家围屋和红色历史建筑的前提下，处理好文物保护与城市发展的关系，结合文物所在片区的规划功能，保障文物开发与片区功能相一致，实现文物保护工作和文物合理利用，根据“一屋一策、分类实施”原则，探索出“文物保护＋公共服务”的新模式。对于不同的历史建筑，政府采取不同的保护利用措施，修缮后用作开展公益事业和公共文体活动，服务社区群众。坪山区正在推进南中学堂、盘龙世居、文武帝宫等历史建筑活化利用，其中南中学堂被打造为“坪山城市书房”，为社区提供图书阅读、美术展览服务；盘龙世居用作社区文体活动场所；文武帝宫位于商业街区，将引进社会力量打造简阅书吧。

非物质文化遗产的传播与传承离不开市民的参与，只有亲近民众，融于生活，才能赋予非遗新的生命力。政府每年积极开展“欢乐闹元宵”“非物质文化遗产进社区”等非遗活动和展演展示，宣传展示深圳非物质文化遗产的丰富内涵。每年派出大量深圳的非物质文化遗产项目和传承人参与对外文化交流活动，如广东粤剧、醒狮、剪纸、杂技等非遗项目已先后在法国、荷兰、比利时、西班牙、新西兰等国开展文化交流。2018 年 10 月，首届“深圳非物质文化遗产周”正式举办，包括“演”“展”“讲”“赛”四类活动共 30 多项，既有非遗项目动态和静态展示、非遗体验展、非遗作品创作大赛、非遗高峰论坛等活动。在保护一个城市非遗项目的同时，更以活动的形式普及和滋养城市中的市民，让非遗不再属于过去，也属于当下和未来，赋予了其正能量和更多价值。

3. 重视基础教育，将传统文化融入校园和家庭

2014 年教育部颁布《完善中华优秀传统文化教育指导纲要》，要求把中华优秀传统文化教育系统融入课程和教材体系。传承和发扬中华传统文化的

中坚力量是青少年，将传统文化贯穿到学校教育和家庭氛围中，让孩子们从小就喜爱中华文化，并为之自豪，变单向教育为双向互动。

深圳学校的戏曲教育走在了全国前列。2004 年，深圳市宝安区教育局在全区选取 8 所中小学试点，开始“京剧进校园”活动，普及推广京剧，2007 年开启“粤剧进校园”的实验研究。宝安区的“戏曲进校园”采用二级管理、团队带动的模式，由宝安区教育局和教科院统一组织活动，资源共建共享，既为学校节约了资源，又确保活动标准化规范化、保障了活动的水平，如今宝安区已在 40 多所学校普及了戏曲艺术教育。罗湖区的“校园戏苑”活动由翠竹街道开始，10 多所学校开办了京剧社团，学员数百人。龙岗区的“少儿戏曲坊”也培养了一批戏曲发展的传承人。

深圳市政府部门分学段有序开展“戏曲进校园”活动。通过组织专家及专业演出团队以讲演方式进入深圳小学和初中校园，组织观看戏曲经典剧目，开展戏曲教育活动，加强戏曲社团建设。依托“深圳市戏曲名剧名家展演”活动，组织部分市属高中学段学生和家长进剧场观演。活动激发了深圳的少年儿童对戏曲的热爱，让他们感受中华传统文化的博大精深，提升了他们传承中国优秀传统文化的能力。

除学校的戏曲教育外，深圳青少年还有许多丰富多彩的传统文化活动，有不少活动已经持续举办多年，成为经典。譬如盐田区的“小桔灯”阅读活动，2007 年正式启动实施，2017 年 4 月又新推出了“小桔灯童读中华”和“名师解读经典”两个重点活动，除寒暑假每月举办 1 期，至今已举办了 16 期活动。盐田区的习学书院、黄埔中学的经典诗文诵读会、梅山中学的诗经工作室、红岭中学的孔子诞辰纪念活动、水田小学的书法公益讲座，以及多次举办的中华经典古诗文诵读活动和比赛，都展现出深圳在重视中小学生中华传统文化教育方面的努力成果。

4. 加大政府投入，广泛吸纳社会资本

传统文化资源的挖掘、保护和发展是政府提供的一项公共服务，政府公共财政需要提供主导力量，以弥补市场缺陷。在公共财政资金的主要资助下，可以广泛吸纳社会资本来稳步推进地方传统文化的传承。在深圳，市财

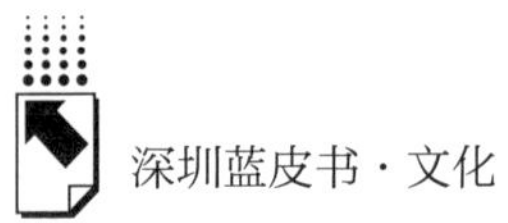

政及市宣传文化事业发展专项资金多年来支持深圳公益文化团体和项目，确保优秀传统文化的传承发扬。

2005年深圳市出台《深圳市重大公益文化项目社会化运作试行办法》，通过政府采购，深圳对传统文化的项目进行资助和支持，发动和带动社会各界广泛参与其中。深圳市文化事业建设费及市宣传文化事业发展专项资金专项用于发展深圳市宣传文化事业和精神文明建设，通过专项拨款和专项贴息的方式，进行深圳市非物质文化遗产传承和保护，公益性博物馆、美术馆文物和美术品征集收藏，民办博物馆门票补贴，高雅艺术票房补贴，文艺院团演出扶持等。

以门票补贴为例，在深圳市宣传文化事业发展专项资金的支持下，由社会组织承办的“戏曲展演活动”以低票价和各种优惠措施让更多的观众走进剧场。每场演出100元以下的票占总票房的30%，50元的票价占10%。招标采购的节目重点安排在龙华、宝安、坪山等原特区外及较为偏远的地区，同时要求在这些地区举办的场次要超过全部演出场次的80%。对于非国有博物馆，从2012年制定《深圳市民办博物馆扶持办法》至今，已安排门票补贴2900万元，符合条件的非国有博物馆每年都能得到10万~50万元不等的门票补贴，确保了非国有博物馆的正常开放和可持续发展。2018年《深圳市非国有博物馆扶持办法（征求意见稿）》中提出，对年度接待免费参观一万人次以上的非国有博物馆给予门票补贴，每家博物馆年度补贴总额不超过100万元。

深圳市、区各级宣传文化主管部门对戏曲进校园活动也给予高度重视和大力扶持，根据市宣传文化事业发展专项基金提供的数据，平均每年资助该项目80多万元，截至2017年底共计资助500多万元；各区文化教育部门对辖区的戏曲进校园活动每年给予的扶持经费累计近百万元。

深圳市文化事业建设费及市宣传文化事业发展专项资金扶持了深圳粤剧周、戏聚星期六、戏曲名剧名家展演等许多经典戏曲活动，还扶持了一批深圳本地的民间文艺团体和艺术人才，如罗湖现代戏剧社、紫荆戏曲艺术团、龙岗大围屋艺术团、宝安实验曲艺团等，使之在市场竞争和文化实践中不断发展壮大。政府每年扶持市级以上非遗代表性项目和代表性传承人，资金支持已增加至400多万元，对全市非遗保护工作发挥了积极作用。

深圳还有不少民间基金，始终关注和培育传统文化项目，譬如雅昌艺术基金会、关山月艺术基金会、腾讯基金会、Hello Kongzi教育公益基金等。雅昌艺术基金会于2012年成立，资助文化艺术普及教育。关山月艺术基金会于2013年成立，支持文化艺术交流活动、艺术创作、奖励优秀艺术人才。腾讯基金会2006年发起筹备，以“腾讯网络捐赠平台”“益行家”“腾讯公益网”等为平台，在乡村发展、教育、扶贫、紧急救灾、员工公益、文化艺术等多个领域开展公益活动。Hello Kongzi教育公益基金于2015年由博林集团成立，用于助学济困、教育、传统文化宣传、扶贫赈灾等方面。

城市文学与文化空间

Urban Literature and Cultural Space

B.18 全民写作的深圳实践

——以深圳社区文学大赛为例

王海鸿　黄东和*

摘　要： 深圳全民写作计划暨社区文学大赛，以互联网技术平台为支撑、以激励深圳题材的文学原创为目标，已成为深圳规模最大的文学赛事，“睦邻文学奖”成为中国在地文学评选的标杆奖，“邻家文学社区”入选国家新闻出版改革发展项目库，为深圳新型文学生态摸索出了一条新路。这表明，以“互联网+优质原创内容+社群互动”方式激励符合主流价值观的本土题材创作，顺应国家互联网文化建设和公共文化服务体系建设的需求，值得在全国推广普及。

* 王海鸿，深圳青年杂志社社长、总编辑；黄东和，深圳青年杂志社副总编辑。

关键词： 全民写作　社区文学　城市文化　网络文学　深圳原创

互联网技术背景下，全民写作的时代真正来临了。如何看待全民写作？怎样组织全民写作？全民写作的路径和阶梯是什么？“互联网 + 全民写作”将形成怎样的文学生态和城市文化生态？

深圳全民写作计划经过 6 年的实践，以互联网手法，吸引了 2 万多名写手，创作了深圳题材的文学作品及评论 18 万篇次，成为深圳优秀作者和优秀作品层出不穷的全新平台，被评为“国家新闻出版改革发展项目”。

实践表明，传统媒体萎缩以后，城市文化的集聚生长，需要新的形式。互联网既可能导致阅读和写作碎片化、去中心化，也可能形成新的集聚功能，形成主流社会所需要的阅读和写作的集聚平台和传播中心，使优秀的作者都聚集到这里，优秀的作品都从这里涌现出来。

深圳全民写作计划是以社区文学大赛的方式落地的。“文学 + 社区”，赋予了文学的在地性，使文学创作接了地气；同时赋予了市民大众的参与机会，使得文学创作有了人气。这是深圳社区文学大赛 6 年来长盛不衰、黏性很强的主要原因。

全球化时代，文化是流动的。如何让流动的文化留驻，让流动的文化在本地扎根、生长，形成在地特质，建设全球区域文化中心，这是深圳这样的新兴移民城市念兹在兹的大问题、大难题，在解决这一问题的过程中，深圳社区文学大赛这几年的探索经验弥足珍贵。

一　起因：深圳青年杂志社的探索

2012 年底，深圳全民阅读活动已经如火如荼地开展了 13 年，并因此获得了联合国授予的“全球全民阅读典范城市”的殊荣；但是在市民写作和城市出版方面，深圳没有令人信服的数据和事例，因此数度与“世界图书之都”失之交臂。

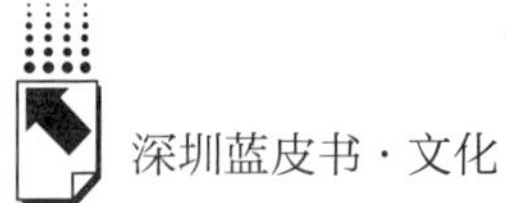

曾经于1993年成功举办过轰动全国的“中国文稿拍卖会”的深圳青年杂志社，此时正在谋求转型，听闻此消息后，觉得在市民写作方面应该可以有所作为。深圳青年杂志社早期骨干如钟铁夫、田地等深圳文化学者很久以前就有过推动中国全民写作的计划和努力；深圳青年杂志社副总编辑黄东和则在互联网领域有超过10年的运营经验；运用互联网手法动员市民写作、繁荣城市原创的《深圳全民写作计划暨社区文学大赛项目方案》于是报到了深圳市委宣传部办公室、文艺处，并在2013年入选市宣传文化事业发展基金扶持项目，基金项目评审专家、深圳引进的著名作家邓一光等高度评价了该项目，认为此“全民写作计划”加以完善后，可以对标影响深远的“美国故事计划”。

在基金扶持资金极为有限的情况下，深圳青年杂志社依托邻家社区文学网，将深圳全民写作计划，以深圳社区文学大赛方式落地，成功举办了6届社区文学大赛，吸引了2万多名写作者（注册用户），长期参与原创深圳题材的文学作品和评论18万多篇次，成为深圳规模最大、市民参与度最高、活动持续性较好的原创文学赛事。

于爱成、南兆旭、丁力、王绍培、邓康延、田地、胡野秋、梁二平、从容、王樽、费新乾、孙夜、郭建勋、朱铁军、王国华、廖令鹏、秦锦屏、唐成茂、张樯、王素霞、范明、刘洪霞、欧阳德彬等100多位深圳文化精英、专业文学编辑参与了大赛优秀作品的提名及其他组织工作。

洛夫、李敬泽、苏童、格非、邓一光、杨争光、南翔、高叶梅、虹影、谢有顺、方方、贺绍俊、徐则臣、孟繁华、邱华栋、葛红兵、杨庆祥、梁鸿、黄灿然等海内外文学名家先后成为赛事终审评委，确保了大赛具备高规格、严要求。

第一届大赛冠军得主陈彻，以前是一个沉默的勤奋写手，获奖后晋升为繁忙的实力编剧，其才华在深圳题材的电影编剧遴选中被高度认可；第二届大赛冠军憩园，以85后诗人的不俗实力夺冠，现为深圳知名文化企业的文学总监；第三届大赛冠军段作文，原来是宝安一小型外资企业的普通车工，酷爱文学写作，其获奖作品《再见，固戍》再现转型期深圳制造业工人的拳拳之心，文字质朴感人，获奖后被聘为宝安西乡图书馆管理员、街道机关工作人员，其经历一时被传为佳话；第四届大赛冠军陈卫华，在处理繁忙的商务之余，创作商业主题的深圳故事，不妄说，见真情，初次参赛，一举夺冠，推动深圳文学从“打工文学”到“市民文学”转型；第五届大赛冠军王顺健，人在海外，心系深圳，以非虚构作品《我有一个岛》力拔头筹；第六届大赛冠军再次由陈卫华获得，其深圳商业题材的文学创作技巧更加炉火纯青。六年来，从大赛中走出数以千计的优秀市民作者，他们成为深圳文学创作最活跃的一股新生力量，是深圳各级作协新会员的重要来源。

对此，《人民日报》“文化版”头条，以《用文字丈量城市维度》为题，对“全民写作计划”予以大篇幅报道。《中国文化报》以《全民写作，深圳燎原》为题，对“全民写作计划”予以整版报道。人民网、中新网、《南方日报》、《深圳特区报》、《深圳商报》、《深圳晚报》、《晶报》、深圳新闻网给予长期跟踪报道。文化部国家文化创新研究中心主任魏鹏举、深圳市特区文化研究中心主任黄士芳分别给予高度评价，《深圳全民阅读报告》给予专题报告。“全民写作计划”作为深圳读书月重大项目、深圳全民阅读十大优秀项目，在上海、深圳、台北、香港四城市文化会议上，先后两次作为文化创新年度案例被分享。台湾文化名人、中国传统文化基因库创始人黄永松先生称：“全民写作计划、社区文学大赛，是深圳这样的新兴移民城市最应该做的事情。功在当代，利在千秋。”

正是因为有了这样具体的成绩，经中国文化传媒集团、国家文化部推荐，该项目运营平台才得以入选 2016 年度“国家新闻出版改革发展项目库”；在深圳市委宣传部支持、著名纪录片导演李亚威主持拍摄并将在中央电视台播出的 10 集大型纪录片《一座敬仰文化的城市》中，“全民写作”的故事就有整整 3 集。

二　创新：邻家社区文学网的尝试

邻家社区文学网（www.linjia114.com）是深圳邻家文化科技有限公司

独立运营的网络文学社区。邻家虚拟社区与线下真实社区一一对应，线下有个社区，线上就有一个同名社区与之对应，与线下该社区相关的文学作品统一纳入线上同名社区展示，这种独具特色的“互联网社区 + 文学”模式，使得“在地文学”有了广阔的用武之地。社区本地居民的文化认同，可以通过本地题材的文学作品的创作与交流来建立。譬如，深圳题材的优秀文学作品可能在《人民文学》发表不了，或难以获得鲁迅文学奖、茅盾文学奖，但是深圳市民可能更乐意读到深圳主题的文学作品，以获得关于深圳本地人文相关的讯息，深圳人可能更愿意为本土题材的优秀作品颁发市民心目中的“诺贝尔文学奖”，这就是“在地文学”的价值。与此同时，外来旅游者或城市新移民，要熟悉当地文化，融入当地文化，可能也会优先选读与当地有关的优秀文学作品，而这些作品恰恰就被妥当地收藏在与当地同名的邻家网络相关社区。这就是邻家文学社区的独特定位。

邻家文学社区奉行“有底线的公开发表原则”。即：所有作品必须经过审核，确认与社区相关、确属文学作品、确实政治正确，方可在相关社区公开发表展示。这就将粗制滥造的网络垃圾首先排除在外，既确保了网络内容的质量和安全，又替读者把了关，以免受垃圾文字、恶意文字的滋扰。这也是目前为止，邻家文学社区广受主流社会好评的重要原因之一。

邻家文学社区建立了良好的阅评互动机制。作者，也是读者；读者，也是评论者。邻家文学社区鼓励读者参与对作品的点评，认真阅读后有感而发的点评尤其受到管理员的鼓励。每条加精的优秀评论，评论者以及被评作品的作者，都会同时收到网站等额的邻家币打赏，俗称“一炮双响”。这就大大调动了读者点评的积极性，也大大调动了作者发表优秀作品的积极性，作者与读者之间的黏性增强，两者的互动开始进入良性循环：写作者，写的文章有地方发表了，发表的文章有人认真看、认真评了；读者，不只是被动的消费者，还是积极的评论者，再度创作的参与者。

邻家币，结合政府资助资金，按一定比率兑现，作者和读者都收到了真金白银的回报。譬如，每一条精彩评论，按照评论者和被评作品的作者各得 10 元奖励金的标准计算，20 万元资金，可以奖励 1 万条精彩评论，这 1 万条精彩评论通常是从10万次有效评论和互动中遴选出来的，而10万次评论与互动通常可以带动100万次有效阅读。这就解决了一个大问题：全民写作及其阅读不再是不可计量的了。可量化的阅评考核，使得政府公共文化资金可以均衡惠及每一位真正用心的参与者，全民阅读与全民写作由此落地，与当地公共文化建设实现无缝对接。

三　方向：“写作+阅读”O2O服务平台

写作与阅读是密不可分的。没有写作，阅读就没有新鲜的、接地气的内容；新的原创作品，没有阅读、没有筛选、没有推广，就形不成写作的社会氛围，新人、新作品，就无从发现，无法成就。

现有的商业性网络写作，无法满足主流阅读、主流创作、主流文化建设的需要。

全民阅读渐成趋势，全民写作的社会氛围也会渐渐形成，服务好主流的阅读与写作，是邻家平台努力的方向。

1. 专业做好文学赛事的海选和初选

自古“文无第一、武无第二”，文学评选总是费力不讨好，难以让参与者普遍满意。文赛的发动、作者的动员、文章的海选，工作量非常大、信任要求很高，做起来尤其不容易。邻家文学平台，恰恰在六年的努力中，树立了较好的口碑，赢得了众多作者的信任，海选、预选、入围提名机制，比较令人信服，解决了许多文学赛事的痛点。深圳市宣传文化事业发展基金、福田区宣传文化体育事业发展资金都先后给予了本项赛事以资金支持，但是终审、表彰、出版环节，尚需要得到文联、作协以及专业出版机构、专业投资机构的支持，才能做得更加圆满。

2. 在睦邻文学奖的基础上，办“扎根深圳底盘的顶级文学赛事”

纯粹依赖本地传媒，只靠传统的征集方式，确实难以讲出更精彩的深圳故事了。我们通过邻家文学平台，以“互联网+文学”的方式进行动员，数以万计的写作者响应，佳作迭出，效果之好，大出意外。这是深圳市及福田区宣传文化基金持续支持的结果。大赛赢得了深圳写作者的宝贵信赖，在获奖名额极为有限且总奖金额实际并不多的情况下，越来越多的优秀作者愿意用越来越长的创作周期，为深圳撰写品质越来越好的文学作品，改变了深圳故事的讲述方式、征集和传播方式。如果支持力度进一步加大，将赛事升级为面向全球的“扎根深圳底盘的顶级文学赛事”，将当今世界最棒的文学大家吸引到深圳故事的讲述上来，届时将可以集成海内外华语文学精英，书写深圳故事，并催生出真正堪称伟大的深圳文本。

3. 参与国家文化云建设，运营在地原创文库

据统计，网络生成的原创内容占第一位的还是文字，但只有1%不到的网络文字内容堪称优质；这些优质原创文字中，只有1%不到的内容值得纸质出版。纸质出版物成本越来越高。同时，把地球上所有的树木都砍伐殆尽，用以造纸，也无法满足网络原创文字的纸质出版需求。

唯一的出路是以合适的专业标准遴选优质网络原创文字，科学分类，科学排布，科学推广，以数据库模式满足读者的网络阅读需求。该优质网络原创文学数据库，不仅是海量的原创作者与原创作品的汇集，还将构成国家文化云最基础版权内容和最上游版权内容的组成部分。国家文化云，包含图片、视频、音频、文字等多种优质内容数据库，其中文字作品数据库是投入最省、版权地位最关键的核心内容，而其中优质网络原创文学是最新鲜、最具活力的内容。

依托国家版权局的入库平台，承建中国本土题材的网络原创文学作品数据库，做采编、运营等增值服务，推动阅读和写作等基本文化权利安全落地，很必要，也很可行。既有利于传统媒体转型，又可聚集优质原创 IP 资源，占据文化产业链上游版权的战略要地。

由于我国版权法律保障体系还不健全，上游版权、基础版权的法律保护力度不足、维权成本较高、版权作品变现能力较差，所以原创作品暂时不被商业投资所青睐，这一现实却给深圳这样的新兴城市用公共文化资源发力抢滩、后发先至提供了难得机会。

四 深圳全民写作计划的实践特色

第一，全民写作是市民个性化表达的需要，也是人们基本的文化权利。人人可以写，人人可以评，人人可以奖。全民写作计划以睦邻精神发起了一场不落幕的文学派对，鼓励以文会友，鼓励社区融合，鼓励文学与社会的良性互动。

著名作家邓一光说："全民写作是所有人的写作，最大好处是承认了每个写作者的权利，热情鼓励个体写作者的自我表达，在体裁、题材、内容、风格、文体上就没有规定，写你自己，以任何形式写的任何内容都是全民写作的构成之一，任何一部分的写作，和这个世界都会发生关系，就与世界联系起来了。"

文化学者毛少莹认为："文化权利是和政治、经济权利一样重要的公民权利。全民写作因其平台的便捷、开放及创作者与写作者的良性互动，搭建了一个实现市民创作、发表，实现其参与文化创造权利的有效平台，显示出现代互联网技术与传统文化创作及组织方式的结合，为市民文化权利的实现提供着多样的方式和无限的可能。"

著名作家方方认为："市民写作，重要的是有激情、有真诚、有发自内心的声音，这是最难能可贵的，也是最让人感动的地方。全民写作，最大的意义，并非是要刻意去推伟大的作品，而是要告诉人们另一种生活方式，即我们的业余生活，除了看电视电影打麻将诸多娱乐之外，还有另一种生活方式，那就是读书写作。"

第二，全民写作是深圳的文化地标，建筑地标会消亡，文化地标不会灭失。全民写作计划践行"用文学，砌一座城"，六年来，每年都有一个与城市相关的主题。2013 年是"城熟了，文学近了"；2014 年是"用文学，砌一座城"；2015 年是"文学，让城市更优雅"；2016 年是"文学，城市的匠心"；2017 年是"我有一个岛：看见看不见的城市"；2018 年是"文学的都市"。

其中被固定下来，作为宣传语使用的正是2014年的主题——用文学，砌一座城。睦邻文学奖和这座城市有很强的共生性，理查德·得罕在《文学中的城市》指出："城市是都市生活加之于文学形式和文学形式加之于都市生活的持续不断的双重建构"，"阅读文本已经成为阅读城市的方式之一"。一方面，城市生活在文学中获得了形式，另一方面，文学形式建构了或者说重构了城市生活。

2016年11月24日，《人民日报》"文化版"头条《用文字丈量城市维度》，大篇幅报道全民写作计划，开了深圳文学赛事的先河。报道高度肯定了全民写作计划实践成果："它可以矫正如今社会泛娱乐化、欲望化的风气，唤醒人们关于意义、情感的思考。深圳是一个移民城市，通过全民写作这样的文化努力，可以让异乡人重新触摸这个城市的体温，实现由移民向市民的身份转换。"并对大赛表示了殷切的期盼："全民写作计划将继续探索在互联网时代文学生长的新路。"

第三，全民写作具有多样性，呈现形式多元化。全民写作、社区文学主张具有多样性：在地文学、普惠文学、皮肤主义等文学主张层出不穷。

深圳特区文化研究中心袁园说："社区文学，将'在地文学'形而上学的'在地'思索落实到具体生活中的对应物'社区'上，让每一个有生活的市民都能拥有一番言说的空间。而'社区'这个词，具体地说，可以是一个空间上的小曲，是一个城市当中的地域单位，抽象地说，是意味着一个有着共同价值观念的社群，无论是大至一个国家还是小到一个社团，社区都是我们安放肉身、精神最基本的空间。"

评委廖令鹏提出了"普惠文学"："普惠性文学是不以结构划分的文学，主张文学平等，文学从业平等，文学传播平等，文学受众平等，并且在这一基础前提之下，所有介入者都能得到不同层面不同程度的实惠，开放共享仍是核心理念之一。"

评委郭建勋提出"皮肤主义"："一、用皮肤写作，用每一个毛孔每一个细胞触摸生活的微凉与微暖，所有的温度通过皮肤传递到心灵；二、写生活的皮肤，只写皮毛只写微不足道的小人物，形而上学的本质与真谛藏匿在感性的现象中；三、直抵母语，剥除各种现代或后现代的华丽衣裳，回归中国话语。”

深圳全民写作计划六年来主办线下各种主题的文学沙龙、研讨会、访谈会等30多场。例如，品牌活动“嫒创文学”，倡导女性写作，更是倡导传统、优雅的生活方式，“嫒”字旨意内养文气、外修形象，内外兼修之美。

第四，深圳全民写作计划鼓励社区写作是深圳城市文化后发先至的捷径。

城市的崛起不仅要看其经济成就，更要看其文化底蕴。特别是在文化流散和碎片化的电子时代，如何快速有效地积累、梳理、集成当地文化，并形成自身特色，这是一个难题。深圳历史很短，但赶上了互联网时代，借助互联网技术，动员全民写作，快速积累城市文化，这是以往时代的人们想都不敢想的。

正是依托覆盖整个城市社区（向下可延伸至小区）的网络征稿平台、网络展示平台，全民写作才有了可操作的技术手段，社区文学作品的征集、评选、激励才有了切实的可行性。

依托社区网络建立起来的“文学+社区”模式，使得参赛作品不仅可以按照文学分类，还可按照社区分布。大量来自社区的优秀作品被挖掘出来，并进行科学评价，整理归类，渐次还原社区的生存面貌，完美展示社区的文化结构，将深圳人的城市化体验、社区生活体验以文学的手法栩栩如生地再现、升华，最终构建出区别于其他城市的、有独特“深圳味”的城市文化生态。比如《深圳四十载》这样的“民间叙史”作品，作者用四十载的个人经历，填补了地方志的某些空白，既鲜活生动，又不失历史的纵深感；比如《媚眼看深圳》这样的“城市文化学”作品，作者用文化涂鸦的祛魅手法，近似顽固地潜入城市肌理内部，对“深圳调性”进行剖析和个人体验式的展示。

严肃的文学赛，抑制了网络自媒体的碎片化和无序性。开放、公平的赛事制度和丰富多样的激励机制，则保证了随时可写、可读、可评、可奖，与

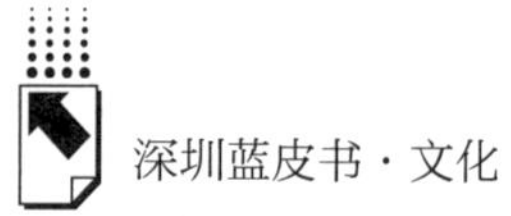

深圳开放城市的文化气质高度吻合，与深圳市民参与积极性高、表达能力强的市民气质也高度吻合，体现了深圳城市文化的特性。

五 结论与启发

深圳全民写作计划暨社区文学大赛，是以互联网技术平台为支撑、以激励深圳题材的文学原创为目标的连续性文学赛事，已成功举办六届，成为深圳规模最大的文学赛事。其官方奖项“睦邻文学奖”成为中国在地文学评选的标杆奖；官方平台“邻家社区：全民阅读＋写作O2O服台平台”入选“国家新闻出版改革发展项目库”；登上《人民日报》“文化版”头条报道并成为央视大型纪录片的表现内容，为深圳新型文学生态摸索出了一条新路。

深圳全民写作计划暨社区文学大赛活动的特点是扎根深圳，扶持深圳题材的文学原创。作为改革开放的热土，深圳可歌可泣的故事层出不穷，这是一座文学的富矿，值得大投入、大开发。深圳全民写作计划提倡“写我”“写周遭”，深入深圳社区、贴近市民生活，扶持深圳题材的文学原创。六年来，所有作品均与深圳有关。

立足互联网，创新“公开、公平、公正”的赛事模式也是深圳全民写作计划暨社区文学大赛活动的一大特色。囿于技术手段，历来文学赛事，有两大难点：一是做不大，所谓大赛，都做不大，因为参评稿件如果量太大，就难以展示、难以评阅，因此规模不可能做得太大；二是不好评，评选过程难以做到全公开、全透明，所以评选结果总是惹争议。深圳全民写作计划以互联网赛事平台为依托，一是全年全天候接纳投稿，二是所有来稿经审核只要合法合规、无违公序良俗，全部对外开放展示；三是海选、提名、终选等评选过程全部公开透明，令人信服。六年来，通过一系列的“微创新”——普惠制与明星制、文字计价与打赏分享双轨并行，“写、读、评”三位一体，从周冠军、月冠军、到每年11月深圳读书月的年度冠军，大奖小奖无淡季，创造了深圳互联网文学发展的新模式，赢得了参赛作者的一致好评。

深圳全民写作计划暨社区文学大赛活动的意义表现为以下三点。

一是在网络海量文字冲击下，规范和引导原创内容尤为必要。在互联网时代，海量文字与信息，降维竞争严重，难免泥沙俱下。以全民写作和社区文学赛相号召，实际上是对网络写作进行规范和引导，由分散、无序，走向集中、有序。通过合适的平台规划，规范发表、规范展示、规范互动、规范评选，为读者提供优质的原创内容。有如将散乱的沿街摆卖，规范成大卖场、品牌超市。为深圳打造最大的优质内容原创基地和原创人才聚集地，是必要的，也是可行的。

二是写深圳、读深圳，是城市文化沉淀与加强城市凝聚力的捷径。动员广大文学爱好者广泛参与，写深圳、读深圳，围绕深圳主题，创作文学作品，渐次还原社区的生存面貌、生活形态，将深圳人的城市化体验、社区生活体验以文学的手法栩栩如生地再现、升华，最终构建出区别于其他城市的、有独特“深圳味”的城市文化生态，在新的多元环境下形成崭新的城市认同，孕育出强大的城市凝聚力。

三是构建“互联网+优质原创内容+社群互动”的新型文化生态，是完善公共文化服务体系的需要，也是城市文化产业发展的方向。大赛将“读、写、评”互动模式系统化、规范化，使全民阅读、全民写作的数量和质量得以有效监控，量化管理成为可能。以普惠制来发动市民参赛，所有参与者都能得到不同层面、不同程度的实惠，使公共文化资源得以均衡地覆盖辖区，文化福利惠及广大文学爱好者。依托这个平台，汇集大量的优质内容，可以建成大规模的本土原创优质文本文献数据库，有助于深圳成为中国原创文学 IP 的评价中心、集散中心、孵化运营中心。

B.19
从改革开放40年看“深圳文学”的逻辑起点

贺　江*

摘　要： 本文从深圳文学的整个发展历史中来考察深圳文学的起点问题，认为将1979年深圳市的成立作为深圳文学的起点显得过于简单化。1979年之前，深圳文学已经存在，它是宝安文学的一部分。1979～1985年的深圳文学主要是以特区文学的面貌出现，“改革开放”成为这一阶段的典型特征，但最终演化为“特区情结”。1986年，深圳文学体现出了全新的气质和个性，可以把1986年看成深圳文学的逻辑起点。

关键词： 深圳文学　特区情结　宝安文学

在改革开放40年的背景下，重新审视深圳文学的起点问题，是一个饶有趣味的学术命题。目前，不少研究者将1979年深圳市的成立当作深圳文学的起点。但细究起来，会发现这掩盖了很多问题，比如深圳市诞生之前有没有“深圳文学”？“深圳文学”的独特之处到底在哪里？本文试图把“深圳文学”放在历史发展的整个脉络之中，梳理其发展轨迹，并谈谈其“逻辑起点”。

---

* 贺江，深圳职业技术学院人文学院讲师，深圳文学研究中心研究员。

一 1979年之前，有无“深圳文学”？

深圳作为城市的历史从 1979 年开始。但早在此之前，“深圳”就已经存在，“深圳文学”也已经发生。这涉及“深圳”与“宝安”的关系问题，这种关系较为复杂，需要进行史料的梳理。简言之，在 1979 年深圳市成立之前，深圳镇隶属于宝安县，位于宝安县南端，与香港的新界交界，是内地通往香港和境外的主要口岸，也是边防重镇。1979 年 3 月 5 日，国务院批复同意广东省宝安县改设为深圳市，以宝安县的行政区域为深圳市行政区域，下辖罗湖、南头、松岗、龙华、龙岗、葵涌六个区。同年 11 月，广东省委、省革委会决定将深圳市改为地区一级的省辖市，在市的范围内，恢复宝安县建制，宝安又成了深圳市的一部分。1992 年 12 月，深圳市撤销宝安县，设立五个行政区，宝安区是其中之一。

因此，在了解了深圳和宝安的关系后，我们可以断定：1979 年之前的“深圳文学”，其实是宝安文学，而宝安县早在晋代就已经存在。公元 331 年，晋代设东官郡直辖 6 县，为首的是宝安县。宝安以宝山（今址东莞市）而得名，“言宝，得宝者安，凡以康民也”。宝安县当时直辖今日的东莞、深圳、香港等地。公元 757 年（唐代）宝安县改为东莞县。公元 1573 年（明代）又改为新安县，直辖今日的深圳和香港地区，隶属广州府。1913 年，全国省县名称统查后，为避免与河南省新安县名称重复，又改用旧名宝安县，县治在南头，一直持续到 1979 年。

宝安文学的历史悠久，深圳作为其管辖地，在文学上也多有表现。唐代诗人刘禹锡在《沓潮歌》里已经写到了深圳，这首诗被收录在嘉庆本的《新安县志·艺文志》中：“翼日风回沴气消，归德纳纳景昭昭。乌泥白沙复满海，海色不动如青瑶。”① 这里的归德写的是归德盐场，即今深圳机场附近。1279 年，文天祥为元军所虏，被押往崖山劝降，他写下

① 《深圳旧志三种》，张一兵校点，海天出版社，2006，第 1076 页。

了《过零丁洋》："人生自古谁无死，留取丹心照汗青！"这是"深圳文学"最有名的诗句，但很少有研究者将其归为深圳文学的范畴。明朝万历年间，刘稳曾作《入新安喜而有感》以描写新安县的新气象："巡行边海上，此地几经过。县治从新建，人民比旧多。风清无鼓角，夜永有弦歌。睹洛如思禹，应知绩不磨。"[①] 王士龙也写诗称赞深圳的天后宫，"日照琼珠明岛外，风生麟角起云根。胜游此地心逾壮，试看青萍醉一樽"。[②] 民国时期，文士弘写了《游凤凰岩》，刻在凤凰岩古庙旁的石头上："虎门隐隐烟雨中，龙穴朦朦浪卷风。历劫江山无限恨，凤凰何处有梧桐。"从这些古诗词可以看出，此时的深圳文学带有很强的地域特色，是对宝安（新安）县某地某景的描写，即便如文天祥般表现"为国捐躯"的豪迈气概，"深圳"也仅仅是一个发生地，深圳文学的创作也并没有形成一种自觉的文化追求。

新中国成立后，深圳文学掀开了新的篇章。1950 年，宝安县设立人民文化馆，开展各类文化活动，并于 1958 年编辑出版了《南天门文艺》。该刊物一共出版了 5 期，免费发行到下面的文化站。1968～1969 年，文化馆又编辑 32 开本的《宝安文艺》，后来改为 16 开本，主要刊载地方山歌、粤曲、诗歌、散文和民间文学等。1979 年初，深圳建市后，文化馆将《宝安文艺》更名为《深圳文艺》，并邀请茅盾先生题名。

在 1979 年之前，深圳文学最有名的作品是《车从深圳来》，收录在 1964 年《南柳春光》一书中。这部报告文学直接把"深圳"写入标题，讲述的是广深线上"深二组"的列车员们面对从香港过来的乘客，她们的困惑、思考与抉择。在广深线上工作的姑娘们，她们牢记自己是社会主义祖国人民的代表，一方面用优质的服务让来自香港的同胞或侨胞感受到社会主义制度的优越性，另一方面还要抵制住资本主义"香风"的渗透。这些列车员明白自己的使命，"在自己这个岗位上，不但是为具体的人服务，更重要的，还是

① 《深圳旧志三种》，张一兵校点，海天出版社，2006，第 1083 页。

② 《深圳旧志三种》，张一兵校点，海天出版社，2006，第 1086 页。

为政治服务”。[①] 这部报告文学处理香港的视角，值得我们反思。第一，深圳和香港是两种不同制度的体现，因此，也是两条道路的问题，阶级斗争显得尤为重要，“在两种世界观、两条道路、两种人与人之间的关系的尖锐、复杂斗争中，她们有必胜的把握吗？”[②] 第二，对当时一些香港人对待钱的态度进行了批判。在“深二组”的姑娘们看来，“在他们生活的那个社会里，一切都是钱！钱!! 钱!!!”[③] 这种没有集体荣誉感的生活是应该坚决摒弃的。《车从深圳来》表达的核心思想是“列车就是前线”，引申开来，“深圳就是前线”，因此，深圳的这种“前线”的身份也成了深圳文学作品里表达的第一个重要主题。

关于深圳的“前线”身份，在廖虹雷和曾文炳创作的《边防枪声》中也有表现。这部剧作在1976年6月被宝安粤剧团搬上了舞台，被评为广东省创作优秀奖和演出优秀奖。《广东文艺》和惠阳地区的《东江文艺》刊登了全剧，进一步扩大了影响力。1979年，谭日超来到深圳，发表长篇诗作《望香港》，一共25节，每节6行，写得气势磅礴，同样有关于深圳的“前线”身份问题：深圳是边界线，也是两种制度的交锋之地。《望香港》里既有对苦涩历史的回忆，也有对改革开放的美好未来的憧憬；既有对香港沦落与繁荣的反思，也有对民主和科学的期待。

香港哟！我思绪万千，把你眺望，
双桅船远去了，原子轮却泊在身旁；
正视你，同重新认识我们自己意义一样，
唯物主义者何须把观点粉饰隐藏？
坚信那百年屈辱定能唤醒民族志气，
民主和科学的新潮，带来无限风光！[④]

---

① 中国作家协会农村读物工作委员会编《南柳春光》（报告文学第三集），作家出版社，1964，第159页。

② 中国作家协会农村读物工作委员会编《南柳春光》（报告文学第三集），作家出版社，1964，第155页。

③ 中国作家协会农村读物工作委员会编《南柳春光》（报告文学第三集），作家出版社，1964，第152页。

④《深圳特区文艺丛书·诗歌卷（1980～1990）》，海天出版社，1990，第51页。

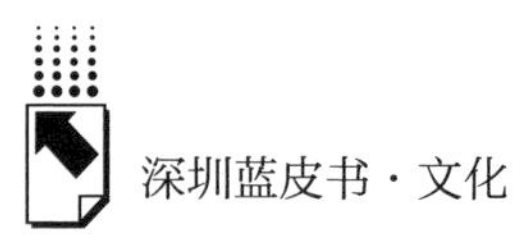

二　1979～1985年，特区文学的发生与“特区情结”

1979～1985年，深圳文学是以特区文学的身份来呈现的。“经济特区”的身份给深圳文学以新的活力和特质，“改革开放”成为特区文学的典型气质，并最终演化为“特区情结”。

最先反映深圳特区的历史性变革并具有一定社会影响力的是报告文学。刘学强和邓维在蛇口工业区开创不到半年时间，创作了《蛇口走笔》，向人们报告了新中国第一个加工出口区的诞生经过，包括如何选址蛇口，如何顺应时代的要求，成为历史的必然选择。谭日超、李伟彦、李建国等都参与了报告文学的写作，内容包括工业区建设、合资餐厅、科学管理工厂、过境耕作等。刘学强和林雨纯还于1982年出版了纪实性报告文学《深圳飞鸿》，这也是深圳作为经济特区以来出版的第一部文学著作。但由于是急就章，这些报告文学的文学性不够强，“作品加工不精细，缺乏高明的艺术构思，文字较粗缺少美感等等”。[①] 但无论如何，我们也不能否定这些报告文学的历史地位——特区文学实实在在地产生了，并有一个共同的主题：改革开放。

改革开放意味着开拓创新，意味着进取，新旧思想的“纠缠”是焦点。在朱崇山1982年初发表的短篇小说《门庭若市》中，桂明叔满腹心事。他的大女儿和二女儿被香港老板请去制衣厂当检验员和技术员，三女儿被公社书记派去香港考察贸易市场的行情。桂明叔想不通，“搞了三十年的社会主义，倒过来又给老板做工?!”[②] 桂明叔思想的波动，具有很强的特区生活气息，也是深圳经济特区创办之初很多人的疑虑。小说最后桂明叔的释然，也预示了特区发展的光明前景，讴歌了特区的新面貌。

朱崇山是最早从中国作家协会广东分会调入深圳的一批中年作家之一。1980年代初期，深圳已经形成老、中、青三个层次的作家创作队伍。诗人

---

① 李钟声：《漫论特区文学及其他》，花城出版社，1991，第14页。

② 《深圳特区文艺丛书·短篇小说卷（1980～1990）》，海天出版社，1990，第210页。

韦丘是广东省作协副主席，他率先到深圳挂职、生活，并发表了《边城赋》：“黄尘中脚手架虽然杂乱无章，/卸掉它，便露出一个崭新的特区！”[①] 韦丘还于1982年5月1日创办了《特区文学》，关注并扶持特区文学的发展。来到深圳的中年作家除了朱崇山之外，还有陈国凯、谭日超、陈荣光、郁茏、钟永华等，而本土青年作家也在特区崭新的生活中逐渐成熟起来，代表作家有刘学强、林雨纯、廖虹雷、黎珍宇和张黎明。黎珍宇于1982年在《特区文学》上发表了《选择》，同样是处理新旧思想的冲突，但比朱崇山的《门庭若市》更进了一层。作者一方面通过阿珍去香港的寻父经过，揭开了隐藏在母亲心里的创伤，从这方面来讲小说可以归入伤痕小说的范畴，“过去了的事，有一些是一定要忘记的”。[②] 另一方面，作者还写了“文化大革命”期间从深圳逃到香港去的父亲在香港的遭遇。在秀枝看来，香港充满着腐蚀和诱惑，应该坚决地加以抵制，“那个花花世界，不知坑了多少好人，也不知有多少颗纯洁的心灵在那儿沉沦了、变质了！不能让阿珍再走她父亲的老路！”[③] 阿珍和母亲对待香港的不同态度，是作者设置的重新审视“香港”的一次机会。阿珍在香港发现，父亲过得并不怎么好，是个开垃圾回收车的临时工，这让她摆脱了对香港的刻板印象，使香港形象变得立体起来。

特区文学发生之初，如何面对香港以及国外文化的“侵入”，是一个重大的主题，这也是新旧思想冲突的具体表现。黄日旭的《我要嫁给他》和丹圣的《小姐同志》具有典型的意义。前者中的香港姑娘李美娇来内地旅游，过关时钱包不见了，后被执勤的陈学武捡到并还给她，她想用“嫁给他”的方式来表示感谢。后者中的香港姑娘俞珍丽是深圳某度假村旅游公司的董事长，她在经营公司的过程中，对善良正直的副总经理吕振中产生了好感，并钟情于他。这两篇小说都写出了改革开放之初深圳的变化，但却简单地把香港姑娘看成被“正义”感染的对象，带有特区文学早期特有的“自信”甚至是“自恋”情结。这种刻板描写是“特区情结”的真实反映，

---

① 《深圳特区文艺丛书·诗歌卷（1980～1990）》，海天出版社，1990，第4页。

② 《深圳特区文艺丛书·短篇小说卷（1980～1990）》，海天出版社，1990，第155页。

③ 《深圳特区文艺丛书·短篇小说卷（1980～1990）》，海天出版社，1990，第139页。

也是深圳文学发展中的一种独特表现。

1979 年至 1985 年的深圳文学属于“特区文学”的发生与发展阶段，这一时期深圳文学的主题很鲜明，主要是描写深圳特区艰苦创业的故事，讴歌改革开放，弘扬奋发前进的时代精神。当然也表现了在社会剧烈变革的过程中个体的矛盾与彷徨，但基调是高扬的，感情是激昂的，洋溢着特区人独有的个性色彩。这在朱崇山写的特区系列小说如《温暖的深圳河》《影子在月亮下消失》《淡绿色的窗幔》中，有突出的表现。这一阶段的深圳文学反映了特区人不同于内地人的心态、感情、价值观念和伦理道德，表现了特区的急剧变革带给人们的冲击和影响，塑造了具有“特区气质的人”①。

但美中不足的是，这段时间并没有产生多少让人爱不释手的经典作品。作家虽把人物放在特区的大背景下，但不少文学作品属于概念化创作的产物，“深圳的一些诗歌不过是建筑工地上的豪言壮语，一些散文实乃词藻稍微优美一点的新闻通讯，一些报告文学严格上讲仍是有‘报告’而无‘文学’的长篇特写，而一些小说反倒成了名副其实的‘报告文学’”。② 针对这种情况，斯英琦认为是“特区情结”阻滞了深圳文学的发展。“有论者认为，深圳是改革开放的窗口，占尽天时地利，文学选材中所负载的信息新人耳目，只要善找角度，是能在国内创作界独标新帜、出奇制胜的。这种认识，至少是夸大了客观环境特点对文学创作的影响和作用。”③ 斯英琦认为，“特区情结”一方面成为深圳文学家肯定自我、认同自我的心理驱动力。另一方面，也让人容易做“特区的梦”，“陷进了特区情结的罗网”。④

上文提到的《我要嫁给他》和《小姐同志》体现出强烈的“特区情结”，这种刻板描写是“特区情结”的真实反映，也是深圳文学发展中的一

① 李钟声：《漫论特区文学及其他》，花城出版社，1991，第 37 页。

② 深圳市文艺评论家协会编《圈点与追问：深圳文艺评论文选》，花城出版社，1999，第 16 页。

③ 深圳市文学艺术界联合会主编《春华秋实：深圳文艺发展理论与思考》，海天出版社，1995 年 12 月版，第 31 页。

④ 深圳市文学艺术界联合会主编《春华秋实：深圳文艺发展理论与思考》，海天出版社，1995，第 30 页。

种阶段性表现。黎宇珍的《中国“ANGEL”》也是如此。小说主角启沅被认为是“促进特区发展，促进中国社会变革的催化剂中的一个氧分子”。[①] 启沅在去广州出差的列车上，碰到了从瑞士来玩的三位外国学生，她主动帮他们设计旅游线路，被外国朋友亲切地称为“中国的安琪儿”。和《中国“ANGEL”》类似的叙事模式也表现在陈宜浩的《吹口哨的亚当》中，小说通过柳桦的视角，写了她在列车上看到的三个吹口哨、流里流气的深圳小伙儿。当柳桦发现隔壁座位的大伯丢钱后，她向乘警举报是这三个深圳人偷的，后来发现是一场误会。三位深圳人被作者称为“亚当”，象征着人的新生，也象征着特区的“新生”。这两部小说的“特区情结”典型地体现在人物形象的设定上：天使和亚当。他们代表着深圳的“新生”，自然也被贴上了“深圳制造”的标签。

“特区情结”片面夸大深圳的地位和作用，把内地甚至香港都置于一种“较低”的位置，显示出深圳作为经济特区的“特殊性”与“先进性”，这种情况在1986年得到了彻底的改变，深圳文学也终于摆脱掉了“特区文学”的标签，开始创造出真正属于深圳文学的经典作品，因此也可以把1986年看成深圳文学的逻辑起点。

三　1986年，“深圳文学”的逻辑起点

所谓逻辑起点，按黑格尔的说法，有其特定的质的规定，它是一种学说体系中最简单最抽象的范畴，也能揭示对象的最本质规定，并成为整个学说体系赖以建立和发展的基础。[②] 将1986年看成深圳文学的逻辑起点，基于以下文学事实。

第一，刘学强的《红尘新潮：深圳青年观念更新录》于1986年9月由云南人民出版社推出，弘扬“敢为天下先”“应做就去做”“无功就是过”

① 黎珍宇：《这里没有红灯区》，中国文联出版社，2004，第282页。

② 〔德〕黑格尔：《逻辑学》（上），杨一之译，商务印书馆，1966，第52~61页。

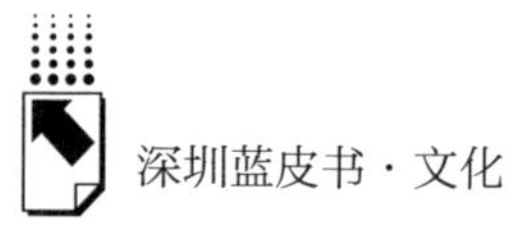

的价值观念，引起轰动效应。

第二，李兰妮的中篇小说《他们要干什么?》发表在《特区文学》1986年第1期上，塑造出“有本事尽管亮出来”的竞争意识。

第三，刘西鸿的短篇小说《你不可改变我》发表在《人民文学》1986年第9期上，获得全国优秀短篇小说奖，表现特区青年人独立的个性意识和价值观。

第四，由徐敬亚策划，《深圳青年报》和《诗歌报》联合举办的“中国诗坛1986现代诗群体大展”，引起全国性的轰动。

《红尘新潮》收录了刘学强的23篇关于“深圳青年观念更新”的散文，部分作品曾于1985年发表在《中国青年报》上。《中国青年报》也开辟专栏，在全国开展了“青年与现代生活方式”的讨论，历时半年之久。刘学强通过对特区涌现的新事物、新现象，如印名片、学英语、看戏等的分析，把深圳人的精神变化轨迹总结为：“想做不能做——想做就去做——应做就去做——”[①] 刘学强肯定深圳人的开放与朝气，肯定深圳人“想做就去做”的决心和勇气，肯定深圳人的自我意识的觉醒，肯定深圳人的个性之独立。“人人都有个性，包括进取性精神的确立，伦理、道德面貌的拓新；使青春的勃勃生机借助自身的聚敛获得最生动的体现。”[②] 在该书之前，深圳已经有一些在全国产生过影响力的新观念，最有名的是“时间就是金钱，效率就是生命”。但这句简单的口号并不能从整体上反映出深圳人尤其是深圳青年人的精神面貌，而刘学强在《红尘新潮》中所讴歌的“具有坚强个性的新人”则是比较全面而又准确的定位。“能很好地体现特区文学的‘特’味的，当莫过于特区作家在自己笔下描写的特区青年思想意识、价值观念的蜕变了。”[③] 刘学强的这本书正是如此。

能摆脱掉“特区情结”的束缚，写出具有“特味”的还有李兰妮和刘西鸿。李兰妮1983年调入《深圳青年报》任“文艺版”责任编辑，1984年

① 刘学强：《红尘新潮》，云南人民出版社，1986，第159页。

② 刘学强：《红尘新潮》，云南人民出版社，1986，第46页。

③ 李钟声：《漫论特区文学及其他》，花城出版社，1991，第61页。

秋调入深圳市文联文艺创作室，曾发表过《特区记者》《夜，在深圳》等反映特区建设的作品，但直到1986年发表的《他们要干什么?》，才摆脱了“深圳情结”。“这部中篇突破了过去特区内外作家描写特区生活时自觉或不自觉形成的‘框架模式’，代表着深圳特区文学创作的新水平，有独上层楼之感。”[①]《他们要干什么?》的“新”表现在主人公的新意识中。一方面他们能够面对工作中出现的新情况，用大胆开拓的精神解决新问题。另一方面，在面对感情的纠葛时，也能够用“新”的态度去面对：主动表达、大胆追求。李兰妮塑造了一批在深圳特区拓荒阶段的“普通人”，但这些普通人却敢于拥抱生活中的快乐，包括痛苦，敢于追求人生的理想，包括爱情，歌颂了“良性竞争”的深圳精神。“包括我们所有人在深圳的竞争，都应该是良性的。有本事尽管亮出来，比能力，比才智，比意志，而不是比后台大小，比背后使坏，比心狠手辣。”[②] 这是特区人的新思想，也是特区人的价值观。

刘西鸿发表在《人民文学》1986年第9期的《你不可改变我》将《他们要干什么?》中的特区精神又推进了一步，这部小说获得1985~1986年全国优秀短篇小说奖。小说中的孔令凯，青春、自信，散发着朝气，如深圳一般有活力，而作为她的朋友的“我”却显得比较“老派”，劝孔令凯不要吸烟，不要辍学，把头发留长。孔令凯最终没有听“我”的劝告，勇敢地拥抱新的生活。她说，“我已经决定了，你不能再改变我。告诉你是尊重你。你不能改变我的”。[③]“你不可改变我”如同一句宣言，宣告了青年人追求的蓬勃青春，也显示出深圳青年人新的生活姿态。青年人的价值观念、职业观念、交友观念以及家庭伦理观念在小说中都展露无遗，是一种新的人文价值的表现。

1986年10月，《深圳青年报》和安徽的《诗歌报》推出“中国诗坛1986现代诗群体大展”，汇集了100多名青年诗人和几十家诗派的作品，堪称第三代诗人的一次集体亮相，也是中国诗歌界的狂欢节，成为当年引起轰

---

① 李兰妮：《池塘边的绿房子》，花城出版社，1987，第1页。

② 李兰妮：《池塘边的绿房子》，花城出版社，1987，第61~62页。

③ 《深圳特区文艺丛书·短篇小说卷（1980~1990）》，海天出版社，1990，第139页。

动的一个文化事件。这一文化事件是《深圳青年报》副刊编辑、诗人徐敬亚策划的，在1986年9月30日《深圳青年报》上，他全面阐述了举办大展的原因："1976～1986，中国经历了她获得全息生命后美妙而躁动的十年，在被称为'新时期文学'的本十年内的大陆艺术，还原和再生了中国人的心灵世界——恰正是在这十转轮回的时空流程中，'新诗'，领衔主演了民族意识演进的探索先锋。——'中国诗坛1986现代诗群体大展'正是基于以上回顾。"① 限于篇幅所限，本文不再分析这次诗歌展览的文学史意义，但深圳参与了整个文化事件的过程，进一步扩大了深圳文学的影响力。

以上四种文学事实，都发生在1986年。它们体现出的价值观是一种全新的价值观，强调个性独立，强调个体价值，是个体伦理在深圳崛起的表现，也是深圳文学的"现代性"表征。因此，将1986年看成深圳文学的逻辑起点，既推翻了把1979年深圳市成立作为起点的简单界定，又批判了1979～1986年之间深圳文学中的"特区情结"，而1986年深圳文学的创作成就，又很好地支撑了将其作为逻辑起点的依据。"这一年，刘学强的《红尘新潮——深圳青年观念更新录》出版，李兰妮的中篇小说《他们要干什么?》和刘西鸿的短篇小说《你不可改变我》发表，徐敬亚策划了'中国诗坛1986现代诗群体大展'，引起全国轰动。从此，深圳文学从思想观念、伦理价值、本土声音以及全国的反响等方面开始立起来，深圳文学真正地发生了。"②

小　结

在改革开放40年之际，重返"历史现场"，探讨深圳文学的起点问题时，我们不能简单地把1979年深圳市的成立看成深圳文学的起点。在此之前，深圳已经有文学的存在。深圳文学作为宝安文学的一部分，也曾产生过

① 见《深圳青年报》1986年9月30日。

② 刘悠扬：《深圳文学：尚在启蒙期，还是该总结了?》，《深圳商报》2017年12月3日。

脍炙人口的诗句，比如文天祥的“留取丹心照汗青”，但这种文学纯粹是地域式的划分，即便如新中国成立后的《车从深圳来》，真实地反映了深圳作为边防重镇的生活，表现了社会主义制度的优越性，但还缺少真正的现代意识。1979 年至 1985 年的深圳文学是作为“特区文学”的形态出现的，表现了特区的精神面貌，尤其是改革开放之下的新思想、新生活，新旧思想的“纠缠”成了这一时期文学表现的主题，但由于过于强调特区文学的“新”和“优越性”，又在某种程度上陷入了“特区情结”的桎梏，限制了深圳文学的蓬勃发展。

而 1986 年的四种文学事实，无论是从文学影响、文学的现实性，还是从思想性上，都表现出一种迥异于之前的思想意识。“应做就去做”“有本事大胆亮出来”“你不可改变我”等新的价值观彰显出真正的特区精神，是深圳的“现代性”在文学上的表现，也是深圳的“现代性”在文化上的凸显。因此，将 1986 年看成深圳文学的“逻辑起点”具有很强的现实意义。

B.20 深圳文艺书店建构城市新文化空间

刘洪霞*

摘　要： 20世纪90年代以来，由于互联网的快速发展，网络书店开始大量出现，对实体书店形成了强大的冲击，实体书店的生存空间受到严重挤压，但近年却又迎来了它的逆势发展。本文以深圳的文艺书店为个案，研究深圳的文艺书店的基本状况、特点、发展困境与存在问题，在揭示文艺书店对建构城市文化新空间所起到的积极作用的同时提出相应的对策建议。

关键词： 深圳　文艺书店　城市　文化空间

城市文化空间是观察城市文化的窗口，也是城市的形象标识与内涵表征。文艺书店不仅是城市的公共空间，还承载着城市的文化记忆，也为市民的文化交往提供了载体。现代的城市空间正在由工业时期的“物理空间”向“人文空间”转型。比如深圳就是如此，2000年深圳开始举办读书月活动，2013年深圳被联合国教科文组织授予“全球全民阅读典范城市”的称号，2015年深圳市六届人大常委会第四次会议通过《深圳经济特区全民阅读促进条例》……深圳的全民阅读取得了很大成绩，而其中文艺书店功不可没，同时在建构城市新文化空间方面起着非常重要的作用，它们参与改造了这座城市单向度的文化景观，推动丰富、多元、思考与趣味并行的文化新生活，让深圳这座原本被称为“文化沙漠”的城市变成了一个热爱阅读的人文城市。

* 刘洪霞，深圳市特区文化研究中心副研究员。

一　深圳文艺书店的基本状况及特点

第一，从总体规模上看，深圳文艺书店数量比较多，分布空间比较大。数据显示，深圳有945家实体书店，在“2017中国城市实体书店数量排行榜”中排名第15位。根据不完全统计，目前深圳的文艺书店总数达到34家（文艺书店区别于一般实体书店，不仅具有实体性质，更具有文艺特质）。其中作为城市中心区域的福田区与南山区最多，福田14家、南山13家，占比总量达到79.41%；罗湖区与龙岗区各2家，盐田区、龙华新区、宝安区各1家，新建的光明新区、坪山新区、大鹏新区目前尚无文艺书店（见图1）。从这组数据可以看出，文艺书店主要集中在经济发达、文化活动活跃的中心区域，这种选址方式显然有商业上的考虑。显而易见，深圳文艺书店的空间分布并不均衡，事实上也很难达到分布均匀的程度。从某种意义上来说，深圳的文艺书店远未满足深圳多元文化活动的社会需求，其数量的增长以及空间分布的扩展都存在很大上升空间。

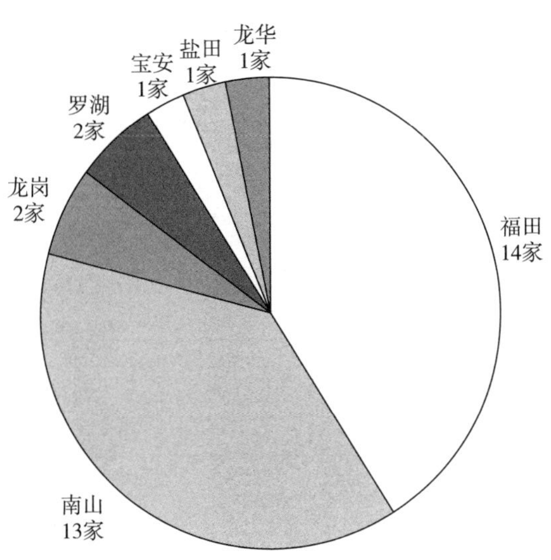

图1　深圳文艺书店空间分布比例

第二，从文艺书店的主题类型上看，主要是以文学、电影、音乐、读书、设计、创意产品为主题，充满了浓重的文艺气息。深圳文艺书店的类型并不单一或同质化，而是多种多样。例如，飞地书局是诗歌主题，星图书店是设计主题，荒野书店以摇滚音乐、自由阅读为主题，库布里克书店以电影为主题，小津概念书店以读书、电影为主题，晴耕雨读苑书吧以服饰为主题等，形成多主题的文艺体验地和文艺交流空间。因为书店经常举行文化活动，突出了该文艺书店的特质，并为文艺爱好者们所熟知，逐渐受到市民的欢迎，进而成为城市标志性的文化地标，满足了市民的精神生活需求（见表1）。

表1　深圳文艺书店的业态主题

所在区	书店名称	业态主题
福田区(14家)	物质书吧	文艺相关主题
	西西弗书店	大众阅读主题
	24小时书吧	大众阅读主题
	小津概念书店	读书、电影主题
	楚平天空书吧	多功能文化交流空间
	槑林书吧	文艺、小资主题
	飞地书局	诗歌主题
	益文书局	外文主题
	时间行者书吧	读书主题
	本来书店	读书主题
	菩提书坊	公益活动主题
	尚书吧	“书店+咖啡”模式
	微微书吧	深圳首家自助消费，即O2O
	建筑书店	建筑相关主题
南山区(13家)	旧天堂	文艺青年聚集地
	西西弗书店	大众阅读主题
	邻间书吧	生活美学主题
	绽放花园书吧	多功能文艺体验
	荒野书店	摇滚音乐、自由阅读主题
	星图书店	设计主题
	简阅书店	读书主题
	我们书房	私人书店
	逸书吧	读书主题

续表

所在区	书店名称	业态主题
南山区(13家)	与木书店	读书主题
	库布里克书店	电影主题
	言几又今日阅读	读书主题
	花语·往事咖啡书吧	亲子主题
罗湖区(2家)	西西弗书店	读书主题
	晴耕雨读苑书吧	服饰主题
龙岗区(2家)	如斯书吧	读书主题
	麦哲伦书吧	读书主题
盐田区(1家)	读海书吧	文学讲座活动
宝安区(1家)	覔书店	文化体验、生活美学
龙华新区(1家)	书啡生活	文化体验主题

第三，从建构空间来看，文艺书店建构了多重城市文化空间。城市的文化空间分为三个层次，即公共空间、社区空间和想象空间。深圳的文艺书店首先建构了第一层次的公共空间，这个空间是物理空间。文艺书店为市民提供了建筑实体的物理空间，这是实体空间的有形世界，市民在这一空间中进行多种活动。社区空间除了物理空间的意义以外，还具备精神空间的意义。深圳作为移民城市，市民之间往往是陌生人的社会关系。文艺书店为移民搭建了交往的社区空间，久而久之，这种物理意义上的实体空间转变为精神空间。第三层次的想象空间是纯粹精神意义上的空间，例如尚书吧是文人们经常聚会的场所，它已经被赋予城市文化地标的意义，成为市民的文化想象空间，有着精神、价值引领的作用，承载这座城市的精神寄托。

第四，从经营方式来看，文艺书店致力于打造多元复合的文化交流、体验空间。由于互联网与人工智能的冲击，实体的文艺书店以卖书为主的经营方式难以为继，因而形成了多元复合的经营方式，以此在商业环境中生存发展。“书店＋咖啡”是最常见、最基础的经营方式，文艺书店往往为顾客留足了空间进行休闲、娱乐或者交流。“书店＋生活创意产品”，乃至服饰、画廊等营业范畴的形式，这是一种联合经营的跨界发展，给予消费者更多的

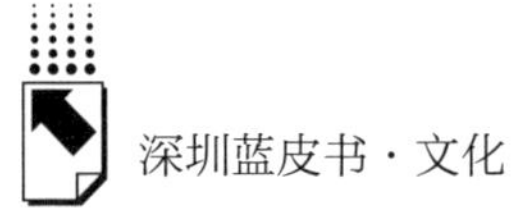

艺术体验，使得文艺书店更加丰富，富有层次感。因此也可以说，从经营方式来看，文艺书店是一种体验式经营活动。

第五，从营销方式上看，文艺书店开展多种营销方式，包括读者见面会、主题讲座、书友分享会、亲子阅读等。文艺书店经常举办各种文化活动，这些文化活动实际上是书店的营销方式。新书发布、读者见面、书友分享、名家见面、诗歌朗诵、亲子阅读都能够吸引来大量的市民参与。同时也增加了客流量，最重要的是，使得市民和读者获得了精神上的愉悦与享受。

第六，从室内空间设计来看，营造出独具特色的阅读氛围和空间。氛围感的营造是深圳文艺书店的特色，每一家文艺书店都营造了不同的氛围，各具特色。文艺书店对空间设计极为注重，例如菩提书坊在空间设计上注重对中国传统文化中“佛”元素的植入，营造出安静的阅读氛围；西西弗书店营造的是“有温度的大众阅读书店”，书店内的小绿植、小的创意笔记本、小装饰等都丰富着市民的感官体验，使他们收获美的享受。

第七，从城市空间布局来看，形成了“大书城 + 小书店”的模式。文艺书店的生长依附于大书城的模式也极具深圳特色。这种模式的好处是使得文艺书店获得足够的客流量，犹如藤缠绕树的形式，以此获得自身的发展。同时，文艺书店的文化地标性的特质也提供给大书城以能量，二者是相互促进的关系。

第八，从时代科技上来看，形成了文艺书店的数字化特点。文艺书店不仅仅有着传统的文艺特点，更有与时俱进的特色，比如很多文艺书店实现了数字化发展，以此更好地适应市民的多方面的要求。从世界范围来看，在互联网的冲击下，实体书店并没有消失，反而和新媒体的虚拟空间交融在一起，构成了更加复杂的城市新景观。

第九，文艺书店打造了现代时尚的新生活方式。深圳本身就是一座年轻时尚的城市，聚集了大量的年轻人，充满了活力。文艺书店点缀在城市之中，为这座城市打造了现代时尚的新生活方式，为年轻人提供了新文化空间，形成了新的生活方式。

二　深圳大力发展文艺书店的意义及其存在的问题

如上所述，深圳的文艺书店本身对于深圳的城市发展而言极具文化意义，概而言之，这主要体现为以下三点。

第一，引领高质量的阅读生活。如今是一个“娱乐至死”的时代，伴随着互联网的发展，大众对于娱乐和消费的兴趣远远超过思想和智慧的交流提高，因此可以说这是一个浅阅读的时代，快餐式的文化供应使得阅读变得更加碎片化和功利化。文艺书店在一座城市的生根、发芽，对于这座城市的文化发展有着至关重要的作用。

第二，打造有归属感的城市文化空间。实施城市文化空间发展战略，已经是当今国内外城市发展的一种潮流趋势。深圳要建立国际区域文化中心城市，高标准构建城市文化空间成为必然的路径选择。但深圳快节奏的生活，让人们没有精力与周围人建立并保持长久的人际关系。文艺书店在建构现实空间的同时，并不是简单地销售书籍和其他附属产品，其经营的更多是一种生活理念和人文情怀，这也使得许多文艺书店致力于传播书店自身的主题美学，为消费者打造了一个有归属感的城市文化空间。逛书店的意义已经变得日常生活审美化，人在书店中会形成场所感、认同感和归属感。这有助于提升市民的精神心理素质，从而塑造深层的城市集体性格。

第三，催生城市的发展与再生。城市的发展并不是一成不变的，城市中的文化是不断流动着的。文艺书店作为城市中的文化空间和精神空间，它的发展变化会催生城市的发展和再生。反过来，城市的发展和再生也会促进文艺书店的变化发展。二者是辩证发展的关系。这也可见出大力发展文艺书店对于城市发展的重要意义：它作为一种生产力“资本”参与到城市的成长中，在塑造城市的精神文化生活中起到其他任何方式都无法替代的作用。

但与此同时，基于目前发展现状及未来需要，深圳文艺书店的生存发展也存在很多问题，表现为以下四个方面。

1. 政府政策、资金支持力度不够

深圳是一座非常注重文化建设的城市，但政府在政策资金方面的投入主要投向了国有的书城等大型书店，民营的实体书店得到的扶持很少。虽然一部分文艺书店通过经营模式创新能够获得经济与社会的双效益，但是还有一些书店不能自我生存下去，甚至在激烈的商业竞争中倒闭。因此政府对民营实体（文艺）书店的政策资金支持，在力度上还有待提高。

2. 深圳文艺书店空间分布不均衡

深圳文艺书店地理位置的选择具有商业上的考虑，这本是无可厚非的，但对于深圳整个城市文化空间布局来说，具有不合理性。因为对于每一个市民来说，都有享受文化的权利，文艺书店应尽可能地为市民服务。但是目前深圳的文艺书店还做不到这一点。

3. 深圳人均文艺书店数量过少

深圳是一座人口密度极高的城市，实际管理人口达到2000多万。而从深圳人口结构来看，受过高等教育的人口占了较大比重。这一庞大的文化人口与仅有34家文艺书店对比来看，比例是严重失调的，远远不能满足众多人口的需求，还需要不断地增加高质量的文艺书店以构建更多的城市文化空间。

4. 深圳文艺书店的书籍选择质量有待提高

无论怎样跨界发展，文艺书店都是一个卖书的地方，它的主营业是书籍。但是某些文艺书店脱离了这一主旨，在书籍质量的选择上不尽如人意，这是文艺书店发展必须重点注意的问题。文艺书店的书籍的挑选不仅有广度，更要注重深度，即选择高品质的书籍。文艺书店选择高品质的书籍，本身就是文艺书店所必须尊崇的方向。这是判断一个文艺书店是否具有高品质最基本的可见标准。

三　深圳文艺书店发展的建议

1. 政府在政策资金方面给予扶持

2013年，国家公布了《关于延续宣传文化增值税和营业税优惠政策的通知》，对于薄利的书店行业而言，这项政策很难在本质上帮助到文艺书店。作为城市的文化空间，不能以经济价值来衡量文艺书店的作用，而应更多地从文艺书店所创造出的社会价值上来看待这一行业。因此，深圳的文艺书店需要政府在政策资金方面给予实际的支持，以此更好地推动这一行业的发展。

2. 建立文艺书店获奖机制

深圳市书业协会等政府或者社会组织应该设立奖项，奖励文艺书店创新模式、开展多样化文化活动和青少年文化阅读推广等，以此鼓励深圳文艺书店的发展，同时带动更多的文艺书店的问世，构建出各具特色的新城市文化空间。

3. 文艺书店遍布城市的每一个角落

深圳是一个“全球全民阅读典范城市”，与此称号相吻合的生态，是文艺书店在城市的每一条街道、每一个角落的出现。这当然是一个理想的状态，带有某种理想化的色彩，但它仍旧是深圳的一个努力方向。比如深圳出版集团旗下的简阅书吧，正是出于“一条街道一书吧”的构想，这成为深圳文艺书店发展中一个良好的案例。

4. 文艺书店尽力提高消费者的悦享体验

文艺书店必须通过提高文化空间的吸引力，来强化与读者的黏性关系。在互联网时代，消费者的视野开阔，品位提高，因此普通的阅读形式已不能满足消费者的精神需求，必须不断提升阅读者的愉悦的、享受的阅读体验，才能增强文艺书店的影响力。文艺书店与消费者建立长期的关系，需要文艺书店不断地创新试验，尽可能地吸引和留住消费者。

5. 文艺书店需要与商业性生态同步并行

文艺书店提供实体性、体验性、精神性、综合性的消费，充满了浪漫而文艺的气息，这和现代人更高的文化需求紧密相关，文艺书店在这一方面做足了功课，但文艺书店作为商业社会中的实体，需要在商业活动中生存下去，故不能因为过度地渲染文化气息而忽略了文艺书店的商业性。文艺性与商业性在文艺书店中应该是同步并行、缺一不可的。从全国看来，许多文艺书店都抓住了购物中心为填补文化休闲业态空缺而出现的市场机遇，做到了与商业性的同步并行。

6. 文艺书店应该与数字化完美结合

在今天这样一个科技腾飞的数字化时代，文艺书店显然不能脱离科技环境而独立生存。“碎片化”与“浅阅读”成为这个时代的特征，以数字技术为核心、以互联网为载体的移动阅读终端的兴起，并不意味着印刷书和实体书店的作用地位被颠覆掉。文艺书店需要与数字化发生联系，这是文艺书店必须要做的功课。另外，文艺书店的消费者往往是年轻人，他们是与互联网一起成长的一代，因此在文艺书店中，更不能缺少与数字化的结合，否则将会失去这一重要的消费者群体。

7. 文艺书店必须注重社会效益

文艺书店作为实体书店的一种，因其独立经营，偏向小众而处境更显艰难。但并不能因为处境艰难而放弃文艺书店所追求的宗旨，即文艺书店必须注重社会效益。文艺书店所呈现出的文化多样性以及展现出的人文关怀，就是文艺书店所应追求的社会效益。文艺书店通过自身空间链接人与人、人与城市之间的关系，这种特质使得文艺书店在城市中弥足珍贵。因此，一个不注重社会效益的文艺书店必将被城市及城市中的人群所抛弃。

8. 探索出具有话题性的文艺书店商业模式

对于文艺书店来说，创新创意永远是它努力的方向。话题性是文艺书店营销的重要商业模式，例如物质生活书吧作为深圳最早的文艺书店，其名字来自杜拉斯的随笔集《物质生活》，因为其成立最早、同时具有名人效应，成为当时深圳市民的文化话题，并因此聚集了大量的文艺青年，名声外扬。飞地书局虽然成立较晚，但作为一群热爱诗歌的文艺青年集聚地而广为人知。益文书局则作为深圳第一家 24 小时经营的书店，从 2006 年至今成为很多热爱读书的文艺青年的精神家园。

9. 文艺书店应该建立战略联盟

好的文艺书店的发展不能单枪匹马地作战，而应建立一个广泛的战略联盟，战略联盟包括上、中、下游的良好合作，形成一个牢固而稳定的关系网络。任何一个文艺书店都不能脱离这些关系而独立存在。战略联盟不仅仅包括出版社、作者、中间商，还应该包括同类行业竞争者与其他行业，例如与餐饮业的合作，与文艺书店周边商圈形成战略合作。文艺书店应该集结起一切可以依靠的力量，例如表演、商业、艺术、旅游以及教育培训，打造出跨界经营的创意平台，扩大文艺书店的影响力，以此来应对互联网对文艺书店的冲击。

10. 文艺书店应该融入城市环境

文艺书店不应该是一个孤零零的存在。从空间美学的角度，文艺书店应该与城市的区位环境和谐交融，这是文艺书店的一种外部空间设计的问题。因为文艺书店作为空间的一个建筑单位，从属于它所在的城市空间，它的存在形式本身就是一个关于美学的问题，所以它应与周围的建筑、街道、绿化、广场等存在和谐的联系，以此来融入城市的环境，做到内外空间都与所在的城区产生美学上的关联，达致理想的美学状态。

B.21

“三岔路口”的城市故事

——物质生活书吧如何参与都市人文面貌、多元空间的塑造

金敏华*

摘　要： 一家文艺范儿的独立书店在深圳闹市区如何能存活18年？面对诚品、书城这样巨无霸式的大型书店，面积仅为其千分之几的街边小书店为什么仍有存在的必要？在房租飞涨、电商流行、Shopping Mall四面开花的时代，面对小店哀歌，政府在塑造城市多元文化空间时应该给予独立书店以怎样的政策和资源扶持？

关键词： 物质生活书吧　独立书店　多元文化空间

2018年12月23日下午，福田白沙岭，百花二路与百花五路交叉口，有着18年历史的老牌深圳文化地标物质生活书吧重装返场。当地媒体迅速把这场“几乎集齐了深圳著名的文化人士，也搅动了他们有关深圳文化的青春记忆”的聚会的发生地——物质生活书吧，与虽然时间上前后脚开业迎宾但规模悬殊（经营面积百倍、十倍于它）的诚品生活和前檐书店相提并论，作为一个城市“事件”，在纸质书黯淡时代里，深圳似乎迎来书店业“狂欢”的注脚。

一个多月后，“物质生活书吧重装返场”被评为“深圳小书店十大新

* 金敏华，资深媒体人。

闻”之四。而介绍由著名设计师据宾率领水平线团队创作的物质生活书吧新空间的微信公众号推文在短短几天内点击量就逼近6万，2.0版的新书吧很快成为一众文青的城中新“网红”打卡地……

“一个书吧的重新装修返场为什么会在深圳搅起这么大的动静?”这既是媒体报道中的一个设问句，也是本文试图回答的问题。

一　活跃的街角文化站

物质生活书吧所在的白沙岭是深圳开发最早的城区之一，这里光是大大小小的幼儿园、小学和中学校区就超过10家，且大多是所谓的名校，更有密密麻麻的教育机构聚集于此。虽然是“学霸”养成地，但城市建设速度的一日千里，整个城市中心不断西移的发展趋势，使得这一教育资源超级集中的名校聚集地同样面临着老城区活化、振兴、复苏的重任。

位于三岔路口的物质生活书吧既是白沙岭片区居民的集体回忆之一，也是社区人文面貌的重要塑造者，更是旧城复兴的推动器。

强调这是一家位于三岔路口的书店，隐含的意思是，她是一家街边店，一家社区马路旁的小书店!

书店女主人晓昱说到18年前为什么选择在这里开店时，颇为感性地解释:“浓密的树荫、车水马龙的丁字路口、众多的学校，形成一种深圳少有的生活气息。”每天下午放学后，书吧就挤满写作业的学生，他们在这里等待父母下班；即使在周末，书吧也坐满了等待补习孩子下课的家长……“书吧就这样陪伴他们度过春秋冬夏。孩子们长大后，碰到我，会告诉我，曾经在这里谈过恋爱、写过作业，我才已然觉得自己有点老了。”

小店的“挽歌”近年不断在国内城市响起，某种程度上是陷入了求大求洋求一律城市发展观的误区。很多城市不好逛，没有生活气息、没有烟火味，就是因为城市管理者忘记了街边小店是城市生气不可缺少的一部分，城市的活力就在弄堂里、胡同中，就在转角的街边；忘记了生活气息才是一座城市的精髓、温度和底蕴，而未必是那些购物中心里的潮店的“千人一面”。城市的魅力不仅仅在于地标建筑多么雄伟壮观，也在后街——繁华主街的背后，往往更是城市的宝藏：有年头的独立书店，不属于常规连锁店的咖啡店，特色服装店、买手屋，老字号小吃店和慰藉夜归人的深夜食堂、酒吧……这些路边小店的温馨记忆和光影，实际构成了世界级都市的人文精神，历史文化由此积淀而成。纽约、伦敦、巴黎与东京等城市莫不如此。

建筑师出身的香港著名实验演艺团体进念．二十面体联合艺术总监及行政总裁胡恩威曾在他连续印刷4次的《香港风格》一书的自序中这么写道：“纽约伦敦巴黎东京等国际大都会，都非常重视街道的保育，以及中小型业主业权的保护……香港现在最需要保育的，是旧区的小街架构以及多元的小商户文化，纽约伦敦的政府近年均大力推动街道保育，并进行系统性的街道生态研究，街道作为公共空间和社区空间的各种可能，街道与步行和骑单车等环保交通观念的系统发展……我们今天要保卫的，是香港的街道，是香港的小业主业权，是香港人多元生活空间：小贩、排挡、小店、民居。香港人不需要豪华会所，香港人需要更有人情味的生活空间、居住空间。可以漫步的街道空间、可以让大家呼吸的生活休闲空间，小小的茶室咖啡书店士多。大型发展和小商户是可以共荣共存的，东京就是好例子。香港旧区最宝贵的就是那些小街，把小街拿走，就是把香港的精神消灭。”① 他颇为尖锐地指出，香港目前面对的困局是，空间只是一种投资的资产，而不是作为生活和创新的空间。

不仅是香港，被公认为国内城市肌理最为宜人方便的上海同样面临类似挑战。前不久，一篇《抢救上海小店》的文章传遍微信朋友圈，甚至引起了正在参加上海“两会”的不少代表委员的关注。里面讲到上海马路上的每一家实体店，近年经受的三波冲击：电商、房租以及爆米花一样开业的购物中心。在这个不停响起小店“挽歌”的时代，作者毫不犹豫地对“挽歌”予以回怼，马路上的“10年+”小店，才是上海未来的百年老店，“不要小看10年，这是以95%的小店丢盔弃甲打底的”。

---

① 胡恩威：《自序》，载《香港风格》，E+E出版社，2005，第17~18页。

何况小店中的书店。

书店往往被视为城市最美的风景。因为一家书店而爱上一座城市的例子不胜枚举。书店不仅让时光慢下来，有时更给读者带来整个世界。日本“3·11”大地震后，当地的书店经营者想尽办法让书店重生，记载这一历程的《重生的书店》一书有一幅题为《在最绝望的时候，书店是人们追寻希望的光》的照片。书店在帮助市民提升人文素质的同时，也参与塑造城市气质和人文风貌。一座进步的城市，无一例外有传奇的书店和动人的故事，无论是伦敦查令十字街84号的温婉传说，还是Foyle兄弟创办于1903年、至今仍属家族所有，并已发展成为欧洲最大也是伦敦最为人所喜爱的独立书店——福也尔书店，或是巴黎左岸的百年老店莎士比亚书店、在旧金山湾区不懈地发出文化之光的城市之光书店（City Lights Booksellers & Publishers）……在华人社会中，有人说，台北之所以迷人，是因其隐身各处的阅读空间与读书风景，这是台北人文品位厚度的无形文化资产。阅读的城市，必然温润而细腻，亲切而温暖。不需在硬体设备上争胜，不必在造型装扮上斗艳，却透出一股深厚的文化底蕴，吸引人一访再访，乐此不疲。

何况这还是一家三岔路口的独立书店。

日本代表性的平面设计大师、艺术家横尾忠则曾有“Y字路系列”作品，是以故乡的Y字路风景为主题，并混杂了过去、现在、未来、幻想与现实的系列作品，他创造出的概念“Y字路”就是通常所谓的“三岔路”，也是“三角窗”店面所在地。在台北生活10年之后的栖来光（Sumiki Hikari）受此启发，曾撰写《在台湾寻找Y字路》一书，致力于挖掘都市丛林中常被遗忘的“Y字路”风景，带领读者认识城市角落之美以及隐藏在台北大街小巷中的“消逝时光”。其实城市开发同样面临着“Y字路”抉择：拆除还是保留？向右走或向左走？但多样性的路口，或许已经给了我们“新旧并存”的启示。

至于独立书店，并无明确名义：规模小、运作不跟随市场大势、另类而小众……都是它的特点，却不是必要条件。有人认为，或许独立书店根本不是一种分类，只是一种抗衡主流书店逻辑的姿态，填补流行读物和实用书籍之外的空白，独立书店销售的出版物往往钟情视觉艺术及绘本、本土文学、社会议题、独立杂志等大类。台北樱桃园文化的丘光认为，“它的特色必须要很鲜明，能够在大众市场中脱颖而出”。国外对出版的小众市场接受程度比较高，虽然小众市场占的市场份额不大，总量却不小。因此那里的独立书店大多比较专业化，一些书店全然卖诗集、全然卖食谱等，相较之下深圳的独立书店概念比较广义，只要拥有个人特色及理念，都可以被视为独立书店。事实上，物质生活书吧更像是一个文化实验室、一个媒介、一个平台，它联结着许多面向，不光只是卖书（在书籍的选择上，它更多着眼于小众中的大众）这件事，而是串联起书、阅读、文化与人之间的活动，串联起想要彼此交流的人们。

有趣的是，当年居住在深圳的作家慕容雪村正是在书吧一边喝着咖啡，一边完成了他的《天堂向左，深圳向右》。

今天，虽然作家已经移居他城，但物质生活书吧却成为网上精选的120个全球最美书店之一。①

二　十八年的坚守打造传统

2002年，著名学者、作家李欧梵在流连物质生活书吧之后曾写过一篇题为《深圳，发现文化动力》的文章，这位写出《上海摩登》这样的经典著作的都市文化研究者在文中写道：“我对‘人文空间’的定义很广，也很随意，举凡咖啡馆、书店、演艺场所、唱片行，甚至专供行人用的过道都不放过……”“他们带我到深圳福田区有名的书吧‘物质生活’，颇使我想到台北，非但店主晓昱小姐也是一个出身广州中山大学中文系的作家和文化人，而且店内的装饰——摆满了精选的书——甚至店名的反讽意味也使我想

① 《“一网打尽”！120个全球最美书店了解一下》，https：//www.weibo.com/ttarticle/p/show?id=2309351001054228227466976801&infeed=1&sudaref=www.google.com.hk&display=0&retcode=6102。

到台北的书店和咖啡店”。[①] 在文章的最后，李教授为深圳文化建设打气：“诚然，深圳的都市文化还不够成熟，有‘硬件’而‘软件’仍嫌不足……我反而觉得深圳可以把香港自我标榜的口号据为己有——‘动感之都’。”要知道，那是深圳经济实力不到香港 1/6、1/7 的时代。

那是物质生活书吧的文化沙龙开展得最为如火如荼、轰轰烈烈的一段时光。在三年多的时间里，白先勇、龙应台、梁文道、马家辉、刘再复、周国平、许鞍华、彭浩翔、林奕华等海峡两岸暨香港的知名文化人、艺术家、生活家都曾在物质生活书吧举办讲座，张五常、贾平凹、南方朔以及“欧元之父”蒙代尔等名人也是书吧常客，这家偏居白沙岭一隅，集书店、酒吧、咖啡馆于一体的书吧，靠先后举办的上百场活动，成为深圳文化活动的指标性场所，并在 2010 年获封“南方阅读盛典华语世界最具影响力人文书店”及全国民营书业评选——阅读推广奖。2014 年，《南方都市报》为书吧女主人晓昱颁发“深港生活大奖——年度人文奖”；2017 年后院读书会年会则授予晓昱“最美读书人”奖。

晓昱的第一份职业是深圳电台夜间节目主持人。主持的节目在珠三角小有名气，还被评为深圳广电集团的“十佳主持人”。不过，渴望改变自己、害怕过预知生活的她，在四年后却因为一场轰轰烈烈的爱情离开了电台。之后，游走于北京和深圳两地的晓昱，写了一本关于深圳的纪实访谈，成为深圳书城的畅销书，而爱情却走到了终点。重新回到深圳的她，在新租的单身公寓，坐在一堆重新购置的家具和从北京运回来的私人物品中感慨万千，兜兜转转之下，生活好像又回到了原点，开一间书吧的念头突然在这个时刻冒了出来。“里面有一些喜欢的书，一些喜欢的人，一些喜欢的沙龙，然后写一些喜欢的文字”，这几乎是她当时能想到的，“唯一喜欢也适合去做的事了”。

在她看来，在深圳这样一座连续多年全国人均购书金额第一的城市里，却找不到一家类似北京的风入松、万圣书园这样的人文书店，找不到像香港

---

① 李欧梵：《都市漫游者》，广西师范大学出版社，2003。

二楼书店那样的独立书店，也找不到不断有文化事件和思想碰撞发生的公共空间，“在这个人人追逐物质生活的城市里难道不应该有一个精神的驿站吗?”杜拉斯的随笔集《物质生活》的名字就这样成为这间书吧的名字。

在回忆当年的创业艰辛时，虽然如今她已经不大愿意“一一赘述”，但我们依然可以从她的如下叙述中窥一斑而知全豹：“我的天使投资人其实就是我的狐朋狗友，我就这样成为一个私营小业主。接下来就是选址、设计、装修、办证照、采买，招聘、培训、开业、运营、出名、亏损……包工头、老板、图书管理员、店长、企划、公关都是我。如果十八年前，你路过物质生活的玻璃窗，看到一个衣着光鲜的女子坐在那里冲你微笑，你千万别会错意，她只是在想，这人怎么还不进来?当你坐下来，拿着菜单，她紧张地盯着你，只是在想，拜托，别只喝一杯咖啡坐一下午。”她很快发现，未开店时曾经以为的文青浪漫生活原来是海市蜃楼，每晚关店之后猛敲计算器，做锱铢必较、俗不可耐的“市头婆”才是真实的生活。

书吧声誉鹊起，不能不说跟“书吧系列沙龙”密切相关，而说到系列沙龙，“邱总”邱立本是必须提及的人物。当年 57 岁的邱立本生于香港，毕业于台湾政治大学经济系，在美国的中文报纸担任过总编辑，曾是香港《明报月刊》总编，担任《亚洲周刊》主编多年。有一段时间，他常来深圳购书、找朋友聊天、喝茶。2003 年夏天的一个晚上，他和晓昱等几个朋友聚在书吧，谈起城市文化生活和人文空间的贫乏、单调，以及速食文化、功利主义的流行，彼此“心有戚戚焉”，遂有心做些什么改变现状。根据有钱出钱、有力出力的原则，大家各自承担了自己的职责：晓昱自是负责场地和接待，议定不得强行要求听众消费，且须提供白水一杯，主持是她的本行，当然由她兼任；有的人脉广、热情高就负责联系讲者甚至作陪；有的负责活动推广包括海报设计甚至张贴、向各家媒体提供新闻稿；等等。沙龙的主事者大多各有谋生职业，所以频率定在三周左右一次，并不硬性规定，宁缺毋滥。因为出发点是为了丰富市民的周末文化生活，沙龙时间就选在周六下午；为了强调活动的公益色彩，所有来沙龙主讲的人，无论名气多大，均为义务讲授……这就是发轫于 2003 年秋天、民间自发营造的公共人文空间

“物质生活书吧沙龙”的滥觞。

八月酝酿议事，九月紧张筹备，十月首讲开讲。邱立本打了头炮，首讲的题目是“匆忙中的文学”，即“昨日的历史，今天的新闻”的传媒业。他提醒听众，在八卦新闻大行其道之时，尤需警惕商业力量对表达自由的钳制和侵蚀。听众不少为媒体从业人员，也有学生、公司白领，令人意外的是，不少是附近社区居民。第一次来的人不多，七八十人，来去自由，有的站着听了一会就走了。好处是交流起来很方便，形式上也不是那种正襟危坐的授课，发问、讨论的时间倒占了一半多，讲毕还有不少听众围着讲者……接下来是香港城市大学中国文化中心的马家辉，他讲“香港报纸的副刊文化”；“小马哥”挟《锵锵三人行》的声势，让书吧人气爆棚。第三位是深圳年轻摄影家王琛，他介绍的是记录新疆哈萨克族转场经历的一组照片和一本书，非常有趣。再就是当时从哈佛大学退休回港不久的著名学者李欧梵。李教授那时经常带着太太来深圳，他那次讲的是库哈斯和他的“通属城市”概念——这可能是在深圳公众场合第一次有人介绍这位建筑大师。讲得兴起之时，喜爱音乐的李教授居然表示可以考虑将来把自己收藏的一部分唱片放到书吧！不久李欧梵介绍库哈斯的哈佛学生、当时在香港中文大学执教的台湾建筑师刘宇扬专门讲了库哈斯团队在珠三角从事的“大跃进”项目，又介绍好友、芝加哥大学政治学博士、香港通识教育机构禧文社创办人邓文正介绍香港的“两文三语”运动，当然还介绍了他的台大外文系同学白先勇前来演讲。彼时白先生正好来深圳推广青春版《牡丹亭》，通过李欧梵的介绍，书吧顺利邀得他来到书吧现场与读者互动，在专题介绍昆曲《牡丹亭》之外，居然还当场卖出一万多块钱的票。白先生到书吧的第一句话就是：“一进来看到门口非常亮丽的书吧，我觉得很有创意，我可以在这里面看书、买书，喝东西，和朋友聚会……”

这样的一个城市公共文化空间的形塑得益于方方面面的支持和帮助。朋友的相互介绍是资源捉襟见肘的“书吧沙龙”能滚雪球般发展下去的主要原因。比如前不久去世的、平时很少公开亮相的沙叶新的讲座就是由书吧老友邓康延联系的；当年的青年导演彭浩翔之前从香港到内地基本上是“跳过”深圳，后经书吧好友、经常往来深港两地的前媒体人、创业人士徐心华介绍，欣然来到深圳讲述他的电影梦；当时在香港城市大学担任客座教授的龙应台应邀来深参加官方读书月活动，下午在福田会堂做了一场公开演讲，结果听众意犹未尽，在主事的尹昌龙、胡野秋等的帮助下，晚上将龙应台带到书吧进行了一场全程零距离对话，简单的开场白之后就是单刀直入的问题，龙女士兵来将挡，水来土掩，回答了三个小时的问题，那晚书吧的拥挤程度也许是“历讲之最”。龙应台当场坦言，到深圳虽然只是短短的六个小时，“已经有几件事情是让我觉得蛮诧异的”，尤其是在书吧的这场不期而遇的聚会，“邱立本总编辑在香港告诉我说有这么一个有趣的地方叫我来看看，那么我就过来看看”。对于这样一场“没有准备、接近自发”的读者交流会，龙应台从它的自然发生这件事本身看到了“深圳这个地方很有希望”，“是不是因为她没有历史的包袱，反而有一片新的天空、比较容易有自如的发挥空间……”

作为深圳文化人的一个据点或者说枢纽，来来往往于书吧的不少文化名人有感于主人的情怀，往往自告奋勇提出来书吧做文化志工，比如梁文道、杨锦麟……他们在深圳与年轻听众分享的或许是一个小小的概念，或许是自己参与的一个项目、一本著述、一场文化运动、一个电视栏目，但实际上他们给这个城市的何尝不是一种信念、一个观念的启蒙，是一个建设中的人文空间和一腔知识分子情怀？在书吧重装返场这一天，梁文道特意通过录制的短片道贺，在他眼中，物质生活书吧“是香港文化界朋友在深圳的一个驿站。在这里能够遇到全国各地文化圈的朋友，和爱好文学作品的人聚集在一起……”那天，著名经济学家张五常偕夫人现身开业现场，经济学家薛兆丰不仅快递来参展作品，还特意写了贺词，首位物质生活书吧沙龙演讲嘉宾、今天仍然担任《亚洲周刊》总编的邱立本自然更不会缺席这场让人无限感慨的盛事。

作为主人的晓昱，其当天的一番话或许可以让我们看出她内在的情感世界：“一个房租从开始到现在翻了四翻，人工和物价也涨了几倍，但菜单价格却静止不变的书吧是靠什么坚守了十八年？是那些穿梭往来的文人墨客带来的思想盛宴，还是精心挑选的人文书籍？是因为曾经有个妈妈拉着我说，我跟孩子讲，如果你有什么事，就跑到物质生活去，那里是最安全的地方；还是一个街坊前段时间因为店里装修以为我们要关门了给我发的留言：我无法想象没有物质生活的白沙岭；是望着书吧挤满的人群，龙应台的一声感叹：城市就要有这样虽然小却自由的公共空间；还是当年那个艺名还叫“小弟”的歌手陈楚生，安静地坐在书吧角落里唱歌，忧郁的歌声总是击中游子的心房……”“有多少个下午，我们因为物质生活的沙龙里那些精彩的思想和专注的聆听而感动。有多少个晚上，我们因为政治、文化、理想、爱情而争论不休。我们甚至还在虚拟的网络上建立了对话，物质生活曾是著名的 BBS 万科周刊里最活跃的论坛之一。我们在这里聊天、唱歌、饮酒、作乐。我们在这里相遇，也在这里送别。”

几年前，晓昱在纽约华尔道夫酒店床头曾经看到一本摄影集，比较 100 年前和今天的纽约街道，她惊讶地发现，几乎没有任何变化，那些高楼大厦自不用说，就连街边那一间间的面包店、洗衣店也依然和 100 年前一样。“在我们所生活的这个追逐速度和变化的城市和时代，历史尚未成为历史就已经被推倒和淹没，而十八年的坚守虽然孤独艰难，却也因此活成一个城市的独特样本，给人们某种相信和慰藉的理由。物质生活得以成为一代深圳文化人的集体记忆，也成为个人青春的美好注脚。”

三　2.0时代的机遇与挑战

重装返场的物质生活书吧，因为清丽雅致的设计风格，开放和私密相结合，既有温度又觉舒适的新空间体验瞬间爆红。

但如今的书吧所面对的，早已与当年的城市面貌和内涵迥异。深圳正在从代工城市、制造城市向知识城市、创意城市、智慧城市转型，书吧自然须随之朝艺术、设计、生活美学融合平台的方向过渡，这便有了“年度六展”的筹划和实施，有了“物至生活——关于生活的 76 个故事”第一届文创年货好物节的诞生。

所谓“年度六展”是指书吧携手 Sense Team 感观·山河水团队联合推出的 2019 年六大展览，以两个月为一期，六个展览的主题分别为壹拾捌、恋物、独立、臭美、地气、童趣，从感知时间、玩味爱好、导入先锋观念、开放自我表达、开启本地研究、展示生活智慧这六个层面引领城市创意风潮。

目前正在进行的首个展览《壹拾捌》，契合物质生活迄今在白沙岭片区服务社区 18 年的历史，向超过 60 位包括社区居民在内的顾客征集承载个人感情记忆的一件事或物，配上个人手书的一段话和人物故事，由此梳理了书吧与社区、城市文脉之间的关系，并尝试强化社区居民的认同感。

《恋物》是给“恋物癖”者一个公开展示自己珍爱物品的机会，只不过他们不是一般的恋物癖者，而是恋到一定程度，成为独立设计师、艺术家，把爱好发展成事业的那部分人。包括插画师、时装设计师、陶瓷器皿设计和手作人等。

《独立》展览则是给小众的独立杂志一个展示的空间，除大湾区青年原创独立刊物、代表 90 后作家文艺理想的《叁》等外，还囊括许知远主编的《单读》，混合西安独特底色的《本地》，探索摄影可能性的《假杂志》，表达大学生态度的行旅杂志《在路上》、*Rice* 等平常难得见到甚至没有听说过的一些值得关注的独立杂志。这些杂志的创始人、主编将现身书吧跟大家分享他们的创办初衷、版块构思和行文特色。

《臭美》一望而知为女性专属，这是一群用创意创造童话世界的手作达人、手作首饰设计师、当红一线美食博主、室内设计师、喜好在日常生活聚焦食物的摄影达人。

《地气》则展示、剖析了五个本土原创的乡村酒店案例。将中国人心底的世外桃源梦变成现实的这五个乡村酒店分别位于谭家栖巷、野马岭、阳朔糖舍、碧山、旗山。设计师通过展品、手稿、建筑模型和影集陈列分享各自不同的设计理念和发展规划。

《童趣》则以 2018 年诞辰 120 周年的 20 世纪文化大家丰子恺充满拙趣、哲理、意境的字画、影像、出版物、衍生文创产品等为主题，挖掘重新

“出土”的丰子恺在今天的特别意义，这对社区的孩子们尤其是一场难得的审美教育。

六个展览既有先锋意味很浓的内容，也照顾到了身边社区居民的在地需求，有的甚至聚焦社区学子，在丰富社区文化生活之余，也使书吧转型为灵活机动的课堂、微型博物馆、画廊、展厅……

当然，更有意思的是书吧对本土原创设计力量的发掘、聚集，并为之提供能量展示平台，这就是好物节的产生。

“物至生活——关于生活的 76 个故事”好物节由书吧联合 Sense Team 感观 · 山河水共同发起，挑选 76 家深圳原创品牌，1000 多件创意设计产品，并展开一场关于物的意义、生活方式、设计师身份的探讨。在持续四个月、跨越农历新年的好物节期间，活动不仅深度挖掘、交流了品牌主理人的设计理念、运营策略、产品故事，也深入了解、展现了这些设计师在建立及输出“美好生活方式”漫漫长途上的艰辛跋涉。这些正在成长的中国现代文创品牌，是我们这个时代造物文明的缩影。造物节从 76 个品牌洞见、抽离出 11 种生活方式：玩物散志、概不出售、稀奇古怪、BlingBling、我就爱躁、文化复潮、社会温度、萌物治愈、天天向上、酒足茶饱、皆大欢喜。希望在书吧这个安静的空间，让人们不仅感受到知识对心灵的慰藉，还能了解每一件物品背后的故事，与物建立起更深层次的关联，透过这些物品，探索到内心的真正需求，感受到生活的乐趣。好物节期间，举办了四场共有 21 位设计师参与的系列分享会，吸引了数百名本地以及广东省外的听众前来参加，极大地丰富了书吧的内涵。

十八年前的物质生活书吧，扎根白沙岭居民区，凭着初生牛犊的热情和干劲，请来了著名的学者、作家、导演一一登场，港台文化人把物质生活书吧视作落脚深圳的一个文化码头，国内学者也因为物质生活书吧的存在而重新打量深圳的文化高度和温度。

十八年后，这个小而美的书吧重新装修返场，文艺范儿未改，依旧有腔调、有温度，专注而聚集，传统项目仍在发扬光大：每月邀请作家、学者、艺术家、建筑师、规划师、策展人等文化名人到店进行主题分享，加强与国内出版社及深圳市各大读书会的深度合作，组建白沙岭片区读书会（群组），强化虚拟空间的思想交流，根据时令节气、城市事件、社区需求组织生活美学工坊……但它似乎变得更加独特、前卫、先锋了，通过规划展览、开办课程、开设快闪店、将旅行与阅读结合等花样繁多的活动搭建起一个开放、自由、创新的平台，致力打造多功能共融实验室，继续成为深圳人精神生活的目的地，同时也为年轻人的创意生活之所增加了一个频道。

都市文化空间是城市创造力建构的有力生长点，其发展一方面反映人们对城市文化业已存在的认知，同时也不断协助人们对城市形成新的想象。都市文化空间的良性发展一旦与城市的整体发展有效结合，将使都市文化空间成为城市创造力筑构的良好契机。在深圳，类似独立书店这样的都市多元文化空间，较之十年前已经有了长足的发展，但街头不时响起的“挽歌”仍然在提醒我们，在政策和资源上对这样的城市文化空间进行扶持、导流和加强，已是迫在眉睫。

作为城市的老牌文化地标，物质生活书吧重装返场引起了不少企业和机构读书会的关注，书吧也应邀为一些读书会策划读书分享活动或筹备读书会，不少文创机构、园区、场所也有意邀请书吧前往复制运营模式。这种种行动，似乎在印证这么一种说法：好的文化空间是培育和承载城市文化生态多样性的重要场域。文化空间提供的并不只是商业化的消费活动，还有独特的创作环境、生活方式。只有足够成熟、足够文明的城市，才能诞生出形态丰富的城市文化生活美学。

B.22

城市更新的视觉阴影：视觉地物的隐喻*

李蕾蕾　韦 敏**

摘　要： “三旧”改造和城市更新是推动产业升级、城市文化建设、营造城市空间愉悦感、舒适感和视觉美感的普遍方式。本文试图从视觉研究和图像理论的视角，结合深圳“南油”工业区城市更新的个案调研，发掘和深化有关城市更新、中产阶级化以及视觉美化的另一面。我们提出“视觉地物”的核心概念，作为视觉美化的“阴影”和隐喻，阐明“南油”从一个参与特区早期建设的“准单位”所经历的城市更新的过渡性和复杂性，以及由此产生的“工业遗痕”、“黑色塑料袋”和“空衣架”三个“视觉地物”所预示的多重文化意义。

关键词： 城市更新　中产阶级化　深圳南油　视觉地物　工业遗痕

一　城市更新与视觉研究

城市更新和空间改造，往往给城市视觉带来显著改观。深圳基于“三旧改造”的城市更新，经过多年持续的空间实践和巨大投入，使得老厂房、老工业区、老街区、旧村、旧社区、旧道路和城中村等城市空间，在最近几

---

* 本文得到国家自然科学基金(项目编号:41471124)的资助。

** 李蕾蕾，深圳大学传播学院教授；韦敏，深圳大学传播学院研究生。

年发生阶段性明显改观，形成强烈的视觉冲击。不管是摩天楼建造数量和速度的纪录刷新[①]，还是城市灯光秀、公园绿道、沿海栈道和休闲空间的修建与升级，都让深圳日益舒适、美观和便捷。宜居城市、公园城市、生态城市等城市美誉，仿佛全部来自城市视觉的美化贡献。不过，从视觉文化或图像理论的角度来看，城市在视觉上的变化，作为最直观、最直接且人人只要看一眼或走一遭，便可获得即刻感受的变化，远非“所见即所是”或“城市美化”[②] 单一概念所能充分加以说明的。

本文从视觉与图像研究角度，试图发掘对于城市更新和视觉文化的新理解和新认知。从视觉角度考察城市的变化，既不同于传统城市社会学讨论城市更新和中产阶级化时，主要偏重于“社会排斥”问题的社会学视角，也不同于建筑与城市规划领域讨论城市更新时，关注于产业结构调整与空间布局的结构功能视角。视觉研究特别强调对研究对象或研究个案的“深度”“观看”，而不是匆匆一瞥或大致看看，后者所看到的基本上只能是我们大多数人认可的城市更新带来的“视觉美化”。

二　视觉阴影与视觉地物

视觉研究强调“视觉美化”只是对城市更新采取观看时，所获得的“正面”之见，或者是那些容易或能够被轻易见到的东西、习惯去看的东西，在“看见”的同时，观看者可能恰恰忽视了作为观看对象之图像的“背面”或“阴影”部分。也就是说，本文的视觉研究方法首先将城市更新的现场或地域空间本身，当作一幅幅投射在我们作为研究者和观看者视网膜上的视觉“图像”，我们通过仔细、近距离和持续的观看和凝视，试图发现

---

① 参看《超越香港，深圳成为世界 200 米以上摩天楼最多的城市!》，深圳房地产信息网，http：//news. szhome. com/261674. html。

② 此处视觉美化之“美”，主要想说明作者能够理解“美”在其他价值评判标准之下可能意味着“不美”，不过，美还是不美并不是本文讨论的主题。本文所指的视觉美化，意思是指主流或大多数人（如官方和中产阶层）所认可的城市更新带来的秩序、美和舒适。

城市更新和视觉文化的“阴影”部分。

本文所指的“视觉阴影”，有的直接来自研究者对研究案例的实地“观”察，另一些则可能来自普通社会科学的“访谈”方法，作为视觉“观看”方法的补充。因此，视觉阴影在本文既是地理空间意义上的视觉图像部分，也是社会学意义上的图像含义部分。“阴影”这个图像学或美术学的核心概念，在此打上了隐喻的痕迹，或具有了哲学抽象意义，能够揭示隐含性的知识和意义。阴影只是被图像遮蔽的、黑色的或不清晰的部分，可能是视觉美化的负面或反面乃至镜像（例如，作为被反转为真实的非真实图像，其实就是真实的镜像），是与光亮部分构成的图像相对立的黑影或背影部分，可能意味着城市更新的黑暗面、隐含面，也可能与黑暗面无关，只是需要进一步辨认、理解和阐释的图像。这些不同的“阴影”，恰恰是本文试图结合城市更新的个案，加以辨别、探索和讨论的核心。

“视觉阴影”的识别，有赖于身处城市更新的现场，以及对观看者眼睛的专业“训练”，本文在此提出“视觉地物”（visual object）的概念，作为看到视觉阴影的物质基础。“视觉地物”存在于城市空间，以较为微观的物质材料或实体形态作为视觉存在。一方面，视觉地物总是来自或身处某一特定地方和场所（place），其存在的理由，总是与这个地方的历史、地理、社会、政治、经济、文化或人口等各类要素存有关联，因而自然成为地方独特故事的关键元素；另一方面，“视觉地物”并不总是会被轻易看到，反而往往以一种被观看者视而不见或有意忽视的“他者”状态存在，类似于视觉文化和图像理论学者米切尔所说的“重拾之物”①，虽然他的概念似乎并不强调我们这里所说的“视觉地物”中的地方②或场域独特性的一面。作为他者的“视觉地物”，与克拉克“场景”（scenescapes）理论所关注的“舒适物”（amenities）相反，视觉地物极其普通、平凡甚至卑贱和卑微，它所带来的并不是那些令城市中产阶级或小资消费者感到舒适和美好的东西。正是

① W. J. T. Mitchell：《图像何求：形象的生命与爱》，陈永国、高焓译，北京大学出版社，2018，第120～135页。

② T. Creswell，*Place：A Short Introduction*（Wiley-Blackwell，2004），pp. 1－14.

在地和平凡两个特征，使得“视觉地物”作为一个分析概念，能够有效用于理解城市更新和城市视觉文化的“阴影”或被遮蔽的部分。

“视觉地物”作为城市视觉之美的“阴影”、背面或反面，必须通过观看技能加以“放大”才能辨认和看清，进而才能开展描述、阐释、分析、反思和评论，从而使我们得以在更广阔的多元视角，理解城市更新和视觉文化的复杂机制与社会空间效果。本文将结合深圳南油个案的城市更新，理解其视觉文化的变迁，特别是通过辨识其中的视觉地物和视觉阴影，从视觉角度理解城市更新和城市文化的生产与形成。“南油”个案的特殊性在于南油属于“准单位制”开发区和老工业区改造与转型的个案，同时，它是尚未完结或处于城市更新改造过程中期的地块，因而，呈现某种视觉上的过渡性或阈限性，相比那些完全改造过的城市更新项目如深圳万象天地，或尚未被政府或房地产开发商介入的自然演化地块，更容易出现“视觉地物”而被研究者所捕捉和看到。我们认为南油个案所体现出的城市更新的“视觉地物”，能够提供更多的认知启发，乃至实践和政策启示。

三　城市更新个案：作为“准单位”的深圳“南油”

“单位制”是新中国成立后，在城市设立的非常重要的社会组织模式。每一个自然人（主要是城市户口拥有者），都被整合到一个“单位”之中，在里面完成从出生到死亡的全部生命历程。作为中国改革开放的先锋，深圳特区建设之初，主要是通过计划经济时代的国家力量，兴建各种单位制社区①，从而开展并逐步完成特区建设的。深圳最初的城市建设单位往往是一个个占地面积较大的大型单位，例如蛇口、南油、华侨城等，这些单位能够容纳成建制的从内地转移而来的特区早期建设者，包括部队、国企和事业单位的工程兵、工人和干部，他们不同于后来在乡镇企业和城中村落脚的流动

① 柴彦威、陈零极、张纯：《单位制度变迁：透视中国城市转型的重要视角》，《世界地理研究》2007年第4期。

农民工。不过，这种特区早期的“单位”因建设匆忙，在社会化配备方面的建设标准可能比不上内地单位，又或者因市场转型无法完成单位内作为“干部”和“工人”身份的个人全部生命周期，我们将这种单位称为“准单位”①。

我们的研究个案“南油”就是一个典型的“准单位”，它既是一个单位名称也是一个城市片区。作为一个单位名称，指的是“南油集团”，成立于1984年8月，当时注册资本为2.48亿元人民币，由深圳市投资管理公司、中国南海石油联合服务总公司及香港光大集团有限公司共同投资组建，是当时南山区仅次于蛇口招商局的第二家中外合资企业。作为一个地块，它占地20多平方公里，南接蛇口，北连深圳大学，西到青青世界月亮湾，东至当时未被填海的深圳湾海面，占据了南山区中间1/3的土地以及当时特区总面积的1/14。② 南油原本负责对西部南油开发区以及西乡共23.01平方公里的区域，进行综合开发建设和统筹经营管理，面积比当时招商局的蛇口工业区还大1倍多。但后来南油仅缩减到4个工业区、1个中心生活区、1个港口仓储区和数个居住小区。本文关注的南油城市更新个案，主要集中于南油工业区。

1. 南油从实业到地产转型

南油在1984～1994年的起步及腾飞期，逐步建成了第一、第二、第三、第四工业区，生活区则按照国企单位标准，建成南油A、B区及相关配套如南油小学、南油中学、南油幼儿园、南油医院、南油商业街、南油饭店、南油电视台等；为满足逐渐增多的员工居住需求，1994～1995年南油集团又相继建成“康乐园”和“月亮湾”两个居住小区。③ 截至1994年，南油开发区吸引8亿多元外资，并有426家中外合资企业入驻厂区。1993年，南

---

① 李蕾蕾、任珺、陈杨：《社区文艺的阶层分化与情感认同：以深圳为案例的时空分析模式》，《中国城市研究》（第9辑），科学出版社，2016。

② 单车一族：《逝去的“南油”记忆，南油开发区文化20年》，新浪博客，http://blog.sina.com.cn/s/blog_4880edb50100l0zg.html。

③ 单车一族：《逝去的“南油”记忆，南油开发区文化20年》，新浪博客，http://blog.sina.com.cn/s/blog_4880edb50100l0zg.html。

油工业区创下27亿多元总产值，占当年深圳市总产值的1/8。1992～1993年时名列深圳50家综合实力最强企业第一名①。

然而，进入1990年代后期，随着国内地产行业的商业化，南油集团也参与到地产开发，斥资开发的青青世界片区损失惨重，企业因此负债累累，虽然经历过几次内部调整，切分了低效益分支企业，但终究资不抵债。同时南油片区的老“南油人”也开始因为工作企业的纷纷倒闭，而慢慢搬到前海、华侨城、蛇口等地安家。与此同时，在2000年后所谓市场经济时代的“打工仔”涌入南油，这些城市移民并没有经历过南油集团“筚路蓝缕”的开创时期，对南油也没有特殊的感情，南油的单位特征和地域特征逐渐模糊。②

南油作为一个“准单位”，从实业转型做地产，后来投资失败，2004年招商局集团以注册资本增资的方式，购买了南油集团76%的股份跟所有债务，而深圳市投资控股有限公司占余下的24%的股份。③ 南油集团自此成为蛇口招商局旗下的一个子公司。南油既不是计划经济时代的“单位”，也不再是特区初创时期的“准单位”。但准单位的复杂性，如同某种遗留物，会在后来的城市更新过程中，不时显现或发挥作用。

2. 南油工业区的园区化和街区化

蛇口招商集团接管南油之后，在2006年开始了城市更新与改造，主要改造方向是将1.25平方公里的原有旧工业区，逐步改造为现代商业街区。2007年深圳南山区政府拨发1亿元资金进行改造，欲将南油工业区打造成“深圳文化新城”④。改造方式大致分为两种：一种是推倒重建商住小区及办

① 单车一族：《逝去的“南油”记忆，南油开发区文化20年》，新浪博客，http://blog.sina.com.cn/s/blog_4880edb50100l0zg.html。

② 单车一族：《逝去的“南油”记忆，南油开发区文化20年》，新浪博客，http://blog.sina.com.cn/s/blog_4880edb50100l0zg.html。

③ 郑恺、万红金：《南油集团换了新老板》，新浪博客，http://news.sina.com.cn/c/2005-06-15/06276174076s.shtml。

④ 南山区宣传部：《南山崛起“深圳文化新城”》，新浪博客，http://apps.szns.gov.cn//main/xxgk/bmxxgkml/qwxcbwtj/ywgz35/sxxc/392510/index.html。

公楼盘，如南油集团的地标性建筑“南油大厦”，于2014年10月开始拆迁，目前由恒大集团在开发恒大天璟项目[①]，临近工业区的地块新建了全球第八座“来福士”，集大型购物中心、甲级写字楼和公寓为一体，构成整个片区的标志性视觉建筑。来福士所处地块原址为南油集团旗下的银海自行车厂，20世纪90年代倒闭后土地被闲置，直到2008年新加坡的凯德置地集团将其承接下来进行改造[②]；另一种是在原有的基础上进行美化改造，主要是对原直属南油集团的第一、第二、第三、第四以及天安工业区的厂房，进行改造，其中以第一、第二工业区改造力度最大，这些临近城市干道的老厂房改造项目，能够产生更大的视觉美化冲击力。第二工业区内的五栋厂房于2008年5月开始改造，变为深圳动漫园[③]。第一工业区的改造比较复杂，并最终形成与原始工业面貌极为不同的商业化街区风格和视觉美化形象。

第一工业区始建于20世纪80年代，曾经是“三来一补”服装加工生产基地，占地约8公顷，建筑面积约14万平方米，共有12栋工业厂房，当时聚集着大量服装低端设计、加工、批发、零售以及其他相关产业的仓库和工厂。主要承接欧美大牌订单，以生产加工为主。很多厂家为了消化原单库存和原单尾货，就在工厂一楼设立零售档口，逐步形成原单批零市场[④]，工商混用现象明显。2002年以来，随着南山区产业结构调整，南油片区的服装生产企业，陆续将工厂外迁，形成空置厂房。2006年以来，部分厂房的一、二层开始自发改造，变成以展示、销售为主的服装专业市场。[⑤]改造目的是将原来的旧厂区，打造为集设计、营销与商业交流等功能于一体的时装

① 牛浩思：《南油大厦繁华落幕　老牌商圈里的地铁物业恒大天璟》，深圳房地产信息网，http：//news. szhome. com/246520. html。

② 庚楠：《购物公园规划14年未开建　闲置土地被出租》，东方网，http：//news. eastday. com/s/20100726/u1a5354385. html。

③ 引自深圳动漫园官网，http：//www. cnani. com/yqgs. html。

④ 凉生：《南油服装批发市场发展历程》，微信公众号“快衣”，https：//mp. weixin. qq. com/s/7IAl24Tp_ SHdKowZs1K59g。

⑤ Maggie：《我所认识的南油》，微信公众号“超爱房”，https：//mp. weixin. qq. com/s/0m30vDbT8cawpHidJyzXvQ。

创意产业园区——“荔秀服饰文化街区”[①]，推动原以卖工厂尾货、仿抄国际品牌为主的发展模式，向原创时装设计模式转型升级。2014 年 9 月改造后的园区土地性质，由原来的工业用地，升级为商业用地，房租也由原先每平方米 40 元左右，上涨至每平方米 400 元。[②] 截止到 2014 年 9 月，荔秀服饰文化街区内的大小商铺共有 4300 多家，其中近 500 家拥有自主创新服装品牌、自主知识产权、自主研发设计队伍、自主运营和销售团队。街区还引进了 20 多家高档面料商铺。荔秀街区汇聚了服装原料、辅料及生产、加工等企业和商铺，从事设计、打版、销售等一条龙服务，带动片区十余万人员就业。[③]

3. 南油视觉美化的“包裹”方式

南油工业区改造为荔秀服饰文化街区最重要的方式，就是对老厂房实行包裹式“穿衣戴帽”，即用更加现代和美观的建筑装饰材料，将原来破旧的墙体包裹起来。具体做法是在老工业墙体上，采用钢架支撑的黑色钢网包裹，中间点缀彩色涂料的色块，并有荔秀的 Logo 和字牌。玻璃表面被设计成钻石切割效果，与其下差不多两米高的钢架支撑结构的交错外形相呼应，将原来一目了然的工厂大窗与外墙由黑色的玻璃和钢网包裹和遮蔽，突出崭新的建筑表皮及其装饰物和 Logo，加上简约的玻璃，以及线条冷硬的钢架，给人一种神秘、时尚、现代的视觉感受。此外，工厂外墙也被粉刷成了一致的深灰色，并架设了墙外楼梯，突出了人走楼梯时代的视觉遗留。有的楼栋虽然不是全包，而是用深灰色与白色小面积钢网，将楼层分隔包裹，也能掩盖原有外墙的脱落状态，同时凸显出线性笔直感与楼层的分层感。有的楼栋特意将外墙涂成符合园区定位的颜色，如根据荔秀 Logo 的视觉设计标准色，将楼墙涂成红色，或是与主楼一致的深灰色，并且将原来平面印刷的楼栋编号，改为立体的实物字牌，强化视觉装饰性。

---

① 南山区：《南油工业区改造正式进入实施阶段》，深圳政府在线，http：//www. sz. gov. cn/cn/xxgk/zfxxgj/gqdt/200904/t20090401_ 947426. htm。

② 南山区：《南山区荔秀街区华丽转身 引领时尚》，深圳政府在线，http：//www. sz. gov. cn/cn/xxgk/zfxxgj/gqdt/201409/t20140929_ 2585897. htm。

③ 南山区：《南山区荔秀街区华丽转身 引领时尚》，深圳政府在线，http：//www. sz. gov. cn/cn/xxgk/zfxxgj/gqdt/201409/t20140929_ 2585897. htm。

与旧厂房包裹式改造工程配套的，还有整个荔秀服饰文化街区的基础设施（水电消防、道路交通）、景观绿化及配套商业设施的升级改造。[①] 2012年，荔秀服饰文化街区增加了中轴主街，以及用于服装表演和展示的T台工程，还包括中轴连廊工程、地面铺装工程、大型雕塑、绿化工程、电气工程等。[②] 其中在园区入口处所设置的大型雕塑《飘》和中轴线上的T台，是其最独特的两处视觉景观。

名为《飘》的标志性雕塑，形如一条飞舞盘结的丝带，底座位于一个会间或喷水的水池中[③]，由不锈钢材料铸成，形状较为抽象，线条状弯曲扭结的形状，似乎传达了南油工业区早期服装加工和生产的原料——服饰线材，但将线条扭结成对称花朵状及其与喷水池的搭配，实现了装饰美化和城市休闲的目的。T台位于园区较里面的位置，由上下两部分组成，上面是由不锈钢块拼成的类似蘑菇的造型，下面是一条建在水池中央，长约30米的T台。中轴线T台上方与两边的二楼连廊相连，连廊是在2015年深圳时装周举办时建设的，当时街区两侧楼宇长200多米、宽2.5米、高10米的连廊，被分隔成26个透明玻璃橱窗[④]，分别展示着街区26个自主原创品牌服装，以及服装发展史的文化展牌。这些连廊与橱窗除了具有装饰作用，也在一定程度上起到包裹厂房外墙的作用。此外，园区里面还设置了休息区，座椅兼具花坛的作用，类似城市公园的休闲设施，主要供采购结束的进货商、快递员以及附近居民使用。园内门口及道路侧边有一些巨大的组合花盆，设计现代，如雕塑小品般存在。作为园区符号指示系统的指示牌，主要有两块，一块位于入口处，一块位于T台附近，指示牌上交织的线条图案，与入口处的切割玻璃保持一致，整体风格类似旅游景区的设计风格。

---

① 童丹：《荔秀变身记》，凤凰资讯，http：//news. ifeng. com/a/20150327/43426738_ 0. shtml。

② 《南山区委书记李小甘、副区长黄雪平率队调研南山特色文化街区建设》，深圳政府在线，http：//www. sz. gov. cn/cn/xxgk/zfxxgj/gqdt/201309/t20130916_ 2213807. htm。

③ 陈文才：《荷兰花卉小镇将升级，市民赏花买花更方便》，凤凰资讯，http：//news. ifeng. com/gundong/detail_ 2014_ 03/28/35227731_ 0. shtml。

④ 钟华登：《批发市场变身文化街区》，深圳商报多媒体数字平台，http：//szsb. sznews. com/html/2016 - 10/08/content_ 3631794. htm。

四　南油的“视觉地物”：视觉美化的“阴影”和隐喻

如上所述，南油工业区的城市更新和视觉美化，是以改变传统工业区、生产区、工作区的形象为导向的，通过对老厂房的整体包裹、材料运用、装饰美化、色彩选择，以及周边街区、园区、小品、花坛、雕塑、连廊、橱窗、指示牌等视觉识别系统的整体设计与配套，形成中产阶级所熟悉和感受舒适的视觉风格和场景，类似风景区、旅游区、文创园区、文化街区、商业步行区、购物街区等，并且日益和附近来福士购物广场的高档风格相接近。但是，南油城市更新所带来的产业转型和视觉美化，只是故事的一部分，或明显部分和光亮部分，从视觉研究与图像理论的视角来看，我们应在其光亮之外，发现和辨识出典型而独特的“视觉地物”，作为故事阐释的另一面或视觉阴影部分。以下我们将重点揭示和阐明三个作为“视觉阴影”的“视觉地物”，试图深化和扩大有关城市更新和视觉文化的理解。

1. 工业遗痕

如果对南油工业区的城市更新和视觉美化，加以深度观察，可以发现这一中产阶级视觉图像的内部，存在一些无法抹除的类似残痕或工业废墟的视觉“阴影”。例如，荔秀服饰文化街区 T 台连廊部分，用于展示服装品牌和文化的橱窗和展牌，大都褪色和废墟化，无法吸引往来人群驻足观看，展牌制作也相对简陋，尤其是服装史部分，只是将人像与文字简单拼凑，无论是模特还是字体，都缺乏该街区所试图体现的中产阶层的视觉美感，视觉上的粗制滥造和图像的土气，与园区入口现代简约工业风的建筑表皮，并不协调。街区花坛所种植的花木，因疏于打理而显得荒芜和黯淡。也有许多作为符号系统的指示牌，甚至还有清除小广告后遗留的痕迹。这些不属于视觉主体形象之残痕的微观图像，如果和附近高档场所来福士购物中心加以对比，可以发现，后者明显缺乏类似的“视觉地物”，即那些外表丑陋或与整体调性不一致的细节，难以在来福士看到。在来福士，即便是一些临时需要维护或搭建的空间，也会采用印有来福士字样的干净帆布，包围起来，形成视线阻隔。这种将金钱与人工不吝投入在微观细节的做法，保证了来福士视觉形象的完整和一致，与荔秀街区的视觉阴影之残痕或残迹的图像，形成视觉对比。

另一明显的视觉残痕，来自颇有工业废墟感的老厂房。主要分布在店铺承租商自发改造的第二、第三工业区及天安工业区，与政府主导的将第一工业区改造为荔秀服饰文化街区的视觉图像形成对比。这些地方的厂房和商铺，距离城市主干道相对较远或靠内，视觉方面存在大量工业残痕，以及未被完全包裹的工业建筑的视觉残留。厂房多是典型的方盒式楼房，楼层一般为五到七层，建筑表面虽然增加了一些实体钢架招牌，但仍然掩盖不住墙体多年来因风吹雨打而侵蚀剥落的痕迹。特别是直接裸露的空调外机，极其密集杂乱，排水管与电线积满了油垢。第二工业区靠里面的工用厂房，在更大程度上保留了原来工厂的外貌，白色的墙壁已经变黄，并且布满雨水留下的锈痕。生锈的铁质窗框与较新的不锈钢窗框相比，显得破旧而脆弱。厂房的一楼是以前的库房，墙体相连，形成封闭空间，颇有库房的威严感，库房只开了一些小孔，用来安装排风扇和通风口，绿色油漆的通风口与铁质风叶的排风扇，透露出20世纪的工业历史和生产兴盛时期的辉煌。工厂内的道路虽然说不上狭窄，但因停满了大小车辆与各种杂物，显得拥塞，加上污迹遍布的路面，更显肮脏混乱。厂房内部阴暗老旧，入口楼梯的地面，满是烟头，虽然有些入驻企业，用了黄色颜料，画出醒目的向日葵墙体画，但仍掩盖不住墙面上日积月累的新旧污秽。楼梯的扶手是木头的，红色油漆因污迹的累积而变成暗红色。厂房内的空气虽然没有异味，但粉尘含量特别高。楼梯的拐角处有一只LED灯泡，光线非常微弱，根本照不亮整个楼道。厂房里有一些戴口罩的女工，在阴暗的空间赶制服装。总之，老厂房的空旷、阴暗、老旧、粉尘、剥落、残破、铁锈、闭塞、狭窄、雨污、混杂、裸露等“工业遗痕”，构成了与来福士和荔秀服饰文化街区整体明亮、干净、整洁、有序、光彩、鲜明、简洁、细致等视觉风格和维护手段的显著差异，传达出城市更新和城市空间视觉美化与高档化的另一面，特别是其中期过渡性。

2. 黑胶袋

黑色塑料胶袋是荔秀服饰文化街区的平凡和常见之物。作为一个服装批发市场，特大型号的黑色塑料袋，主要用来承装各种服装物料。即使在一些装修风格时尚的精品服装店，这种袋子也随处可见，堆积在光鲜亮丽和舒展开来的衣物和衣架的下方。黑胶袋其实跟垃圾袋拥有同样的视觉外观，人们不愿意对黑胶带或垃圾袋投以充分的观看，是因为它们装载着不值得关注的垃圾、污染、污秽与贫穷，正如 19 世纪的波德莱尔对巴黎城市的观察[①]，垃圾和垃圾袋是现代都市的伴随物。其实，黑胶带的视觉出场，可追溯到中国改革开放和特区建设的最初阶段，物品包装从过去的报纸包装或裸装，转化为塑料袋包装。在改革开放初期，只有在港台与深圳才会有塑料袋这种西方的化学材料制品。塑料袋廉价、实用，同时也可以用过即丢，是快销品时代的象征。正是存在大量购买的需要，以及处理大量消耗物的需要，塑料袋的应用才会如此广泛。荔秀街区的黑胶袋主要用于店主向买主物流发货时或来店顾客采购衣物时使用，从工厂向店面运货时也会用到。店主使用黑色胶袋一是为了防止同行“抄版”，二是为了便宜和方便。[②] 黑胶带的使用量很大，乃至在荔秀街区出现了四家胶袋店，专门出售各种尺寸和价格的黑胶袋，一般打捆出售，一捆为 50 只，价格从 10 元到 20 元不等。

荔秀街区的大部分塑料袋，没有印上任何 Logo，不像早期印有知名超市名称或麦当劳的塑料袋，可以成为身份的象征。黑胶袋的纯黑色，凸显其作为一类独特的“视觉地物”的角色，揭示出荔秀街区服装批发市场的本质。比起成本昂贵的其他包装物（如纸箱、编织袋、蛇皮袋等），便宜、结实、耐用、容量又大的黑色塑料袋，对于需要不停向零售商发货的店主，不失为包装用品的最佳选择。这种塑料袋，与淘宝快递用袋一样，主要作用是保护货物，因此，不像唯品会或京东、苏宁的快递包装袋，做成各种颜色并

---

① 〔德〕瓦尔特·本雅明：《巴黎，19 世纪的首都》，刘北成译，商务印书馆，2015，第137～183 页。

② 据笔者韦敏于 2018 年 10 月 28 日对某店主吴女士的访谈。

打上自己的Logo。虽然荔秀园区的黑胶袋，也出现了一些供零售使用的印花塑料袋，但这种印花与品牌无关。因此，黑胶袋实质上是为生产环节而非终端消费者服务的。如同荔秀街区的众多店铺，虽然在装修上努力把自己打造成充满视觉幻境的消费场所或文创精品店，但其存在更像工厂直销店，注重实用的功能和效率，而不是视觉外表，恰恰反映了其处于生产与消费之间批发环节的特性。黑胶袋作为视觉地物，揭示了对于各地而来的买手或店铺租客，荔秀街区只是工作谋生之地，而不是消费文化空间。

黑胶袋从微观图像方面隐喻了荔秀街区由南油改造而来的历史。南油一开始就是一个处理工厂尾货的地方，“尾货”往往是外贸订单中有“瑕疵”而被退回的货品（某种意义上如同可弃的垃圾）。买家只想用最低的价格，买到所谓的外国原单，至于包装怎么样，却是无所谓的，那时作为卖家的店主，可能就是拿手边常用的装送货物的垃圾袋，给顾客打包，所以，无论对于以前的店主和顾客还是对于现在的店主与顾客，花费成本用于包装上面，都是无意义的，因为他们更看重的是所交易的商品本身而非包装的批发价值。虽然现在的荔秀街区努力把自己打造成一个高端的原创时装产业基地和特色文化街区，但荔秀源自南油工厂时期所形成的历史形象，显然比重新塑造的商业街区形象更加深入人心，并透过黑胶袋这一视觉地物，揭示出历史的原真性①以及城市更新的视觉阴影。

3. 空衣架

衣架是晾置衣物的用具。作为与服装生产、加工和批发有关的南油工业区，随着产业升级和店面更新，不难看到大量被弃置在厂房走廊的空衣架。这种衣架大多由水管焊接而成，粗犷而结实，不同于家庭室内用的晾晒衣架。与黑色塑料袋一样，这些空衣架也是隐喻南油历史和转型的“视觉地物”。不过，这些空衣架最令人吃惊的特征，是其所在位置的错位（displacing）和使用功能的变化。原本在厂区或厂房的空衣架，集聚到生活

① S. Zukin, *Naked City: The Death and Life of Authentic Urban Places* (Oxford University Press, 2011), pp. 219 - 246.

区，被周围的孩子们当作玩具。孩子们踩在空衣架的轮子上滑动，不乏欢快，让人惊叹孩子们的创造性。空衣架作为服装工业的生产设备或器具之一，被孩子们“改造”为海德格尔所重点思考的使用上手的“称手之物”（readiness to hand）。[①]

这些孩子大多来自工业区附近设立在曾经作为员工宿舍的中兴公寓的各类午托班和晚托班。中兴公寓的对面就是南油小学，因地理位置的互补性，自发形成了十几家午托班、晚托班，主要招生对象是那些因为家长上班而无法按时被接送的孩子。午托班、晚托班的开办，一般需持有文化培训机构的相关执照。在文化培训的同时，主要负责孩子们中午的饮食和接送，以及晚上的饮食、接送与学习。南海小学位于荔秀服饰文化街区的附近，很多小学生的父母是街区内的外来务工人员，他们白天做生意或务工繁忙，需要将孩子送到晚托班托管。孩子们在午托班和晚托班的课余活动和运动，自然用上了附近厂房淘汰下来的空衣架。荔秀街区在 2014 年改造完成之后，房租价格增长了 10 倍以上，不少厂房承租者，将工厂搬到关外或惠州，工人因厂房的变迁或将离开深圳或是返回老家，他们的孩子也将跟随父母而走。可以想象，空衣架也将随着南油的城市更新，从工厂消失，进而从生活区消失。空衣架之“空”，如同一个社会隐喻，随着城市更新的人口变迁和置换，试图预示视觉美化所可能带来的、某种缺乏生活气息的“荒凉”。

五　结语

城市更新不仅仅是产业转型、结构调整和空间规划的过程与结果，还是一种通过城市空间视觉面貌的变化和出场，传达出一片土地、一个世代和一段历史的更为隐蔽的故事。视觉研究和图像理论所提供的“所见非所是”，为我们考察城市更新和视觉美化所遮蔽的东西，提供了新视角。作为本文的研究个案“南油”，从 1984 年创立到 2006 年易主，开始了从工业区转型为

① 马琳：《艺术作品究竟为何“物”?》，《中山大学学报》（社会科学版）2016 年第 4 期。

特色文创园区和文化街区的城市更新和改造历程，经过十多年的变化，成为今日的荔秀服饰文化街区。改造后的荔秀街区从视觉形象来看，与附近的来福士有很多相似之处，当然也不会和周边的海岸城或花园城等消费街区，形成较大差别。不论是外部装饰使用的建筑材料（如偏重于钢材和玻璃）、雕塑装置、橱窗展示、LED 招牌、园区导示还是各类文艺新店等，都能看出它在努力向中产阶级的街区形象靠近。通过对老厂房包裹式的改造，以及园区化和街区化的视觉美化工程，形成令人愉悦、舒适、养眼和熟悉的城市空间。

不过，南油毕竟拥有以“准单位”方式，参与深圳特区早期开发建设的起源，“准单位”所连接的计划经济单位制向市场经济公司制转型和变革的承上启下，决定其在无法摆脱过往历史的同时，还要承担面向未来的独特使命，这种混合性、过渡性、阈限性和连接性，以一种未完成的城市更新状态，通过视觉美化的反面，即作为视觉阴影和隐喻的“视觉地物”呈现出来。本文所重点讨论的三个视觉地物，不论是工业遗痕以隐蔽方式揭示出视觉美化主体不同会形成视觉差异，还是包裹式美化工程所无法消除的历史残痕，抑或是“黑色塑料袋”和“空衣架”等平凡之物所预示的南油城市更新之产业特性和社会构成，都在不同层面上阐释了城市更新的复杂性以及视觉美化的局限性。

其实，作为视觉阴影和隐喻的“视觉地物”这一核心概念，不仅能用于哲学层面的理论探究与批评，还能用于城市更新的具体实践，例如本文所提到的荔秀街区的大型雕塑《飘》，通过突出与南油服装产业有关的服饰线材所传达的历史意义，却因花朵造型的装饰效果和喷水池的结合被削弱，倒不如采用本文所辨识出的视觉地物如“空衣架”或“黑胶带”作为创意和设计灵感，或许更有哲学、历史、地理和社会意义上的启发性。

文化案例与借鉴

Case Studies

B.23
深圳三联水晶玉石文化村发展策略研究

吉华街道办课题组*

摘　要：　三联水晶玉石文化村曾是深圳市文化产业的一张名片，在国内水晶玉石产业享有一定声誉。但近年来由于珠宝玉石大环境不景气及交通状况、营商环境等诸多因素影响，陷入发展困境。重振三联水晶玉石产业，必须进一步明确发展定位，创新发展模式，才能探索出一条实现产业升级，重新焕发文化活力的发展道路。

关键词：　三联水晶玉石产业　发展定位　发展模式

* 课题组成员：凌海英（吉华街道办宣传部部长）、周笑冰、陈少雷、党凯。执笔人：周笑冰，中共深圳市委党校哲学与文史教研部副主任、教授；陈少雷，中共深圳市委党校副教授；党凯，中共深圳市委党校科研处副处长。

三联水晶玉石文化产业以其独有的非物质文化遗产特色，既丰富了深圳文化产业内涵，也为这座年轻的城市增添了厚重的历史感。尽管当前三联面临诸多发展难题，但吉华街道多方探讨解决方案，力争重振三联水晶玉石文化村，为深圳文化产业发展注入新的活力，更为深圳建设现代化、国际化创新型城市和全球区域文化中心城市提供强有力的文化支撑。

一 三联水晶玉石文化村的基本情况

三联水晶玉石文化村属三联社区，位于吉华街道中部，社区占地面积3.3平方公里。[①] 经过20多年的发展，三联的水晶玉石市场具有了一定规模，被喻为“深圳玉都”。出自三联的缅甸玉和巴西水晶加工作品闻名珠三角，三联的玉雕工匠在国内享有盛誉，三联的学徒也遍布国内重要的玉雕市场。目前，三联水晶玉石文化村共有生产加工厂500余家，销售门店480余家，70%从事玉石加工，30%从事水晶及宝石加工，相关从业人员近8000人。三联市场基础深厚，形成了完整的毛料供应、成品加工、运输销售为一体的水晶玉石产业链，加工经营的品种主要有天然翡翠、水晶、黄金、各类宝石等。

三联水晶玉石文化村致力于培育水晶玉石产品与毛料拍卖交易市场，建成了全国著名的水晶玉石产品交易中心和毛料集散地，形成集“设计加工、贸易交流、文化旅游”为一体的新型文化产业基地，被评选为“深圳市文化产业基地”“深圳市‘文化+旅游’示范基地”等，连续12年成为中国（深圳）国际文化产业博览交易会（以下简称“文博会”）的分会场。如果说三联水晶玉石文化村的影响力最初仅止于深圳或者珠三角，那么文博会则给了三联一个开拓中国市场、走向世界的舞台的机会。

“政府搭台，人才唱戏”，有了龙岗区“深龙英才计划”的政策扶持

① 资料来源：三联社区－龙岗区吉华街道办事处，http：//www.lg.gov.cn/bmzz/jhjdb/wmfw/ggfw/sqgzz/201806/t20180620_12203424.htm。

和贯彻落实打造“产业吉华”工作目标的指导，深圳玉雕创客大赛将作为深入实施“玉雕人才孵化”计划的工作重点，通过各类文化活动的举办，为务实推动三联玉石文化产业的发展和人才工作的服务提供优越的条件和广阔的舞台。未来的发展中，三联将始终坚持人才是第一资源的理念，推动建设文化创客空间、校企合作基地、大师流动工作站，继续引进国家级、省级、市级工艺美术大师，吸引中青年领军人才来三联发展就业。

二　三联水晶玉石文化村面临的问题和挑战

三联水晶玉石文化村是伴随中国改革开放在国内较早兴起并有重要影响的珠宝玉石产业，有着良好的产业基础。但由于珠宝玉石大环境不景气及交通状况、营商环境等限制，加之人才流失严重，近年来三联水晶玉石产业陷入发展困境。

（一）道路交通不畅，配套设施不全

总体上看，三联水晶玉石文化村虽然地理位置优越，距离罗湖、福田、南山、盐田、宝安的距离在 20～40 公里，车程为 30～50 分钟。清平高速、水官高速、布龙公路、布澜公路、南平快速等干线在社区旁交汇，赐予了三联社区得天独厚的营商环境。

但随着城市不断发展，三联水晶玉石文化村周边的交通存在诸多阻碍三联发展的瓶颈。例如，三联外部交通拥堵成为常态，内部交通微循环有待打通，“断头路”阻碍了交通顺畅，周围缺乏地铁站与市区联通，需建设过街天桥或地下通道与对面街区连接等。因此，不论地面交通还是地下交通都有很大改进完善空间。

同时，三联的公共配套设施不够完善：公共配套设施的规模偏小、层次过低、服务范围也较小；在设施配套的建设级别上，居住区级的配套设施设置建设相对齐全，居住区以上级别的配套设施建设较为缺乏；公共设施建设

水平参差不齐，数量和规模也难以满足三联玉石文化村的未来发展规模和顾客不断增长的需求。特别是广场中央的烂尾楼，如果不能得到妥善解决，直接影响三联水晶玉石文化村的整体形象。虽然是硬骨头，但该啃的必须啃，否则三联空间环境不可能得到根本改善。

（二）市场竞争激烈，资源整合不够

近几年来，随着整个经济大环境的变化，水晶玉石行业作为高端消费品，受到的影响和冲击较大。从全国来看，很多加工水晶玉石的集中区都受到影响。但也有一些地方的相关产业，抓住了站在“互联网”的“风口”的机会，通过微商等方式，充分整合资源、提高效率，打造了较传统销售渠道更为方便、灵活的新平台，更受客户欢迎的购物新体验。

三联水晶玉石文化村内的大部分企业，仍然沿袭传统“前店后场”的小作坊模式，在市场竞争高度激烈的情况下，每家店面“单打独斗”的情况显然不能满足新时代的市场需求。

（三）宣传力度不大，品牌优势不足

从目前的情况来看，三联水晶玉石文化村在行业内有一定的知名度和影响力。但从大众消费层面看，知名度还有待进一步提升，特别是在品牌打造方面，还没有形成知名度高、影响力大、有代表性、可复制推广的龙头企业。

（四）观念相对传统，创新思维不足

三联水晶玉石文化村的相关从业者的成长，大都采用师傅带徒弟的方式。同时，玉石行业本身是中华民族优秀传统文化的代表，玉石的设计、制造世代传承，而如果一味沿袭传统没有创新，在一定程度上会影响和束缚从业者的心态、眼界，不能很好地满足现代人的审美情趣、价值追求。

（五）人才流失严重，聚集能力不强

国以才立，业以才兴。人才是任何一项事业发展的核心要素。水晶玉石

行业的发展，尤其是高端市场的开拓，需要大量人才构成强有力的支撑。目前三联水晶玉石文化村的现状是，人才相对匮乏，特别是高级技师人才的流失情况比较严重，而吸引国内知名大家的能力不足。

（六）行业协会引领作用有待加强

目前，三联水晶玉石行业协会未能真正将其引领行业发展的作用充分发挥出来。行业协会是非营利性、自律性行业管理组织，是政府与企业间的桥梁与纽带，是市场与企业之间的中介组织，是行业、企业的代表。行业协会的作用未能全部发挥出来，仅仅做到了上传下达的传声筒和简单的咨询、会展组织的作用，没有积极主动发挥行业协调职能，究其原因，一是还没有从行政代理职能中完全转换思路，缺乏市场化运作；二是缺乏一个真正贴近市场的高效行业专家团队的支持，无法代表行业准确完整地表达行业现状和绘制发展路线图。

三　三联水晶玉石文化村发展策略探索

在三联产业转型升级过程中，政府、企业、协会三方应协同发展，转变观念，积极融入时代变革中。

（一）政府引导：明确三联水晶玉石文化村的发展定位

三联未来发展的总体定位仍以文化产业为中心，在原有的水晶玉石产业基础上，形成“文化+旅游+高端商贸+高端教育”的发展模式。市区街道各级政府在三联水晶玉石文化村发展中应加强对文化特性的认识，加强非物质文化遗产保护意识，尊重文化产业发展规律，做好发展规划、制定扶持政策、引进培养人才、优化资源配置、改善营商环境、提升服务效能、履行监督职能，为三联发展铺路。

1. 打造“大三联”发展格局

吉华街道目前正与华侨城集团联手打造“大三联”发展格局。“大三联”不仅要整合三联社区现有资源，还要联动周边资源，做大做强三联水晶玉石文化村。在“大三联”整体规划中，根据功能和特色，规划一环（步行体验环）、一轴（城市形象轴）、四大组团（玉石文化体验组团、田园农庄体验组团、高端教育体验组团、滨水休闲体验组团）。

2. 成立三联水晶玉石文化村发展（改造）领导小组及设立三联水晶玉石文化村管理办公室

龙岗区应尽快成立三联水晶玉石文化村发展（改造）领导小组，制定严格的工作推进机制。从区政府层面对三联水晶玉石文化村的发展进行顶层设计、产业引导、产业定位和服务保障，在规划编制、基础设施配套、资源要素保障、文化内涵挖掘传承、生态环境保护等方面更好地发挥作用。

三联的发展涉及交通、市政、文化、经济、生态、民生等大问题，还涉及人员配置、资金投入、拆迁旧改、土地征用、安全保障等，需要很多相关部门的配合，建议建立推进三联水晶玉石文化村改造项目联席会议制度。

3. 明确水晶玉石产业发展规划

目前，从国家到地方都制定了相关的珠宝玉石产业规划，出台了一系列扶持政策，鼓励产业发展。

国家层面。2017 年 3 月 12 日由文化部、工业和信息化部、财政部制订，经国务院同意，发布了《中国传统工艺振兴计划》。2018 年 5 月 1 日，由国家珠宝玉石质量监督检验中心（NGTC）主导制修订的《珠宝玉石名称》（GB/T16552－2017）正式实施。

其他省份。上海、云南、内蒙古等省区市已制订了有关玉石产业的发展规划，有力地促进了当地珠宝玉石产业的发展。例如，上海市 2014 年 11 月出台了《关于促进本市钻石珠宝与贵金属首饰产业发展的指导意见》，2017 年 11 月出台了《上海市工艺美术产业发展三年提升计划（2017～2019 年）》。在这些政策的扶持下，上海市的珠宝玉石产业得到健康、持续、稳定的发展，传统工艺美术保护得到加强，实施效果明显。

深圳市各级政府应给予足够重视，中国优秀传统文化的创造性转化、创新性发展，需要政府、企业和社会的共同努力，尤其需要政府的顶层设计。

吉华街道应尽快摸清三联水晶玉石产业的情况，推动市区街道各级政府制订产业发展规划。例如，深圳市政府相关部门应着手制订“深圳市工艺美术产业五年规划”及“关于促进深圳市黄金珠宝玉石产业发展的指导意见”，对全市工艺美术、黄金珠宝及玉石产业进行顶层设计。龙岗区政府应制订“龙岗区珠宝玉石产业十三五规划”，吉华街道制订“三联水晶玉石产业十三五发展规划”对三联水晶玉石产业进行引领、规范和管理。将产业能级提升为发展动力，着力推进水晶玉石产业规模化、特色化、集群化、品牌化发展，创新水晶玉石品种、技艺、模式和业态，优化产业发展环境，打造水晶玉石品牌，不断提升深圳水晶玉石产业的创新能力、技术水平和核心竞争力。助推深圳建设现代化国际化创新型城市和可持续发展的全球创新之都，成为竞争力、影响力卓著的全球区域文化中心城市。

4. 推出促进产业发展的扶持政策

龙岗区政府应着手制定“龙岗区促进珠宝玉石产业发展扶持办法”，在招商引资、科技创新、人才引进、品牌战略、标准制定、信贷融资等方面进行扶持，促进珠宝玉石产业转型升级，向产业链高端增值环节延伸发展，提升效益和竞争力。

设立龙岗区珠宝玉石产业专项发展基金，促进珠宝玉石企业发展壮大。

鼓励和支持产业链招商引资，对引进重大项目的珠宝玉石企业、中介机构给予奖励，对入驻龙岗区并符合有关规定的珠宝玉石企业给予税收等优惠，对新设立或新迁入的珠宝玉石总部企业给予办公用房补助。

鼓励三联水晶玉石企业实施品牌战略，对获得国家及广东省质量奖、中国驰名商标或广东省著名商标，获得中国名牌产品或广东省名牌产品的水晶玉石企业，分别给予一定金额的奖励。

鼓励水晶玉石企业主导或参与标准制定工作，增强在行业中的话语权。对企业或相关机构被正式授权为国家或省级专业技术标准化委员会、分技术委员会等技术标准制定机构，以及主导制定一项行业标准或国家标准、国际标准的，给予一定奖励。

鼓励工艺大师参加旅游工艺品及礼品开发，通过设计创新，将水晶玉石创意设计与文化、科技融合，开发工艺美术作品的旅游衍生品和授权品，探索旅游工艺品开发的新途径，促进珠宝玉石旅游工艺品成为深圳工艺美术优势产业。

5. 筹建水晶玉石博物馆

博物馆是一个城市文化品位的重要标杆和文化形象的最佳标志，发挥着全面的社会文化效益。

三联筹建水晶玉石博物馆具有提升三联文化底蕴和文化吸引力的作用：第一，经常举办各类水晶玉石展，传播弘扬古老的玉文化，提升市民文化素养；第二，博物馆精彩的展览可增加三联作为旅游目的地的文化吸引力；第三，博物馆内可增加玉雕体验区，让游客在体验中感受玉文化的独特魅力；第四，可时常举办珠宝玉石鉴定知识公益讲座，邀请国家注册的资深珠宝鉴定师为群众讲解珠宝玉石知识和鉴别方法；第五，利用深圳高科技优势，将博物馆的传统玉石展览与现代科技结合，用数字经济的创新形式演绎古老的玉石文化。

6. 融入粤港澳大湾区建设

2018 年 1 月，在广东省珠宝玉石交易中心与广州钻石交易中心共同倡议下，“粤港澳大湾区珠宝产业联盟”正式成立，希望凝聚粤港澳之力，共同面向世界，深化与“一带一路”沿线珠宝资源与贸易国家的互联互通，服务粤港澳拓展对外贸易，支持培育贸易新业态新模式，聚集优势珠宝玉石原材料资源，形成面向全球的珠宝贸易、投融资、生产加工、服务网络，加快培育国际珠宝产业合作和竞争新优势。

政府可协助三联水晶玉石协会与粤港澳大湾区珠宝产业联盟对接，将三联水晶玉石产业纳入联盟中，通过这一平台，推动三联水晶玉石产业走向世界。

7. 解决三联水晶玉石文化村发展瓶颈

三联发展的最大瓶颈是交通问题和城市更新问题，其中很多已拖延多年未能解决，严重影响三联片区未来发展。

交通问题困扰三联多年，政府也在想方设法解决难题。吉华街道正在全力以赴构筑以市政道路为骨架、轨道交通为先导的立体式综合交通网络，并协助上级部门完成三联公园、三联桥头人行天桥的建设，力争实现交通面貌的彻底改善。

城市更新问题关系三联社区生活环境和营商环境的提升，更关系三联水晶玉石产业未来如何发展问题。目前，三联片区已有 3 个项目被纳入城市更新计划，分别为三联片区城市更新单元，占地 28 公顷，该更新单元 2 期将落实一所 54 班九年制一贯学校，3 期落实一所 100 床综合医院，目前正在开展拆迁谈判工作。松元头片区城市更新单元，占地 8.3 公顷，落实一所 36 班九年制一贯学校，目前已开工建设，预计 2019 年 9 月投入使用。松元头贵坑片区城市更新单元，占地 4.3 公顷。通过城市更新还将打通联中路、三联桥路、工业路、铁西路。同时该片区正在推动上水花园片区城市更新单元，将捆绑三联路公共配套用地拆迁。

8. 推动“水晶玉石产业 +”融合发展

加强与创意设计产业的融合。要重视珠宝玉石加工的创意设计，把握产业从“制造”向“智造”转型的机遇，引入高水平的设计机构，通过与创意设计和文化产业紧密结合，不断提升珠宝玉石的工艺水平和文化内涵，增强新产品在创意产业中的影响。

推动与金融业的融合。三联珠宝城现有的 300 多家企业基本都是中小企业，在发展中都会面临资金困难的问题。在解决珠宝玉石企业融资难问题上，可以尝试推动金融业既立足服务于珠宝玉石实体经济，也服务于创意经济，面向珠宝玉石行业中信誉良好、经营团队强、盈利能力佳的企业，创新贷款审批制度，从源头上解决珠宝玉石小微企业资金难问题。

强化与旅游业的深度融合。未来应将水晶玉石文化资源与建成后的三联郊野公园、三清观等旅游资源深度结合，并与深圳各大旅行社加强合作，对三联水晶玉石文化村的旅游进行精心组织和策划，在旅游线路设计、导游解说、旅游商品推介等方面体现“深圳玉都”宝玉石产业特色，不断强化与旅游文化产业的融合。

深化与会展业的融合。在每年深圳文博会分会场的基础上，借助产业结构调整和转型升级的契机，培育和扶持从事水晶玉石会展专业公司，可每年在水晶玉石集聚地组织地区性水晶玉石展、博览鉴赏等活动，不断提升水晶玉石行业的影响力。

9. 引进与培养水晶玉石产业人才

落实人才政策。加强对珠宝玉石创意设计人才的培养，对参与学习培训的技工，政府有关部门要做好政策引导，或给予适当的资金支助。鼓励玉石设计或雕刻大师设立大师工作室等，以多种形式培养高端人才和行业传承人。

建设大师流动工作站。引进国家级工艺美术大师，吸引各地中青年领军人才分批、定期来三联创新创业；推进在三联成立珠宝玉石等工艺美术设计人才合作培养基地，探索工艺美术学历教育与职业培训并举的高层次、复合型、国际化人才培养新模式。

落实工艺美术人才的职称评定。根据中央《关于深化职称制度改革的意见》的文件精神，加快推动研究员级的高级工艺美术师职称评定工作；开展中国工艺美术大师推荐选评，及深圳市工艺美术大师、首席技师、青年高端创意人才等评选工作，培育优秀人才。联合深圳职业技术学院等相关院校、社会团体积极开展工艺美术理论、产学研用项目等研究，加快建设深圳工艺美术产业的教育培训中心、科学研究中心、信息技术中心，提高深圳工艺美术的学术影响力。

10. 探索三联水晶玉石特色小镇（水晶玉石工匠小镇）建设

吉华街道应在华侨城甘坑新镇的基础上，进一步探索建设三联水晶玉石特色小镇（水晶玉石工匠小镇）。特色小镇是按照创新、协调、绿色、开放、共享五大发展理念，融合产业、文化、旅游、社区功能的创新创业发展平台，在特色产业发展的同时与文化传统、社区建设进行有机融合，凸显小镇的“产业特色”。

特色小镇需要具备五个方面的前提条件：特色鲜明的产业形态、和谐宜居的美丽环境、彰显特色的传统文化、便捷完善的设施配套、充满活力的体制机制。三联已具备最重要的特色鲜明的水晶玉石产业基础；待三联未来营商环境得到改善，交通障碍得到消除，三联郊野公园建成，也就具备了和谐宜居的美丽环境；玉石文化是我国最悠久的传统文化，玉石雕刻更是我国最具代表性的传统工艺，三联需要再对玉石文化加以强化并传承弘扬；三联在建的医院、学校、公园以及正在改善的交通状况，将大大提升和完善这里的城市公共配套；三联还需要政府的重视，需要更加充满活力的体制机制来鼓励激励玉石产业再次振兴。

（二）产业发展：创新三联水晶玉石村发展模式

1. 转变传统水晶玉石经营发展理念

当前，珠宝玉石市场处于一个大变革时代，越来越趋向高端化、大众化、理性化。传统的深圳珠宝企业必须把握市场走向和经营动态，借力于新思路、新管理、新营销，向“互联网 +”、智能化等一些虚拟领域扩展。努力抓好创新驱动、原创设计、文化引领、人才培育和现代化企业管理，加大新工艺、新技术、新设备、新材料的研发力度，掌握和运用好关键技术，弘扬工匠精神，加强知识产权保护。拓宽销售渠道，增进与创意设计等领域融合。

2. 充分发挥三联水晶玉石行业协会的引领作用

政府可从以下几个层面引导并帮助三联水晶玉石协会引领带动行业发展。

第一，建立专家评审委员会，实施专家评审制度。

第二，引导行业协会成立专家委员会，制定本行业的行业标准，发挥行业协会的协调作用。

第三，建立行业评审制度，引导行业内企业规范健康发展。

3. 加强团队建设，实施品牌战略

化零为整，凝聚团队。企业的发展最终要靠自身努力，仅靠政府扶持不能长久。一方面可以在三联水晶玉石协会的带领下，转变意识，凝聚团队，共同发展；另一方面可以借助相关的机构，例如中国中小企业协会资源整合工作委员会、深圳市中小企业发展促进会、深圳市中小企业公共服务平台等，在政策咨询、市场开拓、融资服务、信息传递、企业培训以及管理水平提升等方面得到专业化、综合性的系列配套服务。

提升品质，打造品牌，努力构建值得消费者信赖的品牌体系。品牌意味着市场，市场意味着丰厚的利润。在激烈的竞争面前，三联必须努力树立品牌意识，构建值得消费者信赖的品牌体系，争取在竞争中站稳脚跟。

4. 注重知识产权保护

目前，我国珠宝玉石行业知识产权保护意识薄弱，蓬勃发展的同时也乱象丛生，抄袭、剽窃现象成风，有匠心者得不到保护。

营造一个与时俱进、有序合理的行业规范是大势所趋。就目前的现实状况来看，具体到实操层面，还是应该先从版权保护意识的建立开始。三联的玉石师也应在 IP 经济大热的今天，与时代同步，注重原创，注重知识产权保护，走规范发展之路。

5. 宣传与推广玉文化

三联在玉文化的宣传推广方面可以充分利用线上线下平台，宣传博大精深的中国传统玉石文化。玉文化是中国传统文化中重要的组成部分。华夏文化中很重要的一个要素就是玉的信仰和玉器生产。许慎《说文解字》中讲："灵，灵巫，以玉事神。"

建议每年在文博会和三联创客玉雕大赛期间，积极对"三联工""三联玉器"进行推广宣传，创立具有地方特色的商品，响应国家振兴中华优秀传统文化的号召，发展文化产业的号召。

6. 变革水晶玉石传统经营方式

（1）抓好产品质量

三联的水晶玉石产业亟待创新，但创新的本质，是对产品的足够重视。三联未来在发展中应注意：产业创新值得鼓励，但绝不能盲目跟风，需要有自己的思考，有时间的历练，有内在的文化内涵，最重要的是坚持质量为根本，不仅注重产品本质的质量，更注重整个产业链的质量。

（2）设计为魂

三联水晶玉石应不断创新玉雕产品设计理念，多出精品，应用高新技术、科技兴玉。随着人民生活水平和生活品质的提高，对外文化贸易交流的扩大，玉雕工艺品市场越来越大，但对玉雕的工艺要求也更加严格。因此，玉雕工艺必须与时俱进、不断创新，不但要丰富作品的文化内涵，更要提高作品的艺术水平。越是民族的越是世界的，三联应注重将民族文化与宗教文化、传统文化与现代文化、东方文化与西方文化结合起来，做到民族性与国际性结合起来，不断推陈出新，创作出精品。

（3）运用大数据，创建水晶玉石的“互联网+”模式

身处大数据时代，三联的企业要学会积累和运用自动化工具收集、挖掘、统计和分析数据，并为我所用。三联要积极进行玉石行业的大数据分析、挖掘、整理，通过获取数据并加以统计分析了解玉石市场信息，掌握竞争者的商情和动态，知晓产品在竞争群中所处的市场地位，分析顾客的消费行为和价值取向。充分运用大数据分析消费者的消费偏好、消费趋势，还可以通过更个性化的服务增强与消费者的黏性。

（4）深度分析不同群体对水晶玉石的消费偏好

目前，三联大多数店铺中的水晶玉石产品款式单调、样式陈旧、缺乏精品，更缺少年轻人喜爱的元素，这样的产品很难有好的销路。既然做产品就必须了解把产品卖给谁，必须了解今天的消费者已发生了巨大变化。

当今时代，水晶玉石产品消费的主流人群已经发生了非常大的变化，消费群体从传统的50后、60后、70后转向80后、90后，甚至95后、00后。尽管70后始终作为社会消费总金额首要贡献人群——2017年70后消费占整体交易规模的近一半，但70后对消费贡献度逐步下降，80后、90后对消费贡献度则持续上升。90后消费能力迅速提升，消费增幅达70后两倍。[①]

① 资料来源：2018年初中国银联联合京东金融首次共同发布《2017年消费升级大数据报告》。数据统计范围为40万样本用户在银联网络的日常消费数据以及在京东金融的消费数据。其中，银联网络数据聚焦包括宾馆、餐饮、家电、航空售票、旅游售票、加油、日用百货、娱乐、珠宝工艺类交易在内的日常消费行业。

这一批长大的消费群体以精英消费、个性消费为主题，北上广深一线城市的个性张扬、独一无二的珠宝玉石消费观念波及青岛、济南、西安、成都等二线城市。现在的年轻消费者不迷信大牌，更追求个性化的产品，这种消费观念的兴起，必定导致大众品牌的衰落，而定位清晰的“小而美”品牌开始崛起，这是行业发展必然导致的历史更迭。[①]

（5）多渠道经营成为主流

三联水晶玉石文化村虽然近来也在尝试多渠道经营，但思路还有待拓宽。由于珠宝消费的特殊属性，实体店一直是行业的发展主流，但制造厂商的利润越来越低，传统卖场运营成本却越来越高，实体渠道经营日益艰难。实体经济跟数字经济如何更好地结合，成为三联玉石产业乃至深圳珠宝业应该考虑的问题，企业应该针对消费者不同的购买习惯而适时调整线上线下的经营方案。三联应充分利用新媒体拓展销售渠道，以内容为核心，去获取有利于企业赢利的“潜在销售线索”。

---

① 《翡翠珠宝新消费群体崛起　个性珠宝新品是趋势》，搜狐滚动频道，http://roll.sohu.com/20151223/n432302708.shtml。

B.24

IP 驱动下影视产业发展新模式研究

——以深圳市中汇影视文化传播股份有限公司为例

彭思思*

摘　要：　以网络文学为核心的 IP 影视化转换热潮，在内容采选、制播模式、播映渠道等多个产业流程中对影视产业产生了深层次的影响，并推动着传统影视公司的升级与转型发展。本文采用深圳中汇影视这一实际案例，通过对其基本情况、主营业务和成功经验的分析与总结，深刻阐释了 IP 驱动下传统影视公司如何进行 IP 影视化运营和产业的转型升级发展，借以为传统影视企业亟待面临的转型发展问题提供一个有益的参考方向与经验借鉴。

关键词：　知识产权　影视产业　全产业链　版权运营

一　IP 概念阐释与影视产业融合发展分析

（一）IP 概念的内涵界定

IP 并非一个新名词，该概念伴随 1967 年世界知识产权组织成立而进入公众视野，其英文全称为“Intellectual Property”，直译为“知识产权”，即

* 彭思思，深圳市特区文化研究中心助理研究员。

指“知识（财产）所有权”或者“智慧（财产）所有权”，也称为智力成果权。实质就是将人类智力成果作为一种财产来看，是民众在从事智力劳动和智力创作过程中享有的一种民事权利，原是一个领域明晰的法律术语，而在国内当下语境中，IP 已然演变成为泛娱乐产业中风头正盛的一个涉及版权产业的流行词语，具有了新的时代指代内涵。《光明日报》曾对 IP 进行了清晰而简单的表述，认为从“广泛意义上来讲，IP 就是指那些被广大受众所熟知的、可开发潜力巨大的文学和艺术作品。IP 的形式多种多样，既可以是一个完整的故事，也可以是一个概念、一个形象甚至一句话，可以应用于音乐、影视、游戏等多个领域”。[①] 当然，国内学界和业界纷纷对 IP 的内涵与界定给予见仁见智的研究与阐释，目前尚未形成权威、统一的概念界定，但随着大量 IP 形式或 IP 现象被规模性地罗列与分析阐释，学界至少形成对 IP 内涵的两点共性认识：一是 IP 一定有着清晰的版权归属；二是 IP 形态是可以多种多样的，不能一概而论。[②] 当然，随着 90 后、95 后目前对于漫改作品和游改作品消费的持续青睐，本文认为未来 IP 的来源也将更多地向漫画、游戏等新业态所赋予文本的版权归属倾斜；同时，漫改作品的影视化转化以及未来影游音互动的进一步融合发展，使 IP 将进入一个大 IP 全产业链时代，其来源也将更加丰富多元，其内涵指代也将有更多可涵盖的新内容和可阐释的新空间。当然，本文研究所指 IP 主要是以网络文学形成的核心 IP。

（二）IP 产业与影视产业的融合发展分析

以网络文学为核心的 IP 产业与影视产业有着天然的融合发展基础。众所周知，文学作为内容资源一直发挥着“艺术之母”的作用，以文学作品

---

① 赖敏、方杰：《网络文学影视改编的文化产业影响研究》，《文化创意产业》2018 年第 5 期。

② 邱章红：《电影 IP 资源的价值评估》，《当代电影》2017 年第 9 期。

为母本的影视剧改编一直是影视剧本形成的主要途径之一。[①] 而2015年以来掀起的以网络文学为核心IP的影视化转换热潮可以说对近年来我国影视产业的发展产生了深远的影响，成为传统的影视产业内容市场的巨大补充和推动传统影视公司转型升级的助推器，并在内容采选、制播模式、播映渠道等多个产业流程中对影视产业产生了更深层次的影响。首先，从内容采择选上，基于90后、95后“网生代”文化消费兴趣、审美习惯的网络文学核心IP成为影视剧本重要的来源，其弥补了传统影视剧本创作周期长、题材类型单一，不能有效对接次元文化消费趋势等弊端；其次，从制播模式上，“以销定产”的制作模式开始向影视产业全方位渗透，改变了以往传统影视制作中先剧本后资本进入的运营模式，对内容转化折现提出了更高的市场要求，加大了影视企业和资本对具有“粉丝流量”超级IP的囤积与运营的竞相角逐；同时，近年来爱奇艺、优酷等网络播放平台相继成立独立运营制作团队，进一步消解了传统影视“制-播分离”模式，“制-播”模式一体化发展趋势日益凸显，对传统以拍摄、制作为主的影视公司的市场份额和利润空间进行了一定程度的挤压；尤其是在IP改编、衍生概念之下，传统影视剧产业的发行环节简化和弱化趋势更加明显，进一步对传统以拍摄、制作及发行为主的的影视公司的运营思路和转型升级提出了新的时代要求。所以，当下已有不少传统影视公司纷纷将目光聚焦在以网络文学为核心IP的全产业链整合运营上，希望借势完成转型升级。而2012年在深圳成立的中汇影视文化传播股份有限公司近年来已由传统的影视制作、拍摄和发行业务全面向IP全版权运营业务实现了成功转型，并一举成为影视行业的佼佼者，对其转型历程、主营业务模式和成功经验的分析和总结，必将对我国目前传统影视公司的转型起到积极的借鉴与促进作用。

① 赖敏、方杰：《网络文学影视改编的文化产业影响研究》，《文化创意产业》2018年第5期。

二　深圳中汇影视案例经验介绍

（一）公司基本情况介绍

深圳市中汇影视文化传播股份有限公司（以下简称“中汇影视”），目前主要从事国内外影视剧的投资、制作与发行、IP 作家经纪、IP 版权交易及 IP 内容增值服务等业务。公司于 2012 年 9 月在深圳注册成立，2016 年 3 月在新三板挂牌上市，其在北京、天津、伊宁、美国等地均设有子公司。2012 年公司成立伊始，主要围绕国内外电影、电视剧的投资、拍摄和制作等传统影视业务展开，而近年来，伴随 90 后与 95 后等“网生代”消费群体新需求的转向和 IP 市场的兴起，中汇影视在 2014 年全面向以文学 IP 发掘、交易、开发和运营等新业务领域方向拓展，公司致力于构建以 IP 为入口的互联网文化作品平台，围绕优质文学，以超级 IP 为核心，通过自主开发制作或者对外合作等商业模式，在影视、游戏、动漫以及其他衍生品等多个重要环节进行超级 IP 的全产业链和全版权开发。

目前，中汇影视已顺利完成了转型，和全国众多一线作家签约、拥有这些作家作品数百个 IP 的改编权或优先购买权，并与多个知名导演团队、营销推广团队、媒体平台等建立了良好的合作关系，成功合作制作发行了《头号前妻》《寻找前世之旅》《嫌疑人 X 的献身》等一批优秀影视作品，其中，电视剧《头号前妻》2016 年获得“九大地区最佳收视奖”；网剧《寻找前世之旅》点击量突破 14 亿次；电影《嫌疑人 X 的献身》票房破 4 亿元。[①] 2017 年度，公司实现营业收入近 2.37 亿元，比上年同期增长 76%，公司发展势头十分迅猛。

---

① 资料来源：深圳市中汇影视文化有限传播公司提供内部资料。

（二）公司的主营业务分析

据公司2017年年度财报显示，中汇影视项目每年营收主要来源还是影视剧销售和版权两大销售业务，公司主营业务由以下两大部分构成。

1. 国内外影视剧的投资、制作与发行

中汇影视在2012年9月成立，公司主要业务就是参与电视剧的投资拍摄及制作，形成可售的电视剧作品，将播映权、信息网络传播权等相关版权向电视台、新媒体等播放平台许可使用并获取发行收入。当然，众所周知，影视投资行业所涉及的资金大、门槛高，还要面临拍摄周期长、风险大以及政策变化等不可控因素的影响，所以，国内影视项目的投资运作方式主要采取固定收益和风险共担两种方式。而中汇影视在2012年成立之初，公司高层出于对风控种种现实因素和公司实际情况的周全考虑，早期业务的开展主要围绕积极寻求合作平台，采取与相关合作方联合投资制作或接受委托摄制业务等为主，以拍摄获取固定收益为公司主要利润来源。而近年来，随着公司在影视拍摄、制作方面经验的积累和业界口碑、品牌的初步确立，中汇影视开始逐步向深度参与剧本创作锁定购买方，定制剧、合作拍摄等多元模式拓展，采用风险共担运作方式逐步加大与优秀的影视公司、卫视以及视频网站在影视剧投资、制作与发行的战略合作。与此同时，中汇影视在美专门设立子公司用于投资好莱坞影视项目，拓展国外影视业务，拟计划未来3年将投资不少于5部好莱坞电影。

2. IP作家经纪、IP版权交易及IP内容增值服务

IP作家经纪、IP版权交易及IP内容增值服务这一领域的业务是中汇影视凭其在互联网文化多年的行业经验和敏锐的市场嗅觉，在2014年伊始开始拓展的新业务领域，特别是在2015年IP爆发的这一年，随着原盛大文学CEO、“中国IP第一人”侯小强强势加入，中汇影视开始全面战略转型。

目前，中汇影视主要是通过和IP作家签约获得IP的改编权或优先购买权，围绕这些优质的IP资源开发出与目标客户群体产生共鸣的，具有时代

性、前瞻性、创作性、互动性、持续性的动漫、影视、游戏、衍生品及周边等文化作品和服务，以 IP 版权交易的形式实现 IP 的变现，通过对 IP 的多次开发实现 IP 内容增值的业务模式。这也是目前传统影视摄制公司结合互联网趋势下最新探索转型的方向之一。据悉，目前中汇影视在以超级 IP 为核心的版权运营方面主要有两个开发业务模式：一是主控开发，即围绕公司所采购的超级 IP 为核心每年进行 2～3 部影视剧的主控项目开发，比如目前在江苏卫视、深圳卫视播出的《爱国者》，2018 年开机的《这就是生活》以及《智斗》、《九功舞》（全版权）等影视作品；二是通过加大与卫视影视平台的合作，以优秀的 IP 资源撬动跟湖南卫视、优酷、爱奇艺、腾讯、阿里以及业内制片人和导演的合作，共同做好超级 IP 的内容变现运营，比如与光线影业联合出品的《嫌疑人 X 的献身》等影视作品。目前，公司已签约 100 多名知名作家，拥有二次元、网文、传统文学、动漫等多个领域的 70 多个优质 IP①，已开始变现和有合作意向的 IP 有 40 余个。

（三）中汇影视的成功经验

众所周知，在互联网时代下，快速的行业更替和迭代发展是各个行业面临的客观规律，特别是影视剧这个以满足大众多元化消费、娱乐为目标的行业，其所面临的行业变动格局也更为复杂。而中汇影视能迅速地在当前扑朔迷离、急剧变动的影视发展环境中做出迅速的战略调整，顺利完成转型升级，一举成为行业的佼佼者，其成功经验突出表现在以下三个方面。

1. “IP 资源挖掘及运营 + 网络影视剧制作发行”双主线运营

中汇影视改变了以往传统影视公司以拍摄、制作等为主的单一向度业务线模式，其在充分结合影视产业时代发展大趋势下，精准聚焦 90 后、95 后等年轻消费群体，尝试采取“IP 资源挖掘及运营 + 网络影视剧制作发行”双主线的多元业务模式对公司进行整体的转型升级。从业务模式上首先破解

① 资料来源于中汇影视。

了当下传统影视行业产业链重构对传统制作拍摄公司生存空间和利润空间的挤压问题。同时，其凭借多年在影视行业的从业经验和敏锐的市场嗅觉，在IP市场引爆资本角逐之前，就开始储备了大量具有强烈时代代表性以及良好可改编性、传播性和商业化价值的优质IP资源，进而通过这些丰富、优质的IP储备来搭建、强化与各大卫视、网络平台以及导演、制片人的坚实合作基础，从内容创意版权源头全面切入互联网重组影视产业链下的业务与利润再分配问题。同时，中汇影视公司在与各大平台合作过程中，充分发挥其在影视剧制作、发行和资本运作等方面的优势，特别是多年积累的丰富拍摄经验和出色精良的制作能力，保证了其从传统的影视剧制作向多元题材网络电影、电视剧拍摄、制作的完美转型。

2. 专业管理人才团队的搭建+多方合作平台协同发展

中汇影视能在竞争如此激烈的影视行业领域立住脚跟，并迅速成为以“IP+影视剧业务”为主的行业的佼佼者，主要源于其内管理和对外拓展两管齐下的正确导向性和专业性。对内管理方面，突出表现为中汇影视在人才管理团队组建的专业导向性，其旗下集聚了一支对市场有着较强把控能力和敏锐判断力的管理团队，以高度的专业性确保在这个瞬息万变的互联网时代对公司的发展方向、发展定位和商业模式的运行有着高度的正确导向。就是这样一组懂市场、懂拍摄、懂IP的专业管理团队成就了中汇影视的顺利转型和迅猛发展。

对外业务拓展方面，中汇影视擅长集众人之力。在发展过程中，中汇影视深谙“内容为王，渠道制胜”的道理，公司在成立专门版权部门，广泛挖掘优质IP的同时，也十分重视与掌控着传播渠道的媒介与平台的合作，主要通过与各大卫视（湖南卫视、安徽卫视、深圳卫视等）、影视制作公司（光线影业、腾讯企鹅影视、万达影视等）、网络视频平台（优酷、爱奇艺等）以及著名导演（高林豹、侣皓吉吉等）展开深入合作，强化与优势资源、平台的协同发展，进而不断提升在影视行业的实力水平和口碑，以在激烈竞争的影视行业保持发展优势（见图1）。

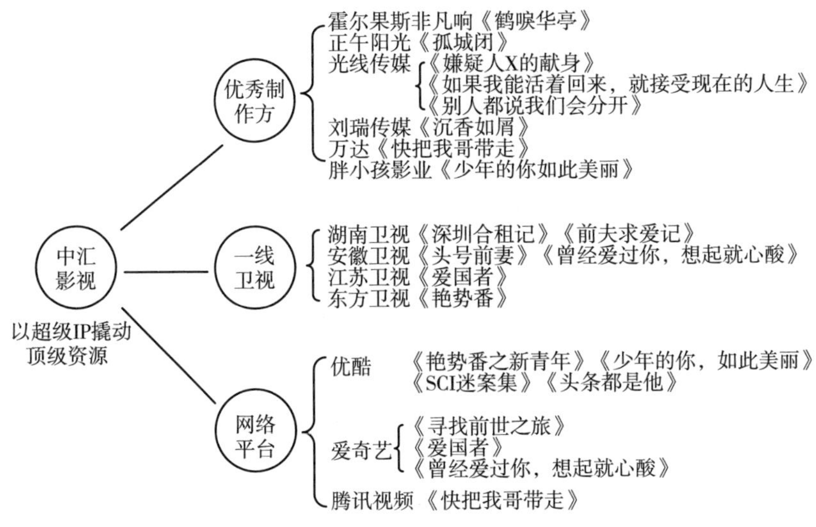

图 1　中汇影视的合作媒介与平台

3. 优质 IP 资源库构建 +IP 全产业链版权运营

影视公司对原创文学 IP 的发掘能力的高低、超级 IP 储备量的多少以及对超级 IP 的孵化水平和开发运营能力都深刻关系其能否在影视行业得到持续良性的发展和进一步的壮大。为此，中汇影视专门成立了版权部门，打造了一支优秀的 IP 采买团队，与六十多位全国一线作家签约，拥有这些作家数百个 IP 的改编权或优先购买权，在对 IP 的采买上有着一套严格的评估标准和完善的采买流程。据公司董事侯小强表示，中汇影视在 IP 储备上首先要具备“新”“高”“大”“上”四大原则①，并强调“一流的文学、一流的故事必须交给一流的制作方才能发生化学反应，才能最终实现华丽转身”。近年来，随着中汇影视对优质 IP 的采买力度持续加强，目前公司储备了一批覆盖现实热点，囊括都市生活、悬疑推理、抗战革命等多种类型的超级

① 一是“新”，即 IP 本身所要讲的故事要新，情绪要新，要有成为“爆款”的潜力；二是“高”，即它的评分高，点击量高，积分高，粉丝忠诚度高；三是“大”，就是它本身要有足够大的体量，可以满足电影、游戏、衍生品等多元化开发需求，业务与利润拓展空间足够大；四是“上”，就是说相关项目的合作开发方需要具备一流的能力与水平。

IP共70余个，每年以30%更新率高速迭代，为后期主控项目以及对外合作定制与开发提供了源源不断的优质核心内容基础。

同时，中汇影视围绕IP的开发与运营将影视开发上下游整合打通，打造了一条运行超级IP、破解内容变现全链条产业链。把握上游优质内容采买源头，与出版社（磨铁、博集）、网络平台（阅文、掌阅、快看和漫漫）和作家安妮宝贝、徐公子胜治和腾萍进行长期良好的战略合作，并通过定期与相关优秀作家和平台沟通，确保第一时间获得优质IP版权的采购权和改编权；在IP的开发与运营环节，与腾讯、爱奇艺、光线、合一影业达成预售定制模式或者进行全版权开发，实现多渠道的变现，确保IP从内容到折现无缝对接，实现了IP产业价值的最大变现（详细参见图2）。

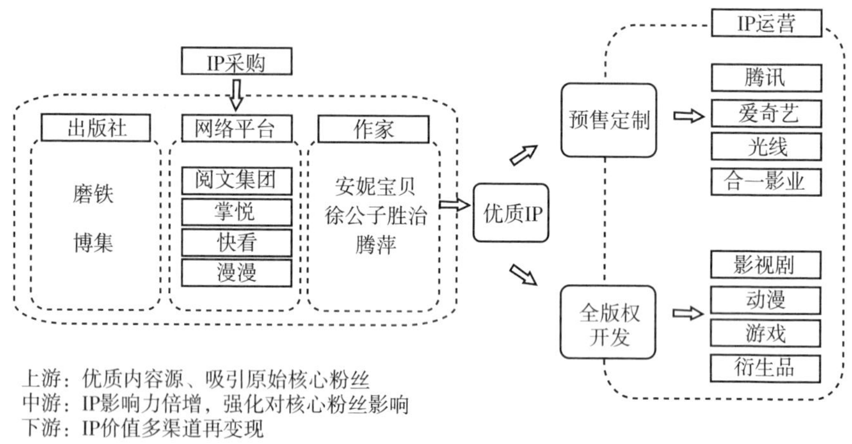

图2　中汇影视IP开发与运营产业链

三　小结与对策建议

从2015年至今，IP这个流行词从热议到时下经历种种非议就发生在这短短的三年时间内，但不管是从传统影视行业围绕其进行的种种转型探索实践来看，还是从深圳中汇影视成功转型案例来看，都充分显示了以IP为核心的版权内容产业在新一轮文化产业大发展中的关键性和不可逆转性，特别是围绕优质 IP 版权进行的影视剧转化开发已然成为传统影视公司势在可行也势在必行的转型方向之一。未来，传统以拍摄和制作为主的影视公司将逐步向互联网文化平台公司方向转型，更多的成为版权的采购方、供给方，同时也是版权的需要方和运营方而深度参与到影视产业链中。当然，中汇影视公司的成功转型也充分表明传统的影视制作、发行公司要想真正取得成功转型，一是要具备从初级版权市场挖掘优质 IP 的能力，打造高质量、可跨界拓展的 IP 资源库；二是具备用资金技术等资源将优质内容孵化成为超级 IP 的能力，其中特别是要具备对原创基础 IP 进行“二度创作”和创新转化后的无缝对接能力；三是要具备与各大优势院线和播放平台整合运营 IP 的能力，即强化与优势平台的整合营销，以实现对 IP 内容流转的最大化和价值最大化。可以预见，未来版权市场是影视产业进行配置优质版权资源的重要场所，而围绕 IP 版权展开的影音游产业链联动跨界融合发展将对影视全产业链的打通产生积极的作用。

此外，通过对中汇影视的实地考察与调研，也从一个侧面窥见了些许深圳影视产业发展的薄弱环节和所面临的瓶颈，本文主要从政策引导、空间支持、人才培养及技术支撑四个维度对促进深圳影视产业发展提出以下对策建议。

1. 进一步加强政策引导，鼓励深圳影视产业繁荣发展

目前，深圳涉及影视扶持的政策仅零星见于《深圳文化创意产业振兴发展政策》等政策文件中，针对性政策扶持文件基本处于空白，深圳影视产业发展政策环境还有待进一步优化。建议深圳市政府从以下三点做出努力：一是加大对影视产业扶持的政策力度，特别是加大对影视版权产业的保护和扶持力度，重点关注新型影视文化网络平台的搭建与集聚的支持和扶持政策的研究与制定，以有效促进深圳现有影视企业的网络化自发式集聚；二是可以考虑出台相关的税收优惠政策，在不违反国家税收监管法规的基础上，建议学习国外采用税收抵免等优惠政策，吸引更多影视公司落户深圳；三是尽快出台相关法规或政策，积极鼓励支持外地影视企业来深拍摄联络及

低成本或者免费支持配套服务事宜，可以考虑成立深圳影视摄制服务机构，为外来影视剧组提供信息咨询和全方位的协调服务。

2. 强化影视基地构建，夯实深圳影视产业空间支撑基础

深圳缺乏类似横店影视城、南海影视城这种影视基地硬件，仅有东部华侨城、甘坑客家小镇、杨梅坑（《美人鱼》取景地）等外景拍摄基地，而影视基地的缺位严重制约着深圳影视产业持续长远发展。一是建议加大对现有深圳文化创意园区的整合使用力度，使其成为能代表深圳形象和特质的外景拍摄基地，在提升园区附加值的同时，从一定程度上缓解影视基地缺位的现状；二是建议重视对近年来深圳提升改造的“十大特色文化街区”的宣传和使用力度，进而吸引更多影视企业来深圳取景，从而创造落地生根的可能性；三是建议市委市政府和相关文化管理机构在未来设施建设中能为影视摄制基地建设预留一定空间，保障深圳在影视产业上的发展用地需求。可考虑结合深圳高新技术之城和影视数字化拍摄、制作趋势，在深打造集影视策划、高端拍摄、后期特效等功能于一体的高科技影视摄制基地建设。

3. 重视本土影视创作人才培养，助力深圳影视产业持续健康发展

深圳目前最缺的是影视方面的人才，尤其是策划、创意、编剧、制作类高端人才。中汇影视管理人士表示目前公司在前端 IP 采购的作家主要集中在北京、陕西、安徽等北方地区，后期制作团队也主要集聚在北京、天津地区。从中不难窥见，深圳的优质 IP 内容源端人才以及从事影视后期制作等技术人才匮乏现状十分突出。建议深圳制定出台关于影视人才引进的政策，加快引进一批深圳市影视产业发展急需的专业人才，特别是在粤港澳大湾区战略合作下，强化对香港影视人才来深工作的吸引力度。

4. 深入推进“影视 + 科技”融合发展，打造深圳“IP + 科技”影视产业优势

目前，以网络文学为核心 IP 改编的影视剧主要以玄幻、武侠类题材为主，故事中人物和场景视觉元素的影视表达对拍摄前期及后期的特效制作都提出了更高的科技要求，特别是以 90 后、95 后为主的网生代消费群体目前对虚幻影像的呈展以及沉浸式观感体验越来越热衷，不难预见，未来以横店影视城为主的摄制方式将逐渐减少。所以，深圳影视产业要牢牢抓住这次影

视产业高科技转型大浪潮，进一步发挥高新技术创新之城的优势，借力深圳最新的高科技产业优势，深入推进虚拟现实 VR、增强现实 AR 等新型视觉艺术科技融入影视拍摄和制作发展，培育深圳“影视 + 科技”融合发展新优势；同时，要进一步鼓励深圳本土影视内容创新，深入挖掘深圳海洋文化与现代都市商业文化内涵，特别是颇具改革鲜明时代特征、特色的城市精神面貌和文化特质，进而赋能深圳这座城市大 IP；通过打造一批具有深圳特色文化、“特色城市 IP + 高科技”的影视作品，为有效促进深圳形成“IP + 科技”影视产业优势提供有力的内容支撑。

B.25
深圳龙岭社区以先进文化理念创新社会治理的调研报告

刘红娟*

摘　要： 深圳响应并贯彻习近平总书记关于广东要“在营造共建共享社会治理格局上走在全国前列”的讲话精神，积极主动地进行社区营造方面的探索，把追求“人民群众的美好生活”作为首要目标，发挥党员服务群众的首要作用，利用民间智库的专业大脑，把人民群众作为主要的依靠对象，以文化艺术体育活动为抓手，在社区建设方面开拓出一条新路。

关键词： 龙岭社区　社区营造　共建共享社会　文化艺术先导

改革开放40年以来，深圳一直是一个急先锋。尤其在改革开放的思想文化层面，一直走在全国的前列，引领社会主义先进文化的方向。

为贯彻十九大报告中提出的“加强和创新社会治理，打造共建、共治、共享的社会治理格局”的总要求，以及实践2018年6月习近平总书记对广东工作提出的新要求“四个走在全国前列”中的“在营造共建共享社会治理格局上走在全国前列”的讲话精神，2018年8月29日，深圳市政府召开推进工作会议。会议提出，“营造共治共享，是解决新时代社会主要矛盾的客观要求；是把深圳建设成为全国最安全稳定、最公平公正、法制环境最好

* 刘红娟，深圳市社会科学院国际化城市研究所副研究员。

的城市之一的有效途径。要提高站位、统一思想，深刻认识营造共治共享社会治理格局的重大意义”。

深圳有着强烈的文化自觉意识，也有着自主的创新理论和实践。深圳最早有义工联存在，义工人数目前已经达到300万人。外来人口所带来的五湖四海的文化和习俗，使得这个城市先后提出了“予人玫瑰手有余香”“深圳与世界零距离”“来了就是深圳人”等这样国内最先进的文化理念。深圳市政府一直以来把让外来人口融入深圳、具有对深圳的情感归属感作为一项十分重要的工作，在文化上和社会管理上积极营造和谐的氛围，创新工作方法，调动市民的积极性，因此，深圳拥有与其他城市不一样的特征。而这一点也被深圳的各级管理者意识到，并被创造性地应用到文化和社会深层次的改造当中，不断地得到创新和发展。

社区是政府的最基层的机构，是社会治理的基本单位，也是社会治理的最重要的部分，任务最重，也最难。社区治理创新，尤其需要文化的提升和发展。当经济发展达到一定程度，社会发展就需要与经济发展相适应、相协调，而在思想观念和治理方式上的改造与更新，就是新时代发展的一个新高度。

深圳市龙岗区布吉街道龙岭社区就走出了一条很有特色、很有成效、很有文化自觉和理论自觉的社区治理的道路。龙岭社区，面积0.327平方公里，人口2万多，密度极高，属于典型的城中村，社区80%以上的人口是外来流动人口。由于人口密度大、人员组成复杂，是全市犯罪率和吸毒人员比例最高的地方之一。龙岭社区以文化理念创新和社会营造理念的实践进行社会治理，在2018年1月开始了全面贯彻十九大关于“加强和创新社会治理，打造共建、共治、共享的社会治理格局”总要求的行动。为了更好地进行社区营造，社区积极发挥社区党群服务中心的主导作用，专门聘请了深圳市公众力咨询公司进行策划，为社区营造制定策略和方法，做专业指导。龙岭社区经过一年的策略执行效果十分明显，旧貌换新颜，各方面工作都进入正轨，走上了一条可持续发展的、文明和谐的社区发展之路。

本文是本课题调研小组在对龙岭社区的社会治理和社区营造进行调查的基础上所做的研究和分析。

一 创新工作方式与治理模式

2018 年，龙岭社区以“不忘初心、牢记使命”主题为重点，大力开展“作风建设提升年”行动，踏踏实实开展文明城中村创建，精心打造“社会治理一条街”；坚持以“创新工作思路，拓展品牌特色，完善服务体系，推动社会治理”为工作目标，以“满足居民生活需求，提升居民幸福指数”为抓手，全力推进和谐人文社区建设。着力打造学习型、创新型、实干型党委，引领大党建格局，创新基层社会治理模式。

具体做法如下所述。

1. 坚持党建引领，夯实人人参与共建基础，打造四大体系

一是全方位完善社区党建工作，建立基层党建服务体系。创新“党员沙龙”项目，开展“请进来、走出去”学习模式，开展讲习所进校园活动；成立龙岭山庄党支部，创新“党员志愿者 +”系列活动，带领社区党员群众广泛参与志愿服务工作；二是以创建文明城中村为契机，打造温馨、和谐、精致的人文社区，建立环境服务体系。重点抓基础设施、建筑消防、文体活动、环境卫生和基层党建等工作，全面提升城市环境，实施“绿化、美化、硬化、净化、文化”“五化”工程；组织居民集中学习国学文化、开展最美家庭评选活动等项目，以全面提升居民的文化素养；三是深化资源共享，联合驻社区单位携手推进社会治理共建模式，建立共建服务体系。充分发挥社区医院、部队、学校等企事业单位的资源优势，引领他们参与社区社会治理；四是在消防安全自治、调解纠纷、法律援助、心理咨询、矫正帮扶五大重点领域创新基层社会建设模式，建立重点领域服务体系。组织居民成立“纠纷调解·安全守护”联盟会，培养调解纠纷的知识和能力，并让其参与到调解中，维护社区、社会和谐安全。

2. 坚持软硬着手，打造人人参与共治局面

以创建“文明城中村”为契机，以硬件建设提升生活环境，完成了雨污分流、三线下地等工程，完善龙岭新村基础设施；推进立体停车场的建设，打通消防通道，缓解社区停车难问题；依托由深圳市规划和国土资源委员会主办、深圳市城市设计促进中心承办的“小美赛”城市微设计项目平台，广泛征集民意，选出了符合“选址公共性、项目可实施、地点微改造”原则的需求地块，主要集中于龙岭双号路－龙岭学校－嘉丰园超市广场沿线一带，现已实施完毕。

3. 坚持社会协同，形成人人共享初步成果局面

以构建“社会化、生活化、常态化、长效化”共建共治共享社区治理模式为目标，在一公里龙岭路上打造12个共建共治共享示范点。

4. 以平台建设提升服务能力

深化“警楼共建”平台，强化治安防控体系。龙岭社区是全市“警楼共建”先行区，在龙岭新村设置“警楼联动”工作点，创新打造高效便民的“服务、管理、控制”平台。

二　精心打造“一公里街区”长廊

龙岭社区有条龙岭路，长约一公里，贯穿整个龙岭社区，是社区居民的主要公共活动区域。沿路有龙岗区第二人民医院、布吉街道党建服务中心、布吉街道老干部活动中心、布吉街道关工委、布吉颐养院、龙岗区图书馆龙岭分馆、龙岭学校（小学部、初中部）、南部战区75841部队、瑞宁物业公司等驻社区公共单位；商铺约110家，主要从事超市、餐饮、文教、茶烟酒、旧货买卖、寄递物流等经营活动。业态丰富，社会治理“三共”要素齐全，有先天的资源禀赋优势。他们以社会化、生活化、常态化为目标；以党委领导、政府负责、社会协同、公众参与、法制保障为原则，在龙岭路上打造12个共建共治共享示范点。

采取的主要措施有如下两项。

（1）明确各类共建共治主体的共建方式、共建责任、共建内容和共建规则，形成“依法共建、依理共建、依情共建”的社区治理龙岭特色。

（2）寻找社区达人、能人和热心人，称作共建人，组成智囊团，号称“七十二贤人”，共同出谋划策开发各共建点。社区党群服务中心依托社区共建人，整合资源、发挥优势、创新举措，为社区治理献策出力。

12 个示范点的具体内容如下所述。

1. 以党建服务中心为核心打造“党群聚心共建”示范点

发挥基层党组织“总揽全局、协调各方”的作用，发掘社区内达人能人等共建人，组建“龙岭治理智囊团”，以前瞻的视角、宽阔的视野和创新的思维，提出有创意、重实际、能操作的好办法，形成务实管用的《龙岭社区治理宝典》。健全完善党内激励关怀帮扶机制，开展“党群凝心聚力工程”，发挥社区 90 多位党员的先锋作用，推动“党群百夫长”项目，一名党员设法每个人联络 100 位居民，设立“小额党群自治金”，在活动中使用，达到全链接、强基础、求实效、增活力的效果，打造全面进步、全面过硬的赋能型党组织。

2. 以老干部活动中心为核心打造“才艺传承共建”示范点

社区治理也需要文化搭台，艺术的介入方式灵活，有助于拉近人与人之间的情感距离。社区利用老干部活动中心优质师资资源，面向社区的志愿者子女、共建人子女、军属军嫂军人子女、爱心商家子女、医务工作者子女及社区工作者子女，开设各类才艺素质培育班。发挥老干部活动中心专业文艺社团的价值，为龙岭社区创作戏剧、歌舞、影像和文艺作品，让艺术源于生活、融入生活、高于生活，把共建共治共享写下来，编入歌曲，让社区居民把社会治理新理念唱出来。

3. 以关工委为核心，打造“雏鹰护航共建”示范点

由街道关心下一代工作委员会统筹，整合各方资源，强化协调服务，结合新情况、新问题和新作为，科学地确定工作任务，发挥“五老”（离退休老干部、老战士、老教授、老专家、老模范）志愿者的优势，全心全意为青少年健康成长护航。让“老有所为、老有所乐”与“幼有所教、幼有所

学”有机结合、相得益彰，精心打造“雏鹰护航共建”示范点，共同推动关心下一代事业再上新台阶，共同谱写“夕阳红”带“朝阳美”的完美篇章。

4. 以龙岭学校为核心，打造“社校共融共建”示范点

融合龙岭学校，实现社校资源实质有效共享，学校的操场、球场面向居民免费开放，为周边居民带来近在身边的丰富的文化体育活动设施、场地、内容福利，成为公共服务体系的有益补充，满足居民群众对美好生活的需求；利用家校联动优势，发挥家委会参与社区治理的积极作用，将安全教育、生活教育、家庭教育、法治教育嵌入日常家校社交往互动中，形成终身学习型社区。

5. 以布吉医院为核心，打造“医养院社共建”示范点

优化医务义工服务队伍，组织社区居民积极加入义务护理工作；提升专业就医引导、公益关怀和大病救助服务；对接社会医调资源，源头化解医患矛盾；调配学校专业心理师为医务人员进行心理减压、情感关爱和定期慰问服务；开展欢乐快递专项行动，组织社区文艺队伍定时开展艺术疗愈支持服务；依托龙岗区二院为布吉敬老院提供家庭病床、养老护理服务，为居民提供慢病管理和生活保健讲座。

6. 以社区 U 站为核心，打造“志愿服务共建”示范点

以社区 U 站为载体，在社区党委引领下，发现、梳理、规范、引导、创造有利于治理的社区志愿服务，建立起专门化、专项化、专业化义工队伍。形成“公共安全义工组、卫生健康义工组、文化体育义工组、环保教育义工组、公共法律义工组、政策宣导义工组、便民服务义工组、扶贫济困义工组、探访陪同义工组、政策宣讲义工组”，定期开展自助互助志愿服务活动。

7. 以多个楼栋为核心，打造“警楼睦邻共建”示范点

深化“警楼共建”平台，实行楼栋长激励机制、培育群防群治队伍，试点警网共建共治，实现群防群治网与公安技术网无缝对接，形成“警格民警+警格辅助聘员、网格员、楼栋长”的“1+3”社区警网共建共治模

式；成立“社区纠纷调解·安全守护联盟会”，联盟会员由社区的两委班子、优秀党员、楼栋长、义工、挂点律师等人员组成，加强居民对社区纠纷案件和社区安全的重视，提升其参与纠纷调解和进行安全排查和宣传的意识。

8. 以社区商铺为核心，打造“爱心商圈共建”示范点

聚焦“公益·环保·安全我先行”三大主题，汇聚龙岭路商铺协力营造爱心商圈；推选街长、副街长和理事会成员，号召商铺自愿开展“诚信守法、良心经营”自我承诺行动；开展“墙上美食、积分兑换、定时优惠、门前三包、微笑服务、爱心驿站、垃圾分类、物质捐赠和安全守护”等商圈自助互助服务；组织居民定期对商户进行大众点评，推出商圈街坊口碑榜。

9. 以部队为核心，打造“军民鱼水共建”示范点

以军地党建交流、消防救援、应急互助、热门技能培训、文体联谊互动、军事日活动、退役战士就业、军属嫂关爱服务对接、组织大型运动会等为纽带，开展军民鱼水共建，深化军政军民关系，进一步提升国防观念，夯实拥军优属、拥政爱民基础。

10. 以龙岭图书馆为核心，打造“书香家庭共建”示范点

开设龙岭大讲堂，拓展居民和在校青少年文化视野、陶冶健康积极向上情操、提升文化素养；培养社区领读人和故事绘本妈妈、建设睦邻共读小院和家庭读书角，组织开展“全民阅读·书香龙岭”“文明家风”系列活动。深化居民社会主义核心价值观和公共文明建设意识，以文化提升减少社区矛盾、邻里纠纷，营造知书达理、文明和谐的社区氛围。

11. 以社区两家物管为核心，打造“品质物管共建”示范点

开展城中村综合整治，打造品质空间，着力解决停车难等痛点问题；协助瑞宁物业、丽庭物业推出品质物管服务标准；开展“清洁布吉·出彩龙岭”活动，在共建街营造多方参与社区治理，共同维护美好家园的氛围；提升家园社区硬环境；让物管员保持与住户的紧密联系，掌握居民对社区服务的各种需求，成为“社情民意联络员和政策福利送货员”。

12. 以颐养院为核心，打造“居家养老共建”示范点

依托布吉颐养院，深度整合开发老年日照中心功能，将日照中心用足、用活、用好；组织开展居家养老护理技能培训；组织年轻老人照顾、探访和服务年老老人的梯度服务；定期组织文艺慰问演出、长者生日会和敬老孝亲教育活动；组织家庭医生和专科医生开展健康体检、家庭病床和慢病管理服务；专项开展临终关怀服务。

2018 年以来，龙岭社区按照以上思路和做法创新治理模式，成效卓著。

（1）精心打造“社校共融共建”模式，为居民带来文化体育“福利”。

龙岭社区是典型的混合式居住社区，基础设施相对薄弱，通过学校向社区有序开放操场、多功能教室、图书馆等活动场所，让学校闲置的资源发挥最大效用，将学校优势资源与社会资源、社区资源精准对接，实现互惠共享，进一步辐射带动学校及周边社区的文化氛围。

①开设了龙岭大讲堂。龙岭初级中学拥有 500 平方米、能容纳 600 人就座的多功能报告厅，为开设“龙岭文化大讲堂”提供了有利的条件和丰富的资源。社区与学校精心打造“校外智库”，拥有一支汇集了各行各业高尖端人才的师资大军。大讲堂每月举行 1～2 次讲座，内容涉及家庭教育、环境卫生、本土文化、国学、礼仪、时事政治、安全知识等各个方面。

②社校共建了龙岭图书馆。龙岭社区党委与龙岭学校共建龙岭图书馆。龙岭图书馆共两层，总建筑面积达 1600 平方米，图书馆藏书将达到 10 万册。图书馆拥有先进的图书借还系统、图书智能检索系统和读者自助服务体系，拥有数字化自主学习终端、个性化学习空间和休闲阅读交流空间等现代化服务功能。

③成立了龙岭文化艺术体育中心。龙岭学校充分利用校园空间打造了多样的文体设施，有攀岩墙、橄榄球场、篮球场、羽毛球场、木工坊等，举办“周末素质提升训练营”，开展攀岩、彩色铅笔手绘、笔尖上的科技、舞蹈社团、音乐艺术素养等 16 个社团活动，社区党委、居委引进多项“大盆菜”项目，辖区居民均可免费参加活动。

（2）创建文明城中村，提升居民“文化”素养。开展“全民阅读 · 书香龙岭”“文明家风”系列活动。全面推进社会主义核心价值观、公共文明建设推广宣传。让文明美德之风采深刻感染群众，加强市民综合素质水平，做城市文明的维护者、推动者和服务者，让普通市民参与到社会建设中来。开展“绘本点亮阅读兴趣，铸就终生学习习惯”“不忘初心跟党走，改革开放再出发”“文明家训”等多场公共文明宣传系列活动及以古诗词吟唱、“《深圳古诗拾遗》+每人书写一句读书感言”为主题的全面阅读活动。

（3）启动“纠纷调解 · 安全守护”联盟会项目，促使打造和谐安全社区。截至目前，项目已完成初期的宣传动员阶段，动员了社区 82 名社区居民加入调处联盟会；结合联盟会成员的需求和社区实际情况，组织了 3 场纠纷调解技巧培训，联盟会初步了解调解工作的步骤和原则，明确作为社区调解志愿者的角色和定位，同时结合社区多发纠纷的类型，开展社区物业纠纷等的知识培训，让联盟会成员在知法懂法的基础上践行社区调解志愿者工作，及时介入并解决社区的纠纷问题。

三 思考和建议

在调研过程中，龙岭社区负责推动此项工作的负责人也表达了他们在此过程中所遇到的困难和问题。主要有以下几点。

（1）龙岭社区流动性居民占比较大，居民的社区归属感不强。

（2）社区治理工作已取得一定成效，下一步需加大培育社会组织，但场地和资金紧缺。

（3）打造“智慧社区平台”，需由第三方公司根据社区需求具体设计相关的专业系统，需要一定的资金支持。

（4）上级部门经常提出新的目标和规定较短的完成时间，可社区营造不是短时期内能完成和看到成效的。

（5）政府在资金投入上不够精准，有的投入过多，有的过于限制，不利于更好地发挥资金的作用。

（6）社区工作任务多、考核量大，社区疲于应付各项考核。随着基层精细化工作要求的不断提升，社区工作量越来越大，社区工作人员每个人身上都兼四到五个部门的工作，影响工作完成的质量。

通过对龙岭社区的调研，以及对台湾、香港等地区社会营造经验的学习，本文对如何进行社区营造有以下几点思考和建议。

（1）作为社会建设和治理的基础环节，社区在维护社会稳定、保障居民基本生活权益，以及便民利民服务等方面，发挥着重要作用。政府主导的社区服务供给，由于政府财力和精力所限，已经不能适应我国社区服务发展的需要。而自组织系统可以有效地缓解这一矛盾，因此，要加速我国社区服务供给自组织系统的形成。

目前的社区建设，在推动者、执行者和资金等方面，主要是靠政府，即使是在社区营造方面做得很好的龙岭社区也主要是由政府的基层单位——社区党群服务中心来做的，资金也主要是来自政府。

（2）社区营造就是要政府引导、民间自发、社会组织帮扶，使社区自组织、自治理、自发展，帮助解决社会福利，促进经济发展、社会和谐。比如，针对现代社区有大量的养老、育幼、扶残、儿童教育、青少年辅导等需求，政府能做的是“保底”，同时要实现社区服务社会化。充分发挥社会组织提供服务和反映诉求的作用，有序承接政府社会职能的转移；强化居民与社区之间的共同利益，提高居民主动参与社区服务供给的愿望，规范参与程序，为居民参与社区服务提供畅通渠道和制度保证；积极引导驻区单位就近就便向居民提供场地、设施、岗位实习及就业等服务。

（3）资金方面，政府在对社区公共服务的投入上，要合理设定资金投入的连续性、制度性的保障措施；通过税收减免、财政补贴、政策优惠、免费提供活动场地及设施等方式，充分发挥社会力量的作用。

（4）市场运作要营造竞争与合作氛围。要以市场化为导向，促进社区服务领域竞争协同机制的形成，促成各方主体适度竞争与合作供给局面的形成。

（5）加快政府职能转变，弱化其直接供给的角色，深化其政策制定、资金投入、引导规范、考评监督的宏观管理者职能，做好资金资助、平台建设、组织培育、队伍建设、效果监察等工作，为社区服务供给自组织系统的形成创造良好的环境。完善向社会自组织购买公共服务程序，积极探索政府购买、项目补贴、项目奖励等多种形式。

（6）龙岭社区有其独特的资源配置，因此，其社区营造的做法不能照搬到其他的社区。同样，台湾、香港在社区营造上有很多成功的案例，由于深圳与它们在体制、文化背景等方面有很多不同的地方，因此也不能照搬它们的做法。

（7）社区营造过程是一个慢工程，政府不能总是要求短时间内出效果，这不符合社区营造的客观规律，这也是龙岭社区提出的他们在小区营造过程中遇到的最大困扰之一。

B.26
华侨城创意文化园空间生产研究

杨 姗 于晓峰*

摘 要： 20世纪70年代的欧美，文化已经更多地成为地方政府和企业市场的一种工具策略。至20世纪90年代，随着我国经济的快速发展，这种文化策略也日益影响我国城市的发展。深圳由旧工业厂房改造而成的华侨城创意文化园（以下简称“华侨城LOFT”或“创意园”）则属于典型的基于文化战略自上而下的空间实践案例。华侨城LOFT已经超越了一种自然空间的概念，空间本身成为探讨的焦点。本文以列斐伏尔的空间理论为指导，采用参与式观察和深度访谈为手段，试图回应两个问题：如何理解创意园的空间？以及园区通过空间实践构建起怎样的空间形态？

关键词： 华侨城LOFT 空间实践 空间表征 表征空间

在工业社会向后工业社会转型过程中，大量涌现的工业废墟逐渐成为城市更新的麻烦。20世纪中叶美国率先进入后工业时代，原有的产业建筑功能逐渐弱化，处于闲置甚至面临被废弃的状态。在偶然的契机下，充满生机的艺术家群体为这些“将死”的建筑重新注入生命。他们被工业建筑低廉的租金和超大的空间吸引，将它们改造成富有艺术气息的、集生活与工作于

* 杨姗，深圳大学新闻传播学2017级硕士研究生；于晓峰，深圳大学传媒与文化发展研究中心研究员。

一体的空间。美国休南地区（South of Houston Street，即 SOHO 区）算是第一个吃螃蟹者，由此开辟出一种艺术介入的新经验，为城市更新战略找到出路。20 世纪 60 年代，城市复兴运动取代城市更新浪潮，文化艺术介入旧产业建筑的改造经验逐渐被模仿和实验。

70 年代，象征经济突起并成为资本主义社会的一种经济模式，艺术博物馆等具有文化符号的设施逐渐被建立，艺术介入工业厂房的 LOFT 模式迅速被接受，艺术区（群落）大量涌现。进入 20 世纪后期，西方国家已经将 LOFT 发展成为一种成熟的文化理念，倡导的是一种无拘无束、自由自在的生活方式，一种富有创造力的工作态度，并且在全球广为流传。

我国也受此风潮的影响，90 年代开始了 LOFT 文化的实践，主要掀起了两股浪潮：一股是地产商以 LOFT 文化潮流为噱头大力开发房地产；另一股是艺术家自下而上形成艺术聚集区的实践，以台北设计师登琨艳将苏州河沿岸的粮仓改造成自己的工作室为肇始。艺术家群体携带的文化资本使得本来没有什么价值的建筑空间在短期内提升了区域价值和文化价值。进入 21 世纪，文化成为城市发展的一种策略和工具，文化创意产业得到前所未有的重视。地产企业和政府利用旧工厂与文化艺术联系的惯性，以及低成本投入的特点，开始有意识地规划 LOFT 艺术空间，大量自上而下的依托于废旧工业厂房的文化创意聚集区得以建立，以达到产业转型升级和完成城市更新的双重目的，华侨城创意文化园便在此背景下形成。几乎没有办法用一个词语来形容创意园的空间感：不是景点，却不少游客；不是商业中心，却有着商业区的消费氛围；像个公园，却没两把座椅和大片草坪。

首先，应该如何理解这个空间？从工业区到创意园区，对空间的理解有什么改变？其次，如何定义这个空间？园区方将它概括为“文化”“创意”“艺术”“先锋”几个词语，从其他角度又是否有新的定义？

一　列斐伏尔空间生产理论的形成

在 20 世纪前半叶乃至之前更长时间里，空间一直处于被忽视的地位。

如同福柯所言："空间以往被当作僵死的、刻板的、非辩证的和精致的东西。"① 20 世纪 60 年代，资本主义世界发展到后期出现一系列的社会、政治和经济危机，种族、社会阶层分化等形成的城市空间分化与区隔问题使得马克思主义理论进入地理学家和城市研究者的视野。

列斐伏尔是最早系统阐述空间的学者，深受马克思主义学说的影响，在 20 世纪七八十年代，他把空间和地理的分析方法带入马克思主义哲学，把"辩证法"的哲学理论发展成"社会空间辩证法"，认为空间不只是物质生产的器皿和媒介，"空间成为生产关系和生产力的一个组成部分"②。列斐伏尔认为"（社会）空间就是（社会）产品"③，也即是说"对生产的分析显示我们已经由空间中事物的生产（production in space）转向空间本身的生产（production of space）"④。

在这里，空间生产理论的核心在于指出了空间的社会性。"空间里弥漫着社会关系，它不仅被社会关系支持，也生产社会关系和被社会关系所生产"⑤。空间不是一个自然形成的过程，是各种利益角逐的产物，受到各种利益群体的制约与平衡，一些评论家认为，列斐伏尔空间生产理论形成了城市空间研究的政治学分析框架。

在方法论上，列斐伏尔的空间概念包含了空间的三重性：空间实践（spatial practices）、空间表征（representations of space）和表征空间（representational space）⑥。空间实践（spatial practice）指城市的社会生产与

① M. Foucauh, "Questions on Geography," in C. Gordon (ed.), *Power/knowledge: Selected Interviews and Other Writings 1972 - 1977*, 1980, p. 70.

② 〔法〕列斐伏尔：《空间的生产》新版序言，载张一兵主编《社会批判理论纪事》，中央编译出版社，2006，第 180 页。

③ Lefebvre , *The Production of Space* Trans. by Donald Nicholson-Smith (Oxford: Blackwell, 1991), p. 30.

④ 〔法〕列斐伏尔：《空间政治学的反思》，载包亚明主编《现代性与空间的生产》，上海教育出版社，2003，第 62 页。

⑤ 〔法〕列斐伏尔：《空间·社会产物与使用价值》，载包亚明主编《现代性与空间的生产》，上海教育出版社，2003，第 47 页。

⑥ Lefebvre, *The Production of Space*, Trans. by Donald Nicholson-Smith (Oxford: Blackwell, 1991), pp. 26 - 38.

再生产以及日常生活的空间；空间表征（representations of space）是指概念化的空间，科学家、规划者、社会工程师等的知识和意识形态所支配的空间；表征空间（spaces of representation）指“居民”和“使用者”的空间，是处于被支配和消极体验地位的空间。[①] 格瑞戈里（Gregory）进一步发展了列斐伏尔的空间生产理论，对空间生产三元一体概念进行了演绎。格瑞戈里认为，空间表征、空间实践与表征空间是一个循环的不断生产与转化的循环关系。空间表征的形成，致使空间实践建立起表征空间进而再推动空间实践，进行新一轮空间表征的建构。具体来讲，具有“使用价值”的日常空间，也就是具体的空间，通过庆典或者变革的手段使之成为具有交换价值的抽象空间。抽象空间通过空间科学（建筑、规划），或一种奇观、监视的手段支配具体空间，呈现为经济领域的商品化和国家领域的官僚化，而具体空间（日常生活）通过节庆、革命发动反抗，作用于抽象空间。本文力图以列斐伏尔的空间理论为指导，采用参与式观察和深度访谈手段，探究华侨城创意文化园的空间生产问题。

二　华侨城创意文化园的空间生产

本文采用参与式观察和深度访谈手段介入创意文化园的空间生产分析，对访谈对象的选取体现了华侨城 LOFT 空间实践的社会关系，为了便于区分各自身份，文章借助中国学者何艳玲的观点——在研究街区中将居民分为“精英”市民、“在场”市民、“游离”市民和“边缘”市民四类[②]，将园区空间实践者分为在地者（园区入驻机构或商户）、运营方（园区的运营管理者，代表华侨城企业）、游荡者（园区受邀设计师、策展人、游客及艺术活动参与者等）和政府四类。笔者通过对各类居民及园区空间实践者的简单访谈展开研究分析。

---

① 〔法〕列斐伏尔：《空间与政治》，李春译，上海人民出版社，2008。

② 何艳玲：《都市街区中的国家与社会：乐街调查》，社会科学文献出版社，2007，第167页。

（一）政府与运营方的空间实践：差异化空间表征的形成

20 世纪 80 年代后期华侨城东部工业区就已有工厂开始撤离，90 年代随着深圳产业转型浪潮，大量工厂继续搬迁，厂房开始闲置。东部工业区具有绝佳的地理位置，靠近深南大道，与世界之窗、欢乐谷和锦绣中华民俗文化村等主题公园相距不远，以“旅游 + 地产”为特色的华侨城集团在此地开发酒店或者住宅区都是不错的选择，但华侨城高层另辟蹊径，决定在此地规划一个创意园区。最早一批进驻创意园的设计师回忆道：“当时这个地方开始要做所谓的创意园区，其实也是一片荒芜，就是水泥，都是很裸露的，就是一个实实在在的厂房。”

正如 Sharon Zukin 在《城市文化》一书中把文化既视作空间生产的目的，又视作空间生产的手段一样，对政府来说文化艺术作为一种城市的发展策略更具诱惑力，对地产商来说文化也可以被用来放置于房地产发展项目的空间框架，以使之人性化。在地设计师说道：“当时拿到这块地某种程度上就是政府的需求，希望做跟文化产业相关的，得到消息是政府给他们（一些进驻机构）一些支持。”笔者也从一位机构负责人那里了解到，政府早期支持方式主要是减免税收。

在政府与华侨城集团的合力运作下，一种区别于周边住宅与商业办公环境的异质化空间形态得以确立。列斐伏尔认为“城市权利”是指人们对空间的社会生产具有控制的权利，城市和居民有权利拒绝服从资本和国家统治的需要，他后来提出的“差异性空间”，目的就是为了反对资本主义对城市生活的强行介入造成了城市空间的均质化。[①] 在创意园，有趣的是这个差异性空间的形成并非是对抗资本的结果，而是政府和企业的有意为之。

华侨城创意文化园完全是自上而下的聚集方式，最先进驻园区的几乎都是华侨城在地产行业的合作伙伴，一位园区运营方负责人说：“当时

① 贾斐：《论列斐伏尔的城市空间理论》，硕士学位论文，上海师范大学，2012。

陈逸飞来参观厂房的时候就说，千万不能做成画家村，要引进知名艺术创意机构或者工作室，包括一些商业机构，要面向新艺术和新经济，才能形成产业化。”国内大部分自发形成的创意聚集区到最后多少都会因为疏于管理和缺乏运营思维而背离初衷。对创意园来说一开始就进驻成功的企业，特别是吸引在深圳有独特优势的建筑设计行业的理念是十分成熟的。

在这一背景和理念下，一种基于 LOFT 底色的，以艺术设计为关键词的抽象空间进入空间实践。2004 年园区首先开始了南区的规划改造，由国内著名设计团体“都市实践”进行升级改造。2007 年南区实现了开园，20 多家具有创意、设计、艺术等方面特质的机构进驻，同时也有一些小概念餐厅、咖啡店和书店、画廊、音乐吧。2005 年 1 月，借助毗邻何香凝美术馆的区位优势，OCAT 当代艺术中心开馆。艺术中心明确了两点核心价值取向，一是非商业，二是保持独立艺术精神。它的非营利性也让其成为园区首个公共艺术空间。可以看出以艺术为核心的、以创意设计为特色的，并具有一定公共艺术性质的空间表征在规划下若隐若现。

2008 年，深圳市规划局又出示《关于华侨城创意文化园区变更建设用地形式的函》，同意将园区原工业用地“调整为创意文化园区，作为个案，按工业区升级改造方式处理，确定功能区范围，用地性质不变，在满足配套前提下允许适当的改扩建”①。同年，华侨城集团见南区发展趋势良好，北区的改造也同步进行，将其定位为以创意设计为主的潮流前沿地带，作为艺术创作的交易、展示平台，融“创意、设计、艺术”于一身的创意产业基地。北区还启动了 3000 平方米的艺术大众共享平台，也引进一批涉及多个领域的具有前卫的、先锋的、创意的、设计感的商家。如欧洲家居品牌 Vitra、汇集人文艺术书籍和复古黑胶唱片的旧天堂书店、具有时尚创意生活的 IM LOFTSHOP 设计产品店、《Little Thing 恋物志》杂志官方概念店 Little

① 深圳华侨城创意园文化发展有限公司：《创意生态：华侨城创意文化园的实践》，金城出版社，2014，第 43 页。

Thing Shop，以及弘扬禅茶之道的岩陶等优质商家。2011 年北区开园，引进上百家创意产业型公司、工作室。

可以看出，华侨城集团在空间扩张和形成空间表征的过程中，为了彰显其差异性空间特质，明确“创意、设计、艺术”的园区定位，十分慎重地避免走入过于商业化和单一化的道路。

不仅如此，园区还通过丰富的文化活动实践不断活化园区氛围，增加其空间的差异性。2007 年，园区运营方有意识地打造品牌活动，吸引多种文化艺术活动进入创意园，“21，设计之上”OCT-LOFT 07 创意节的品牌文化活动在这一年建立；2008 年创意园成为文博会分会场，著名的 T 街市集也开始举办。比起开园之前，各种艺术展、公共展会明显增多。经过十多年的发展，形成了多个自有文化活动品牌，如 OCT-LOFT 公共艺术展（含艺术展、公教论坛或讲座）、OCT-LOFT 创意节（两年一届，单数年举行，含艺术展、公教论坛或讲座）、深圳独立动画双年展（两年一届，双数年举行，含艺术展、公教论坛或讲座）、“举重若轻”艺术电影展映、OCT-LOFT“一人一世界”设计师讲座、T 街创意市集（每月第一个周末、第三个周末）、明天音乐节（每年 5 月左右举办）、OCT-LOFT 国际爵士音乐节（每年 10 月左右举办）、OCAT 当代艺术中心的展览（每年有 3 ~4 个展览）以及园区入驻机构举办的各类型展览活动。多样而高频次的品牌文化活动不断建构起园区当代艺术、创意设计、先锋音乐的文化氛围，创意园空间不仅仅是一个地点，更是一种文化方式的代名词。

通过频繁的活动和媒体曝光，园区展现出持续不断的活力，创意园很快成为深圳乃至业界热议的“噱头”，成了深圳城市文化和娱乐聚焦的中心，华侨城 LOFT 也就超越了物理层面的空间含义。使一种文化氛围镶嵌进一个地理空间，需要规划者与在地者之间的互动，“人们需要那些提供艺术（并出售“阐释”）的文化生产者，因为他们为空间的挪用提供了理由，艺术家本人也成了给空间提供框架的文化手段”①，意味着创意园的空间实践还需

① Sharon Zukin：《城市文化》，上海教育出版社，2006，第 18 页。

要具备文化资本（是一种信息资本，涉及文化知识、能力和秉性的形式）的文化生产者。

（二）在地者的空间实践：差异化表征空间的形成

华侨城集团在开园初期便凭借其在房地产行业的关系网络，邀请了一批业内著名的设计师入驻，以吸引更多具备文化资本的人。当时深圳的设计师群体已经有相当大的影响力，诸如平面设计师陈绍华、韩家英、毕学锋等。园区运营方表示："我们定向邀请行业里某些顶尖的设计师进驻到园区中来。有了这些顶尖的设计师进来了之后，会产生行业里面的一个聚集效应。"

华侨城定向邀请有合作经验的成名设计师，与798等自发形成的创意园区不同，它一开始就走市场认可的、高端设计的路线，并形成了以室内创意设计为特点的空间产品特性。随着聚集效应的出现，越来越多的艺术家、设计师等创意阶层涌入创意园，对租下来的空间进行自由的改造，形成了今天所看到的各具特色又与LOFT空间和谐共生的室内装修风格。一位经常受园区邀请的策展人感慨："当时的租金特别低，不具备商业价值，所以早期进来的都是创意行业里面的设计公司，这种工厂的生活气息形成的景观气质特别符合设计行业，他们使用一种非常环保的方式做设计，这种感觉是非常和谐的。"

值得一提的是北区"旧天堂书店"的加入，阿飞和滕斐两人把爵士音乐等先锋音乐带进创意文化园。园区的表征空间终于多了"先锋音乐"这一项，直到今天，也是园区的一张名片。"阿飞他们做的音乐对整个园区的文化品牌增值应该是更大一点"。在地设计师几乎都认同旧天堂的贡献，园区方与旧天堂也属于合作关系，园区给予他们几乎完全自由的空间，一定程度上保证了音乐的先锋特性。

正如列斐伏尔所言："那些生产空间的人（农民和工匠）并不是管理空间的人。"① 权力资本、经济资本、文化资本相互运作，通过空间实践不断

① Lefebvre, *Production of Space*, Trans. by Donald Nicholson-Smith (Oxford: Blackwell, 1991), p. 48.

循环着空间生产的过程。从 2004 年至今，经过十多年异质空间的营造，创意园的“占有”者，通过对文化消费的营销，让艺术成为公众的财富，园区成为公共文化的再现地；政府对园区认可后的“正确”实践形成了创意园无形的保护伞和资源优势；艺术家和设计师通过在地的实践，使具体空间进一步作用于抽象空间，丰富了空间内涵。

（三）市场力量的崛起：园区定位受到威胁

空间既然是产品，必然在生产与消费的循环往复中遵循市场规律，空间也必然成为利益争夺的焦点，市场作为一股强大的力量逐渐崛起。

1. 运营方监控权被解构

园区方对租户的选择并没有完全市场化，为了保证园区的差异性以及符合园区定位，商户进驻都有严格的筛选标准，园区对谁能进入拥有绝对的把控权。园区运营负责人告诉笔者：“我们不希望太商业化的机构进来，不是说艺术不能挣钱，而是没有艺术价值特征的就不行。比如探鱼、超市就开不进来”，“华侨城有关的公司要来承租，会优先给他们”。即使面对园区必要的餐饮配套问题，他们也有意设置与定位目标一致的严苛门槛，严格控制着园区餐饮的性质和数量：“做餐饮的话，也要一定程度上和艺术设计搭边，园区入驻机构三百多家，大概容纳了五千人就业，这些人日常上班需要一定的餐饮支持，必须作为一个商业配套存在，但是更多的话也不鼓励了。”不仅如此，园区方也时刻监控着租户的不合规行为，比如管控园区的整体视觉，不允许一些商户在主要视觉区域放置广告牌，或者管控一些与安全隐患有关的问题。

随着园区知名度越来越高，人流量越来越大，有人流的地方就有商业。许多机构和商户迫切想要进驻园区，导致一些承租者要么因为自身经营不善转身变成二房东，要么甚至直接承租再转租以抬高租金获利。而园区方又只能监视最初的租客行为，于是园区运营方在转租中变相失去了租赁和管理的权力。

2. 创意园区有变成景点的嫌疑

随着园区名气越大，慕名而来的人越多，一到周末，空间并不大的园区内挤满了前来游逛、消费和拍照的人群，住在园区的设计师说："现在变成类似于旅游景区或者是商场的地方，显得浮躁了一点，这样的话，对我们住在这里的艺术家和设计师来说，这些人流与我们是没有一种艺术上的交流的，周末我就不愿意过来（园区）了，我情愿躲起来。"

一位来深圳不久的游客向笔者说道，之所以会去创意园，是因为它是深圳"网红"打卡地，对她来说，创意园更像是"年轻人的公园"。尽管园区运营方的人员反复强调，"我们从来没有说也不愿意去成为景点"，但是事实上前来游荡的游客们已经在慢慢构建着园区作为景点的表征空间。

3. 创意园是否创意不足

经常被园区邀请的一位策展人对目前创意园呈现的状态并不满意，因为园区一再努力形成的"创意"文化符号，让他感到离现实越来越远："不能否定他们（华侨城创意文化园）是做了大量的工作。也对这个城市做了不少的贡献，但是对于我来评估一些机构跟公司，很重要一点就是他是否有创造力的东西在里面，创意产业得有创造力，是不是生猛。"

"失去创意"似乎是创意文化园面临的普遍现象，关于创意不足的原因，有在地设计师认为："创意不足一定会有的，肯定是，但是这个东西我们不愿意说。以前可能（园区）资源比较集中，现在（活动）越来越丰富了，资源肯定就会分散了。实际上整个华侨城还是一个央企，对下属企业有一些硬性的经济指标上的要求。"

当空间成为一个产品，消费则是目的，空间再也不能理解为一种容器，正如同园区许多店的装修一样，都在复刻一种工业的想象，一位经常受邀来园区的设计师也很无奈地表示："现在是刻意做工业风，本来没有必要打墙，为了看上去有点艺术风，故意变成裸露的墙，其实很多刻意而为的东西，你能很明显感受到这个诚意的欠缺。你是商业品牌还是纯粹的自发状态，是可以感受出来的，工业风本身不应该虚假"。正如列斐伏尔所说的那样，可能连光线和空气也用于生产和消费了。

园区曾经努力想要塑造的表征空间却在市场力量的崛起下悄然改变，市场、在地者、政府和企业共同介入空间生产的一种相对平稳状态似乎正在被打破，当任何一种力量成为绝对的强势力量时，表征空间都会发生根本转变。

小　结

作为工业废墟的空间在政府、企业、在地者以及市场的共同实践中，形成了具有“创意”“先锋”“设计”“艺术”等符号的表征空间。但当空间成为一种产品时，特别是一件被追逐的产品时，空间便成为资本争夺的焦点，无形的市场力量逐渐干预到空间实践中来，动摇了空间实践下多方力量的相对平衡，一种差异化的表征空间逐渐被解构。

难以说华侨城 LOFT 目前的空间形态究竟是什么，企业对文化的投入是认真的，对差异空间的维护是可见的，但一些常见商铺也已经开始占领园区一隅，一些与园区定位不一致的视觉符号正在生产，个中缘由还需要进一步深入调查。也许创意园自身也一直在寻求某个平衡点，B10“先锋”的噪声还在响起，定义它仍然还需要历史的沉淀。

皮书起源

“皮书”起源于十七、十八世纪的英国，主要指官方或社会组织正式发表的重要文件或报告，多以“白皮书”命名。在中国，“皮书”这一概念被社会广泛接受，并被成功运作、发展成为一种全新的出版形态，则源于中国社会科学院社会科学文献出版社。

皮书定义

皮书是对中国与世界发展状况和热点问题进行年度监测，以专业的角度、专家的视野和实证研究方法，针对某一领域或区域现状与发展态势展开分析和预测，具备原创性、实证性、专业性、连续性、前沿性、时效性等特点的公开出版物，由一系列权威研究报告组成。

皮书作者

皮书系列的作者以中国社会科学院、著名高校、地方社会科学院的研究人员为主，多为国内一流研究机构的权威专家学者，他们的看法和观点代表了学界对中国与世界的现实和未来最高水平的解读与分析。

皮书荣誉

皮书系列已成为社会科学文献出版社的著名图书品牌和中国社会科学院的知名学术品牌。2016 年，皮书系列正式列入“十三五”国家重点出版规划项目；2013~2019 年，重点皮书列入中国社会科学院承担的国家哲学社会科学创新工程项目；2019 年，64 种院外皮书使用“中国社会科学院创新工程学术出版项目”标识。

权威报告 · 一手数据 · 特色资源

皮书数据库

ANNUAL REPORT(YEARBOOK) DATABASE

当代中国经济与社会发展高端智库平台

所获荣誉

- 2016年，入选“‘十三五’国家重点电子出版物出版规划骨干工程”
- 2015年，荣获“搜索中国正能量 点赞2015” “创新中国科技创新奖”
- 2013年，荣获“中国出版政府奖 · 网络出版物奖”提名奖
- 连续多年荣获中国数字出版博览会“数字出版 · 优秀品牌”奖

成为会员

通过网址www.pishu.com.cn访问皮书数据库网站或下载皮书数据库APP，进行手机号码验证或邮箱验证即可成为皮书数据库会员。

会员福利

- 已注册用户购书后可免费获赠100元皮书数据库充值卡。刮开充值卡涂层获取充值密码，登录并进入“会员中心”—“在线充值”—“充值卡充值”，充值成功即可购买和查看数据库内容。
- 会员福利最终解释权归社会科学文献出版社所有。

数据库服务热线：400-008-6695
数据库服务QQ：2475522410
数据库服务邮箱：database@ssap.cn
图书销售热线：010-59367070/7028
图书服务QQ：1265056568
图书服务邮箱：duzhe@ssap.cn

社会科学文献出版社 皮书系列
SOCIAL SCIENCES ACADEMIC PRESS (CHINA)
卡号：743214699716
密码：

中国社会发展数据库（下设 12 个子库）

全面整合国内外中国社会发展研究成果，汇聚独家统计数据、深度分析报告，涉及社会、人口、政治、教育、法律等 12 个领域，为了解中国社会发展动态、跟踪社会核心热点、分析社会发展趋势提供一站式资源搜索和数据分析与挖掘服务。

中国经济发展数据库（下设 12 个子库）

基于“皮书系列”中涉及中国经济发展的研究资料构建，内容涵盖宏观经济、农业经济、工业经济、产业经济等 12 个重点经济领域，为实时掌控经济运行态势、把握经济发展规律、洞察经济形势、进行经济决策提供参考和依据。

中国行业发展数据库（下设 17 个子库）

以中国国民经济行业分类为依据，覆盖金融业、旅游、医疗卫生、交通运输、能源矿产等 100 多个行业，跟踪分析国民经济相关行业市场运行状况和政策导向，汇集行业发展前沿资讯，为投资、从业及各种经济决策提供理论基础和实践指导。

中国区域发展数据库（下设 6 个子库）

对中国特定区域内的经济、社会、文化等领域现状与发展情况进行深度分析和预测，研究层级至县及县以下行政区，涉及地区、区域经济体、城市、农村等不同维度。为地方经济社会宏观态势研究、发展经验研究、案例分析提供数据服务。

中国文化传媒数据库（下设 18 个子库）

汇聚文化传媒领域专家观点、热点资讯，梳理国内外中国文化发展相关学术研究成果、一手统计数据，涵盖文化产业、新闻传播、电影娱乐、文学艺术、群众文化等 18 个重点研究领域。为文化传媒研究提供相关数据、研究报告和综合分析服务。

世界经济与国际关系数据库（下设 6 个子库）

立足“皮书系列”世界经济、国际关系相关学术资源，整合世界经济、国际政治、世界文化与科技、全球性问题、国际组织与国际法、区域研究 6 大领域研究成果，为世界经济与国际关系研究提供全方位数据分析，为决策和形势研判提供参考。

法律声明